Prezado leitor,

Queremos saber sua opinião sobre nossos livros. Após a leitura, acesse nosso site (www.editoragente.com.br), cadastre-se e contribua com sugestões, críticas e elogios.

Boa leitura!

JOEL COMM

Como criar negócios altamente
LUCRATIVOS NA INTERNET

Tradução de Marc Bröker

GERENTE EDITORIAL
Alessandra J. Gelman Ruiz

EDITORA DE PRODUÇÃO EDITORIAL
Rosângela de Araujo Pinheiro Barbosa

CONTROLE DE PRODUÇÃO
Elaine Cristina de Lima

PRODUÇÃO EDITORIAL
Sieben Gruppe Serviços Editoriais

PROJETO GRÁFICO E DIAGRAMAÇÃO
Cissa Tilelli Holzschuh

TRADUÇÃO
Marc Bröker

PREPARAÇÃO DE TEXTO
Sally Tilelli

Título original: *KaChing*
Copyright 2010 © by Infomedia, Inc.
Todos os direitos reservados.

REVISÃO
Renata Sangeon

Copyright 2011 © by Editora Gente.
Todos os direitos desta edição
são reservados à Editora Gente.

CAPA
Guilherme Xavier

Rua Pedro Soares de Almeida, 114
São Paulo, SP – CEP 05029-030
Tel: (11) 3670-2500

IMPRESSÃO
Assahí Gráfica

Site: http://www.editoragente.com.br
E-mail: gente@editoragente.com.br

Dados Internacionais de Catalogação na Publicação (CIP)
(Câmara Brasileira do Livro, SP, Brasil)

Comm, Joel
    Ca$h : como montar negócios altamente lucrativos na Internet / Joel Comm ; tradução
de Marc Bröker. -- São Paulo : Editora Gente, 2011.

    Título original: KaChing.
    Bibliografia.
    ISBN 978-85-7312-747-8
    1. Comércio eletrônico 2. Marketing na Internet 3. Novos negócios - Empresas I. Título.

11-05682   CDD-658.4012

Índices para catálogo sistemático:
1. Estratégia de marketing na Internet :
Administração de empresas 658.4012

Sumário

Prefácio - 7

Introdução: Criando seu próprio lucro - 9

Capítulo 1: A nova ordem da web – como a internet trouxe oportunidades para todos - 17

Então, é fácil começar a construir um site? - 21

Dos blogs ao lucro na internet - 25

Capítulo 2: Sua exclusividade vale tanto quanto dinheiro vivo - 31

Escolhendo seu nicho - 33

O valor do seu nicho – como palavras-chave podem turbinar o preço da sua paixão - 39

Nichos são bons, mas micronichos produzem os melhores ganhos - 42

Você não é tão exclusivo assim – construindo sua comunidade - 44

Os sete passos para o sucesso - 50

Capítulo 3: Conteúdo interessante = lucro certo! - 60

Não é preciso ser escritor para gerar conteúdo valioso - 61

Sete tipos de conteúdo que promovem lucro na internet - 64

Não é somente o que se diz, mas como se diz -75

Autores ocultos e convidados - 77

Transformando seu conteúdo em receita - 78

Capítulo 4: Infoprodutos – comercializando seu conhecimento - 115

Criando ideias geniais para os seus produtos de informação - 119

Criando o produto - 124

Escrevendo bons textos promocionais - 144

Recrutando sua equipe de vendedores afiliados - 148

Ca$h!

Adicionando um carrinho de compras ao seu site - 152

O grande lançamento! - 153

Capítulo 5: Ganhando dinheiro com programas de afiliados - 164

O que é exatamente um afiliado? - 166

Escolhendo comerciantes que combinam com o seu mercado - 167

Escolhendo o produto que as pessoas querem - 173

Estratégias para garantir o sucesso com afiliações - 175

O que as diretrizes da FTC significam para os afiliados - 198

Capítulo 6: Sites para membros – transformando seu negócio na internet em uma máquina para gerar receita de maneira passiva - 205

O que é um site para membros? - 206

O que os sites para membros têm a nos oferecer?- 207

Precificando uma associação: quanto é "demais"? - 212

O modo mais fácil de criar um site para membros - 214

Capítulo 7: Programas de *coaching* - 223

O que é coaching? - 225

Estratégias para a gestão de sua marca - 227

Como usar relações públicas para gerar grande impacto - 233

O início: coaching *de baixo custo - 241*

Rumo ao topo: coaching *de alto nível - 246*

Capítulo 8: Estudo de casos - 252

Sites de conteúdo - 253

Sites apoiados por afiliados - 261

Infoprodutos - 266

Sites para membros - 270

Gestão de marcas - 272

Coaching - 273

Conclusão - 276

Prefácio

Pela primeira vez na história da humanidade o jogo foi nivelado. A internet permite que cada um de nós se mantenha conectado ao mundo eletrônico e ganhe dinheiro. Seja por meio da comercialização de nossos próprios produtos, como afiliado na representação dos fornecidos por terceiros ou do desenvolvimento de aplicativos para o iPhone, a PulsePen ou qualquer outra empresa, sua própria fortuna o aguarda. Este livro lhe mostrará como percorrer o caminho que o separa da riqueza da maneira mais suave, fácil e eficaz, em todos os aspectos.

Esta obra o ensinará a usar uma paixão, uma dor ou problema específico e transformá-los em lucro, e todo esse processo poderá ser realizado on-line, da maneira mais elegante e eficiente possível, a partir da privacidade do seu lar. Se tiver a oportunidade de ler minha obra *The richest kids in America* [Os novos empreendedores mais ricos da América], perceberá que 80% deles fizeram fortuna usando os novos meios eletrônicos. A nova fortuna imobiliária do século XXI está na internet. Não importa quando você finalmente irá visitar o mundo on-line, mas que não deixe de fazê-lo. É importante que perceba que este livro ensinará você a maximizar os benefícios que o mundo virtual é capaz de proporcionar a toda a humanidade.

Embora muitas vezes isso não esteja claro, todos nós possuímos conhecimentos ímpares. Pela primeira vez na história, e graças a um livro de Chris Anderson intitulado *A cauda longa - do mercado de massa para o mercado de nicho* (Campus, 2006), você já tem a possibilidade de escolher um nicho bastante específico de mercado e tornar-se tremendamente rico.

Nunca a vida foi tão excitante. É incrível como uma empresa como a Google, que lucra mais que qualquer outra em todo o mundo, transformou-se na marca número 1 do planeta, superando, em apenas oito

Ca$h!

anos, gigantes como a Coca-Cola e a Campbell's.* Atualmente, qualquer pessoa é capaz de usufruir das facilidades oferecidas pela Google e disponibilizar seus próprios produtos, serviços ou informações, vendendo-os de múltiplas maneiras e em frentes variadas. Todos já sabem que estamos definitivamente na era digital; portanto, é o momento de você investir em si mesmo e nos produtos que conseguir criar em sua mente. Este é o instante em que um único clique bastará para transformar suas ideias em dinheiro, garantindo assim o seu futuro.

A beleza da internet está no fato de que qualquer um pode atuar como um "corretor". Sempre existirão mercados e indivíduos que desejam comprar as mercadorias comercializadas por eles; portanto, basta se transformar em uma espécie de intermediário e embolsar os lucros que a integração desses dois públicos poderão gerar. Este livro o ensinaná como dominar os negócios on-line, aqui e agora.

A obra que você está prestes a ler, escrita por meu grande amigo Joel Comm, explica a todos como gerar uma renda estável e constante on-line.

Com ela, você aprenderá todas as técnicas, os macetes e os segredos para se transformar em um especialista nessa área, além de uma figura que ostente total credibilidade junto aos leitores. Leia este livro e garanta já excelentes resultados! Você certamente ganhará um novo insight sobre como ganhar dinheiro on-line.

> —Mark Victor Hansen
> Cocriador da série best-seller número 1 do *New York Times*, *Canja de galinha para a alma* (Ediouro, 1995).
> Coautor de *Cracking the millionaire code* [Quebrando o código para se tornar um milionário], *The one minute millionaire* [Milionário em 1 minuto] e *Cash in a Flash* [Dinheiro em um segundo].
> Autor de *The richest kids in America* [Os novos empreendedores mais ricos da América].

---

* Famosa empresa norte-americana que fabrica e comercializa sopas nos EUA. (N.E.)

Introdução

Criando seu próprio lucro

O advento e a decolagem da internet criaram uma grande variedade de novos sons. Enquanto crescemos, aprendemos que, ao ligar nosso PC, o primeiro som que escutamos é a suave melodia do Windows que se inicia; acostumamo-nos a distinguir o som de duas notas que nos alerta sobre a chegada de um e-mail; e nos aterrorizamos com o assustador "bong" que nos adverte sobre algum procedimento incorreto, ou até desastroso, no qual tenhamos incorrido.

Entretanto, existe um som específico que, apesar de estar presente em nossa mente ao longo de toda a nossa vida, não nos acostumamos a escutar em nossos computadores: o da caixa registradora que recebe os lucros provenientes da internet.

Isso é uma pena, pois para qualquer empresário este som é como música para os ouvidos.

Ele não anuncia apenas que você está ganhando dinheiro – apesar de isso ser fantástico, sempre –, mas declara que está alcançando o sucesso. Ele indica que você finalmente realizou uma venda! Significa que, depois de ter uma ideia, de pesquisar sobre ela, de criar o produto e lançá-lo no mercado, tudo deu certo!

Você tinha razão!

Agora você sabe que as pessoas gostam da sua ideia. De fato, elas a apreciam tanto que estão dispostas a investir o próprio dinheiro e adquiri-la. Não há maior prova de sua capacidade que essa.

A sensação é incrível. Nem mesmo o recebimento do seu primeiro salário pode se comparar a isso. Afinal, não há risco envolvido em alugar as suas habilidades a um empregador; não há investimento e, portanto, as recompensas também serão menores.

Contudo, quando você está montando seu próprio negócio e lançando um produto –, até mesmo algo bem simples, como um site sustentado por anúncios – está investindo seu tempo, sua paixão e, provavelmente, algum dinheiro. Essa é a maior prova pela qual você passará em toda sua vida. Não se trata de um teste de conhecimento. O mundo está repleto de pessoas cujo cérebro é uma verdadeira enciclopédia, mas que mal conseguem se sustentar. O que está sendo testado é sua imaginação, sua criatividade e sua capacidade de realização.

Nesse caso, as apostas são mais altas, a emoção é maior e as recompensas, quando tudo dá certo, são bem maiores também.

Quando alguém se torna dono de uma nova loja e inicia atividades pela primeira vez, não sabe se aquele sonho irá decolar ou se acabará tendo de abrir mão do negócio antes mesmo da primeira liquidação de final de estação.

Em contrapartida, quando um indivíduo obtém seus primeiros grandes lucros na internet, ele saberá que atingiu um novo patamar. Mesmo que a empreitada fracasse – e muitos novos negócios não alcançam o sonhado sucesso –, ele saberá que atingiu um objetivo.

Afinal, ele conseguiu conceber uma ideia de negócios e trilhar todo o difícil caminho que envolveu desde a implementação até o lançamento. Ele convenceu alguém a comprar e chegou onde desejava.

Vale ressaltar que, se essa pessoa conseguiu fazê-lo uma vez, será perfeitamente capaz de fazê-lo novamente, diversas vezes, pois possui o que é necessário para ser um empreendedor de sucesso. Nesse caso, seus ganhos serão sempre abundantes e constantes.

Na internet, porém, ninguém de fato vê o dinheiro nas mãos. Afinal, quando um cheque da Google "pousa" em sua caixa de correio, ele o faz silenciosamente; e quando um crédito entra em sua conta diretamente do PayPal, o máximo que você escutará será o alerta de seu correio eletrônico.

Nos negócios tradicionais, as vendas tendem a acontecer em fluxos. As pessoas fazem fila, entregam seu cartão de crédito ou dinheiro e efetuam a compra. Cada venda é um evento e deve ser celebrado de modo específico. Já no sistema on-line as vendas acontecem o tempo todo – dia e noite, em dias úteis e aos finais de semana – e podem ocorrer em qualquer lugar do planeta, seja no Brasil, nos Estados Unidos, na França, no Japão, na Nova Zelândia ou no Zimbábue. Qualquer um, de qualquer lugar, a qualquer hora, pode pressionar uma tecla em seu computador e garantir algum dinheiro.

Nesse caso, não será preciso ficar atrás de um balcão nem contar o troco. Não será necessário sorrir ou desejar aos seus clientes um bom-dia.

Tudo é automatizado. Implemente um sistema confiável e seu empreendimento on-line funcionará praticamente sozinho. Tudo o que terá de fazer é depositar os cheques.

Mesmo assim, seria interessante se essas transações produzissem lucros, não é? Pois bem, elas lhe proporcionarão algo ainda melhor: ajudarão você a criar um sistema de ganhos, explicando-lhe todos os princípios por trás dos negócios on-line que geram receita e oferecerão conselhos práticos e verdadeiros.

Tais sugestões não serão ideias genéricas sobre o que pode ou deve funcionar; tampouco se resumirão a conceitos teóricos. Elas lhe servirão como estratégias reais que funcionaram para mim.

Se considerarmos as discagens para os BBSs* locais (Estados Unidos) em 1980, verá que tenho estado on-line por mais de 30 anos. Construí meu primeiro site em 1995. Esse período pode não parecer muito longo, mas, em termos de internet, é uma eternidade. Quando lancei minha página, havia na web apenas 25 mil outros sites. Entretanto, em setembro de 2009, a Netcraft, uma empresa de serviços de internet, calculou que existiam apenas meia dúzia de servidores de ponta hospedando o incrível número de 226.099.841 sites.

---

* Sigla para Bulletin Board System, um sistema informático que servia, entre outras aplicações, como um quadro de avisos virtual. O sistema caiu em desuso a partir de meados dos anos 1990, com a massificação da World Wide Web, que disponibiliza recursos mais baratos e eficientes. (N.T.)

Com tal crescimento, surgiu também o ganho de capital. A propaganda distribuída pelas 4 maiores agências on-line – a Google, a Yahoo!, a Microsoft e a AOL – valia, em 2008, o montante de 32,9 bilhões de dólares. Atualmente, na Grã-Bretanha se gasta mais em propaganda na web que na televisão.

Isso representa apenas o dinheiro gasto em convencer as pessoas a comprar. Em 2008, a Forrester Research estimou em mais de 200 bilhões de dólares o valor das vendas a varejo feitas mundialmente on-line.

Isso é uma oportunidade fantástica. Trata-se de uma gigantesca mina de ouro, e todos têm acesso a ela. Você não precisa ser dono de uma gigantesca empresa de comunicação para garantir uma parte dessa receita. Não é necessário ter um diploma em informática, em comunicação ou em física nuclear avançada para ganhar dinheiro on-line. Tudo o que é necessário é saber como o sistema funciona e ter a paciência e o ímpeto para alcançar o sucesso.

Ao longo de minha vida on-line, testemunhei inúmeras maneiras pelas quais qualquer empreendedor é capaz de direcionar o fluxo de receitas da internet para seus próprios ganhos. Nem todas elas se provaram tão eficientes como prometiam, mas as melhores ideias permaneceram, comprovando seu valor junto a vendedores, compradores, editores e anunciantes.

O objetivo deste livro é descrever esses métodos e explicar como você poderá fazer com que eles trabalhem a seu favor.

Começarei discorrendo sobre a nova ordem da web.

A internet revolucionou o ambiente dos negócios. Ela não representa apenas uma maneira totalmente nova de se comprar e vender produtos e serviços, mas a democratização dos negócios.

Se outrora qualquer empreendedor precisava de capital, contatos, experiência e até mesmo coragem para assumir riscos, atualmente, tudo o que é necessário é um computador e uma conexão à internet. Isso representa uma verdadeira revolução social. Trata-se do capitalismo voltado para as massas, de oferecer a oportunidade para que qualquer indivíduo possa, de fato, obter grandes lucros.

No Capítulo 1, explicarei o que isso significa para você e como outras pessoas têm usado esse novo cenário para enriquecer.

No Capítulo 2, discutirei o que é necessário para montar um negócio on-line – e não pense que isso envolve uma longa lista de equipamentos. Na verdade, refiro-me a uma grande discussão sobre ideias, pois é exatamente disso que você mais precisará para alcançar sucesso on-line. Meu lema é: "Reconheça sua paixão, entenda tudo sobre aquilo que ama e saberá qual é o seu nicho." O sucesso simplesmente o seguirá.

A apresentação dessa paixão normalmente surgirá com a criação de conteúdo. Muitas vezes, ouvimos dizer que o conteúdo na internet é fundamental, mas prefiro pensar um pouco diferente. Em minha opinião, conteúdo representa ganhos. Quanto melhor ele for, maior será a quantidade de dinheiro arrecadado.

No Capítulo 3, apresentarei várias maneiras diferentes de se transformar conteúdo em dinheiro.

O conteúdo é, em geral, fornecido por meio de sites; contudo, essa não é a única maneira de se transmitir informações às pessoas que estão dispostas a pagar por elas. Outro método é comercializar "infoprodutos"na internet. É importante ressaltar que eles podem ser incrivelmente poderosos, pois abrem novas oportunidades para se vender qualquer tipo de conhecimento pelo seu valor real.

No Capítulo 4, compartilharei aquilo que precisa saber para criar sua linha de produtos e vendê-los. Lembre-se de que a informação não é a única mercadoria que se pode comercializar on-line. Entre marqueteiros especialistas, o uso de programas de afiliados é uma condição sine qua non para se vender qualquer produto, de livros a serras circulares; de computadores a veículos importados. Entre todos os meus sites, as vendas afiliadas garantem a um único deles uma receita em comissões que chega aos 10 mil dólares todos os meses. É simples e, ao mesmo tempo, recompensador. Contudo, é preciso que o empreendedor encontre os produtos e o mercado certos e, então, siga corretamente as regras.

Ca$h!

O Capítulo 5 ensinará a você como vender seus produtos utilizando-se desse método. As vendas afiliadas ocorrem em um fluxo constante, mas o melhor tipo de comercialização é a que acontece por meio de assinatura. Ela representa um pagamento garantido com o qual se poderá contar todos os meses e pode formar a base de um negócio, fornecendo ao empreendedor uma fundação sólida sobre a qual crescer. Entretanto, esse sistema exige pouco mais que um site convencional, mas o processo pode se tornar muito lucrativo, valioso e até mesmo divertido. Meu site de afiliados atrai dezenas de milhares de membros; cada um deles paga mensalmente 78 dólares pela assinatura.

O Capítulo 6 descreve como você poderá fazer o mesmo. E, uma vez que já tenha alcançado o sucesso, perceberá que amealhou outros dois importantes ativos, mais valiosos que tudo o que já vendeu até então: conhecimento e experiência. Nenhum deles pode ser comercializado diretamente, somente seus benefícios. Programas de *coaching* representam uma ótima oportunidade de retribuir algo à comunidade de empreendedores – e, ao mesmo tempo, de se ganhar ainda mais dinheiro.

No Capítulo 7, explicarei como você poderá oferecer *coaching* em grupo e individualmente. Demonstrarei ainda como usar a gestão de marcas e as relações públicas para atrair clientes.

Por fim, oferecerei no Capítulo 8 alguns exemplos que ilustram muitas das estratégias descritas neste livro. Não é preciso reinventar a roda, uma vez que alguém já realizou esse trabalho duro por você. Um dos fundamentos mais importantes para o sucesso é justamente construí-lo sobre os triunfos obtidos por outros. Esteja ciente de que, quando isso ocorrer, outras pessoas farão o mesmo em relação aos seus méritos. Você poderá usar os estudos de caso mencionados nesta obra para criar seu próprio negócio.

Em lojas tradicionais, existe apenas uma maneira de se produzir lucros. Ele acontece quando um cliente concorda em trocar seu próprio dinheiro – aquele pelo qual sonhou tanto – pelo produto comercializado pelo dono do empreendimento.

$14

As possibilidades on-line são bem maiores. Existem cinco métodos primários por meio dos quais se consegue ganhar dinheiro na web, e pretendo compartilhar com os leitores exatamente como utilizo cada um deles em meus empreendimentos on-line.

Quando terminar de ler este livro, você terá toda a informação de que precisa para não somente criar um negócio on-line bem-sucedido – o que é fácil –, mas para se utilizar de todas as oportunidades mais lucrativas que somente a internet poderá lhe oferecer. Isso lhe proporcionará não apenas um ganho isolado, mas lucros constantes que o acompanharão enquanto você estiver desenvolvendo e fazendo crescer sua empresa on-line. Começaremos nossa jornada analisando o que essas possibilidades podem lhe oferecer.

Capítulo 1

A nova ordem da web – como a internet trouxe oportunidades para todos

O primeiro dinheiro que ganhei na internet não foi exatamente o que se poderia chamar de fabuloso. Não precisei ser escoltado por seguranças para entrar e sair do banco nem pude escutar o prazeroso ruído de milhares de moedas se amontoando.

Eu diria que foi mais como uma pancada, como o som de uma caixa de papelão caindo sobre a mesa da cozinha. Mesmo assim, aquilo soou como música aos meus ouvidos.

Tudo começou em 1994. Na verdade, eu já trabalhava com computadores desde 1980 – claro que eram modelos muito mais simples e menos potentes que qualquer mp3-player de hoje. Bem, quando digo "trabalhar", refiro-me a "jogar".

Quando adquiri meu primeiro computador, eu tinha as melhores intenções. Lembro-me de ter lido a parte do manual que explicava como programar em BASIC e de tentar criar alguns programas simples. Fiquei muito orgulhoso quando consegui fazer aparecer na tela a mensagem "Olá, mundo!". Contudo, nunca aprendi de fato a linguagem de programação e não tenho a mínima ideia sobre como funciona o sistema de código dos programas. Deixo isso para os que têm muito mais talento e conhecimento nessa área que eu.

Ca$h!

Em contrapartida, sempre apreciei jogos de computador e logo descobri que para jogar bastava inserir um disquete em uma abertura na CPU e esperar até que o programa carregasse. Aquilo era tão mais fácil – e tão mais divertido! Porém, esses jogos custavam caro e, em meados dos anos 1990, cada centavo que eu ganhava já tinha um destino específico. Minha carreira até então se resumia a trabalhos como DJ em casamentos e Bar Mitzvás e a vender enciclopédias de porta em porta. Na época, não havia como eu sustentar meu hobby adquirindo cada novo jogo que era lançado. Foi então que vislumbrei minha primeira oportunidade de negócios relacionada aos computadores.

Enquanto lia resenhas sobre jogos de computador em uma revista especializada no tema, percebi que os críticos recebiam seus exemplares de graça. Eles não apenas possuíam acesso a todos os novos lançamentos como não tinham de pagar por nenhum deles. Aquilo era perfeito para mim. Receber jogos grátis seria fantástico, especialmente se tudo o que tivesse de fazer fosse escrever minha opinião sobre eles depois de experimentá-los.

Mas havia um detalhe: eu não tinha nenhuma experiência em escrever, e, portanto, não conseguia imaginar que uma revista pudesse me contratar para escrever resenhas de jogos somente pelo fato de eu gostar de jogá-los. Foi então que, em vez de pegar o telefone e ouvir uma série de "nãos", criei minha própria revista especializada.

A Dallas Fort Worth Software Review nunca foi a publicação mais popular do mundo. Pode até ser que algumas das primeiras edições tenham alcançado um público de... bem, ... um leitor. Dois, talvez, se por acaso algum amigo a visse em minha casa e decidisse folheá-la. Porém, quando eu ligava para as empresas de software dizendo que eu era um jornalista da Dallas Fort Worth Software Review e perguntava se gostariam de enviar uma cópia de seus mais novos jogos para resenha, nunca me perguntaram quantos leitores eu tinha. De fato, a única pergunta que faziam era: "Para qual endereço?"

Quando aquele primeiro jogo foi entregue em minha casa e eu coloquei o pacote sobre a mesa da cozinha, soube imediatamente que

$ 18

havia alcançado meu primeiro sucesso. Não se tratava de dinheiro – afinal, eu ainda não havia ganhado nem um tostão –, mas do fato de meu plano ter funcionado.

Logo os jogos começaram a chegar aos montes, vindos de todas as grandes empresas de software. O tempo era insuficiente para que eu os visse, que dirá para que os avaliasse. Então, para garantir a continuidade do recebimento, decidi postar um anúncio em um BBS – não existiam os fóruns da internet naquela época – e oferecer jogos grátis em troca de resenhas. Isso permitiria que eu continuasse produzindo minha pequena revista sem ter de me esforçar em demasia. Somente a falta de leitores continuava sendo um problema – o que, aliás, seria resolvido pela internet.

Quando finalmente a web ganhou espaço, eu já estava preparado. O fato de passar grande parte do meu tempo jogando no computador me fez perceber não apenas o seu crescimento, mas também o seu potencial. Decidi pegar todo o material relacionado a jogos que havia coletado e colocá-lo em um novo site chamado WorldVillage.com. Também convidei outros autores a participar, enviando textos sobre qualquer assunto de seu interesse.

Hoje, o WorldVillage continua forte e saudável e segue recebendo milhares de visitantes por mês.

Temos aqui uma história de sucesso na internet. Contudo, como você pôde perceber, e como ocorre em qualquer história na área de negócios, houve também obstáculos. Entretanto, esse exemplo nos apresenta dois componentes-chave que nos ajudam a entender (e duplicar) o sucesso on-line – a oportunidade, que a web disponibiliza para todos, e uma pitada de espírito empreendedor.

Em primeiro lugar, o sucesso nos negócios na internet está acessível a qualquer um – e considero-me o melhor exemplo disso. Não sou um especialista no assunto e, além disso, continuo sem saber programar. Deixo a redação e a administração de muitos de meus sites para pessoas que fazem isso melhor que eu. Sempre me interessei por computadores, mas não sou o que se poderia chamar de um profissional no assunto.

Ca$h!

O importante é que você não precisa obter um diploma em um curso avançado de programação. Não é necessário que saiba o que é HTML ou qual é a aparência de um servidor; nem que Ruby on Rails* não é o nome de uma banda de grunge. Claro que tal conhecimento poderá ajudá-lo – pelo menos do ponto de vista técnico –, mas não é fundamental. Conheci muitos milionários da internet que pensavam que uma folha de estilos** fosse a programação de um desfile de moda, mas isso não os impediu de criar inúmeros sites de sucesso.

O segundo componente-chave para minha primeira história de sucesso na internet está no fato de ainda gostar de jogos no computador. Para mim, é pura diversão. Talvez eu jogue menos do que costumava jogar, mas, de vez em quando, ainda passo tempo com toda a família para "matar monstros". Tenho orgulho em dizer que sou um "guerreiro" de nível 80 no World of Warcraft.***

O que explica o sucesso da Dallas Fort Worth Software Review e, posteriormente, do WorldVillage, é o fato de eu não ter saído por aí apenas com o objetivo de ganhar dinheiro, mas de fazer algo de que eu realmente gostava. Por isso, estava disposto a investir tempo e me esforçar para que tudo saísse benfeito. Isso fez outras pessoas também gostar do que faziam e trabalhar com carinho. Quando isso acontece, sempre surge a oportunidade de se fazer dinheiro, especialmente na internet.

Esse é o tema deste livro. Ele discorre sobre o que acontece quando você se concentra em fazer algo pelo qual é apaixonado e então disponibiliza essa ideia em um meio acessível a todos. Depois disso, bastará olhar para sua conta bancária e acompanhar o crescimento da sua receita.

---

* Trata-se de um sistema gratuito que promete aumentar a velocidade e facilitar o desenvolvimento de sites que irão abrigar banco de dados. Por meio dele, é possível criar aplicações com base em estruturas predefinidas. É um projeto de código aberto. (N.E.)

** Trata-se de uma coleção de formatos de texto usados em uma publicação. Cada estilo é gravado com um nome como "Título principal" ou "Subtítulo" e encerra todas as características daquele elemento gráfico. (N.E.)

*** Trata-se de um jogo de ação e aventura que se passa em um mundo fantástico (Azeroth). É da Blizzard e é disputado on-line. (N.E.)

Então, é fácil começar a construir um site?

Para alguém cuja experiência com a internet se resume a ler o noticiário, verificar os resultados dos esportes e, talvez, responder e-mails, o mundo on-line pode parecer um tanto assustador.

Dizer a um usuário da internet que há uma fortuna esperando por ele nessa área é como explicar a um cinéfilo que é possível fazer milhões na indústria cinematográfica. E de fato é, desde que você saiba lidar com uma câmera, escrever um roteiro, conseguir o dinheiro para a produção, contratar os atores certos, editar o material e distribuir o filme. Vale ressaltar que nada disso bastará se não conseguir produzir filmes que agradem às pessoas.

No entanto, criar sites bem-sucedidos não é como fazer filmes de sucesso. Produzir um filme é bastante complexo, enquanto criar conteúdo para a internet é extremamente simples. Desde o início, o sistema foi desenvolvido para ser descomplicado, e hoje se tornou ainda mais fácil. Atualmente, já é possível colocar um novo site no ar em menos tempo do que se leva para ler uma página como esta, e de maneira gratuita.

Você não receberá seu primeiro dinheiro imediatamente. Ainda terá de providenciar conteúdo para o site, conectar os sistemas "coletores de dinheiro" e informar às pessoas que você existe. Isso levará algum tempo, mas o processo não exige nenhuma habilidade mais especializada que a capacidade de dar um clique no mouse ou escolher uma opção em um menu.

Contudo, nem sempre as coisas foram assim. Apesar de a internet ter sido concebida como um lugar para todos, onde qualquer um pode se instalar, durante muito tempo ela ficou restrita a pessoas que tivessem paciência para ler extensos manuais de programação. Hoje, a internet realmente cumpre a sua promessa de ser um espaço verdadeiramente democrático. Aqueles com vontade de ganhar dinheiro e disponibilidade para aprender ao longo do processo podem, em poucos minutos, dar início a um negócio on-line rentável. Isso, em geral, ocorre de duas maneiras possíveis.

Ca$h!

O primeiro método é o tradicional, que consiste em criar um site do princípio. Isso envolve registrar um domínio, alugar espaço em um serviço de hospedagem e alocar o domínio nesse servidor. Então, usa-se um programa especial para escrever o código e carregar as páginas. Depois disso, sempre que um usuário digitar o endereço de uma dessas páginas em seu navegador, seu site aparecerá na tela.

A maioria dos sites ainda funciona dessa maneira, inclusive os meus. Fazer tudo manualmente proporciona mais flexibilidade; entretanto, pode se tornar um pouco mais complicado, pois demanda tempo para se aprender o processo – ou dinheiro para pagar alguém que saiba como fazê-lo. Além disso, tal processo já não é mais necessário, uma vez que estão disponíveis no mercado templates completos desenvolvidos por profissionais da área para qualquer um que deseje utilizá-los. Os preços variam. Algumas empresas os oferecem de graça; outras cobram milhares de reais por modelos exclusivos, fáceis de customizar e cheios das mais recentes animações em Flash.

Independentemente de qual opção escolher – e ambas estão a apenas um clique de distância –, uma vez adquirido seu domínio, tudo o que terá de fazer é carregar o template e preenchê-lo conforme desejado.

A outra alternativa é usar um sistema de gerenciamento de conteúdo, como o Joomla! ou o Drupal. Esses são programas livres gratuitos que funcionam como uma espécie de armazém para publicadores de sites. Parecem assustadores, mas realmente simplificaram tremendamente a editoração na web. Uma vez dado o primeiro passo, ou seja, que o domínio esteja registrado e alocado em um servidor – um processo que não leva mais que alguns poucos minutos de nervosismo, até mesmo para o mais inexperiente webdesigner –, eles lhe permitirão adicionar artigos e usar módulos e extensões para anexar toda espécie de *gadgets** pré-programados às suas páginas, como feeds RSS,** barras deslizantes e vitrines automatizadas.

---

* O termo é usado em inglês. São artifícios ou dispositivos que podem ser agregados ao blog, como propagandas, imagens etc. (N.E.)

** Trata-se de um formato de distribuição de informações pela internet; é usado principalmente em sites de notícias e blogs. (N.T.)

Talvez esse primeiro passo ainda pareça um pouco estranho, mas assim que o site estiver funcionando, por mais básico que seja, nada irá detê-lo. Você desejará experimentar e brincar, e em pouco tempo terá se transformado em um especialista em desenvolvimento na web. E, o mais importante, estará se divertindo. Isso de fato acontece, pois todo o processo tornou-se muito simples.

Esses templates ajudariam no trabalho de design, mas existe ainda um caminho mais fácil para se entrar na internet. Quando, em agosto de 1999, Evan Williams (que mais tarde ajudaria a criar o Twitter) lançou o Blogger, ele deu prosseguimento a um processo de simplificação que facilitaria bastante o acesso à internet.

Um blog (forma abreviada de web log) é um tipo de site simplificado. Contudo, em vez de trazer várias páginas estáticas, seu conteúdo é atualizado regularmente e publicado em ordem cronológica, o que faz os leitores sempre retornarem a ele para ver o que há de novo. O conteúdo mais antigo fica arquivado e pode ser resgatado por meio de uma busca por palavras-chave ou tópicos.

A grande vantagem do blog sempre foi sua simplicidade. O processo não difere muito de se criar um documento em Microsoft Word. A diferença está no fato de o blog estar disponível na internet para qualquer um que deseje visitá-lo. Atualmente, já é possível adicionar a ele todo tipo de conteúdo, incluindo vídeo e *streams** do Twitter em tempo real. O atrativo de um blog é sempre seu conteúdo; portanto, se você for capaz de escrever informações interessantes – qualquer que seja o tema –, também será capaz de criar um blog de sucesso.

Evan Williams certamente fez sucesso com o Blogger. Dez anos depois do lançamento dessa ferramenta, a Google comprou o site por um valor não revelado. Estima-se que hoje existam cerca de 300 milhões de leitores ativos, consumindo as 388 milhões de palavras postadas todos os dias (Figura 1.1).

É claro que o Blogger possui agora vários concorrentes. O Word-Press.org oferece muito mais flexibilidade e, além disso, é um sistema

---

* Fluxo de dados. Nesse caso, o autor se refere a vídeos postados no Twitter. (N.E.)

Figura 1.1 – Começar a utilizar o Blogger é muito fácil e rápido.

de código aberto, o que significa que qualquer um pode construir sobre a plataforma e criar plugins,* o que garante aos editores ainda mais opções. Entretanto, ao contrário do que ocorre no Blogger, o WordPress não inclui hospedagem; portanto, antes de poder usá-lo é preciso adquirir um domínio e alocá-lo em um servidor. A partir daí, basta baixar o programa do WordPress.org e carregá-lo em seu próprio servidor. Não é difícil, mas exige um pouco de esforço.

Em contrapartida, o WordPress.com (em oposição ao WordPress.org) funciona exatamente como o Blogger. Seu nome de domínio será onomequevocêescolher.WordPress.com. É um serviço gratuito, o que dispensa serviços de hospedagem, mas não lhe permite acrescentar no blog serviços como os anúncios do AdSense, do Chitika ou

---

* Extensões do browser fornecidas pelo próprio fabricante ou por empresas parceiras que fornecem recursos adicionais de multimídia facilitando a visualização de textos, som, vídeo etc. (N.E.)

do Yahoo! nem links de anúncios em texto. Como verá no decorrer deste livro, ainda sobram muitas outras opções, mas a verdade é que o WordPress.com não foi concebido para se fazer dinheiro, pois as pessoas por trás dele não veem com bons olhos a geração de receita por meio desses sites.

Para se acostumar ao processo, a melhor opção é começar com o Blogger. É o que eu chamo de "blogar com rodinhas de apoio". Depois de se familiarizar, poderá migrar para o WordPress.org ou para o MovableType (www.movabletype.com).

Entretanto, há uma boa chance de que você já esteja on-line, seja com seu próprio site ou com um blog. Talvez você mesmo os tenha criado ou contratado um desenvolvedor. As duas opções são válidas.

Não quero me ater aos primeiros passos para se lançar um blog ou criar um site. Esse tipo de informação está disponível em toda parte (inclusive em meus livros anteriores). Isso se tornou tão simples que a melhor maneira de aprender é fazendo. Vá até o Blogger.com, registre-se e comece a escrever. Não tenha medo de errar nem pressa. Desfrute da experiência, pois é isso o que o ajudará a seguir adiante.

No início deste capítulo, mencionei que, enquanto bastam alguns minutos para se começar a desenvolver sites e blogs, ganhar dinheiro com eles pode demorar um pouco mais, afinal, você precisará criar conteúdo e seu próprio público, dois objetivos que levam algum tempo para serem alcançados. De modo geral, instalar um sistema que convença as pessoas a investir em você é, atualmente, rápido e fácil.

Dos blogs ao lucro na internet

No final do século XX, havia um método muito fácil e quase infalível de se ganhar muito dinheiro com um site: o interessado registrava um domínio, alocava-o em um servidor e começava a escrever um plano de negócios. Não havia conteúdo, apenas frases que incluíam várias vezes a palavra "anúncios". Depois disso, bastava se encontrar com um

Ca$h!

capitalista empreendedor, mostrar seu plano de negócios e esperar pacientemente até que ele preenchesse um cheque de vários milhões em troca de 1% de sua nova empresa.

Para alguns desses investidores, isso realmente se mostrou uma boa ideia. A empresa emergente continuava atraindo muitos usuários, era comprada por uma organização ainda maior e garantia fortunas tanto para o desenvolvedor como para o investidor. Todavia, a compradora frequentemente arcava com prejuízos.

O problema estava no fato de que, embora na teoria tudo parecesse infalível, ninguém ainda havia inventado uma maneira segura de transformar um grande número de usuários em dinheiro. Era como se alguém tivesse inventado o shopping center antes do surgimento das caixas registradoras. Muitas pessoas entrariam nas lojas, mas, sem terem como gastar seu dinheiro, sairiam com ele no bolso. A Google mudou essa situação e o fez de duas maneiras.

O primeiro passo foi criar um "mecanismo de busca" que encontra conteúdo de maneira fácil e certeira. Antes de a Google ser lançada, em 1998, os usuários da internet que procuravam conteúdo por meio de sites como o Yahoo! ou o Lycos tinham de vasculhar categorias ou checar resultados com base em quantas vezes uma palavra-chave aparecia em uma página. Muitas vezes isso não fornecia os melhores resultados. Sites fracos podiam burlar o sistema, recheando suas páginas com palavras-chave e, assim, direcionando o trânsito e oferecendo seus "benefícios" para as pessoas erradas.

A ideia de Sergey Brin e Larry Page de avaliar cada site em termos do número de outros sites que remetiam a eles por meio de links fez o mecanismo de busca da Google não somente oferecer os resultados corretos, mas também os melhores.

De repente, a internet não era mais apenas uma coleção aleatória de sites de difícil navegação. Ela transformara-se em um universo que trazia consigo seu próprio "guia turístico", cuja função era indicar os melhores lugares para se visitar, independentemente de seu tema ou de sua área de interesse.

Se alguém quisesse informações sobre filatelia, arquitetura ou celebridades, a Google o levaria até lá. Entretanto, ela não o transportaria somente aos sites que mencionassem esses tópicos. Isso foi incrivelmente útil e permitiu que a Google rapidamente cativasse um vasto número de usuários da internet, ávidos por encontrar os atalhos que os direcionassem aos melhores conteúdos da web.

Até esse ponto, tudo o que a Google havia feito fora criar um serviço que agradara aos usuários. Ninguém ainda estava pagando por ele – a empresa ainda não estava lucrando. Isso aconteceria em 2000, quando a Google começou a oferecer espaço para anúncios nas páginas de resultados de busca. Tais anúncios eram sempre relevantes, pois apareciam de acordo com o tópico buscado pelo usuário. Como se baseavam em texto, não eram obstrutivos. Esses anúncios eram publicados de acordo com o preço que o anunciante estava disposto a pagar e, também, de acordo com o número de acessos que haviam recebido no passado.

Aquela não fora uma ideia totalmente nova, uma vez que um site chamado Goto.com, que depois se tornaria Yahoo! Search Marketing, já comercializava anúncios de maneira similar. A Yahoo! chegou a processar a Google por violação de patente em um caso que acabaria sendo resolvido fora dos tribunais. Contudo, mesmo não tendo sido a idealizadora da ideia, a Google certamente a desenvolveu e implementou melhor que ninguém. Hoje, considera-se que a empresa detenha 82,7% do mercado de busca mundial. Sua receita em 2008, proveniente quase exclusivamente de anúncios, foi de mais de 21,8 milhões de dólares.

A Google havia finalmente começado a ganhar dinheiro, o que lhe permitia cobrar de empresas que quisessem se manter em contato com seus milhões de usuários diários. Essa foi uma boa notícia para a organização, mas foi também uma excelente novidade para todos nós, uma vez que, ao fazê-lo, a Google também favoreceu gratuitamente qualquer editor da web que desejasse utilizar seus anúncios.

Ca$h!

A invenção do AdWords, o sistema desenvolvido pela Google para comercializar espaço para anúncios, promoveu uma enorme reviravolta de lucros na internet, mas foi o AdSense (a veia publicitária do AdWords) que fez essa revolução continuar ecoando por toda a web desde então (Veja Figura 1.2).

O AdSense é um sistema aberto a qualquer pessoa que possua um site. Basta registrar-se em www.google.com/adsense e receber um código para colocar em suas páginas. Esse código seleciona automaticamente anúncios do acervo do Google, com base no conteúdo do seu site. É incrível. O cliente passa a receber anúncios relevantes, não obstrutivos, e é pago sempre que um de seus usuários clica em um deles. Essa, aliás, deve ser a maneira mais fácil de se ganhar dinheiro da história do comércio.

Claro que existem estratégias que poderão maximizar seus lucros. Quando comecei a usar o AdSense, em 2004, ganhava apenas 40 dólares por mês com ele.

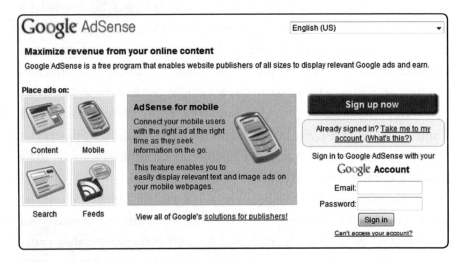

Figura 1.2 – O programa AdSense, do Google: o serviço que promoveu uma verdadeira revolução de lucros na internet.

Depois que otimizei meus anúncios, integrando-os aos meus sites, e testei uma série de estratégias diferentes, meus ganhos com o AdSense decolaram. Hoje recebo mensalmente da Google cheques cujos valores ultrapassam 15 mil dólares! Entretanto, o importante aqui não é apenas o valor, mas a simplicidade.

Os web templates, os sistemas de gestão de conteúdo e as plataformas de blogs tornaram a editoração na internet acessível para qualquer um que saiba ligar um computador e usar um teclado. Com a mesma facilidade, o Google AdSense nos oferece uma maneira de transformar esses sites em bons negócios.

Agora temos a loja e também a caixa registradora – ou melhor, várias delas. Na verdade, em cada site existem diferentes tipos dessas "maquininhas", e é possível posicioná-las em diferentes lugares. O sistema AdSense, da Google, é, principalmente, um programa de "custo por clique" (CPC). O editor do site é pago sempre que alguém clica em um anúncio. Outros serviços disponíveis pagam com base em "custo por ação" (CPA): Nesse caso, quando alguém compra um produto depois de acessar um anúncio publicado em seu site, você ganha uma comissão. Outra maneira de ganhar é por meio do "custo por mil impressões" (CPM): você recebe uma pequena quantia a cada mil vezes que sua página é carregada e o anúncio é visualizado, independentemente do que fizerem as pessoas que o virem.

E isso diz respeito apenas à área de publicidade. Como veremos no decorrer do livro, existem muitas outras maneiras de lucrar com um site de sucesso, como, por exemplo, oferecendo informações sobre produtos, *coaching* e sites de membros.

Esta é a nova ordem da web, que representa um espaço aberto a todos que quiserem participar. Os dias de pioneirismo já passaram. As estratégias, as abordagens e os métodos foram todos testados, aprovados e simplificados. As ferramentas estão disponíveis, são gratuitas e estão esperando por aqueles que quiserem testá-las e aprender como funcionam.

Talvez a melhor maneira de você entender o funcionamento da editoração na web atualmente seja comparando-o ao processo de fotografar. Qualquer um é capaz de tirar uma foto. Basta uma câmera digital básica, que custa pouco, e poderemos fotografar nossa família, nosso bicho de estimação, o pôr do sol na praia etc. Se as fotos saírem boas, sentimos aquela satisfação emocionante que nos encoraja a fotografar ainda mais. Em pouco tempo, já estaremos pensando em um avanço e adquirindo uma câmera mais sofisticada que nos permitirá brincar com foco, tempo de exposição e todas aquelas opções oferecidas pelas câmeras modernas. Isso, por sua vez, nos encorajará a aprender mais sobre fotografia; quanto mais aprendemos, mais fotos tiramos e melhores nos tornamos. É provável que nunca nos contratem para fotografar a capa da Vanity Fair, mas, enquanto estivermos desfrutando desse hobby, nossas habilidades serão aprimoradas. É possível que um dia alcancemos um nível que nos permita vender algumas dessas fotos ao eBay ou ao iStockphoto, ou, até mesmo, a oferecer nossos serviços em casamentos e eventos.

Na internet, qualquer um pode começar com um site simples ou um blog. Depois, basta habilitar o AdSense ou uma das outras opções de fácil acesso e começar a ganhar dinheiro. Com o avanço e o aprendizado será possível ganhar cada vez mais.

Esse processo não acontece da noite para o dia. Aliás, é importante ressaltar que o aprendizado nunca acaba. Mas, quanto antes você iniciar, mais cedo ganhará.

Entretanto, assim como o dono de uma loja tem de escolher os tipos de produtos que irá vender e os editores têm de definir sua linha editorial antes de publicar seus livros, você terá de refletir e decidir sobre o tema em que irá se concentrar. Essa é uma questão vital que será discutida no próximo capítulo.

Capítulo 2

Sua exclusividade vale tanto quanto dinheiro vivo

Vimos até agora que a internet democratizou as oportunidades para seus usuários. Ela o fez de duas maneiras: (1) reduzindo custos e facilitando a construção de sites; e (2) propiciando ganhos aos seus proprietários.

O baixo custo e a grande facilidade na construção de sites permitem a qualquer pessoa tornar-se proprietário de uma espécie de "imóvel" on-line. Não é preciso saber muito sobre a internet para se iniciar um blog ou criar um site, uma vez que já existem templates praticamente prontos para serem usados. Assim como os móveis pré--fabricados facilitaram a vida de marceneiros amadores, os templates, os sistemas de gestão de conteúdo e os blogs fizeram o mesmo pelos desenvolvedores de sites.

Além disso, se considerarmos a distribuição de "caixas registradoras" feita pela Google, que, como informado, proporciona um meio simples de se ganhar dinheiro com os usuários e visitantes de nossos sites, não será preciso perder tempo imaginando maneiras de monetizá-los. Uma vez acostumados a esse método, estaremos a um passo das outras estratégias abordadas neste livro.

Entretanto, há ainda outra democratização trazida pela web, que não é menos importante: ela transformou a todos em especialistas.

Ou melhor, possibilitou que todos lucrássemos com nossas próprias especialidades, o que não é exatamente o mesmo. Cada um de nós é uma espécie de especialista em alguma área. Talvez você não possua um título de doutorado em confecção de bolos nem tenha recebido o prêmio Nobel por suas contribuições inovadoras no campo do crochê, mas, se conhece mais sobre essas artes que a maioria, já pode ser considerado um especialista no assunto. Note que não estou dizendo que você necessariamente saiba mais que todo mundo.

Todos têm alguma proficiência. Se em seu tempo livre você faz origami, tornou-se um perito em criar figuras com dobradura, o que não significa que não existam pessoas que saibam fazê-lo ainda melhor. Contudo, talvez essas pessoas não tenham um site para compartilhar tal conhecimento, mas você o tem. Todavia, caso elas possuam o site, é possível que o delas apresente métodos para confeccionar bichinhos de papel enquanto o seu explica como fazer caixinhas. Talvez você goste de esportes e seja um especialista em seu time de futebol local. Caso goste de culinária, talvez seja um perito em fazer churrasco, feijoada ou qualquer outro prato delicioso. Lembre-se: qualquer pessoa é especialista em alguma coisa. Isso ocorre pelo simples fato de precisarmos preencher as 24 horas do dia com alguma atividade. Mesmo que você passe metade do dia sentado no sofá assistindo à televisão e passe a outra metade dormindo, seria possível dizer que você é um especialista em sofás, em seriados diurnos e em mais uma dúzia de outros hobbies. Enquanto houver indivíduos que se interessam por tudo que você fizer, a internet lhe dará a oportunidade de ganhar dinheiro com tal conhecimento. Vale ressaltar que não é preciso ser o maior conhecedor da internet para lucrar com suas habilidades. Basta possuir informações que outros não tenham, mas que gostariam de adquirir. Pode ser que você nunca tenha milhões de leitores. Caso, por exemplo, você se dedique a desenvolver um site sobre tricô, é bem possível que somente uma fração dos tricoteiros existente em todo o mundo o acesse. Em contrapartida, é provável que tais pessoas sejam realmente dedicadas a essa arte. Elas serão os usuários mais propensos a clicar em um anúncio desse tipo, comprar um produto ali comercializado ou pagar pela assinatura do seu boletim informativo. Independentemente de ser um tópico muito específico, o fato de estar na web e, portanto, acessível a qualquer um em qualquer lugar, talvez atraia usuários suficientes para proporcionar-lhe o dinheiro necessário para começar a construção de um rentável empreendimento on-line.

Essa é a vantagem de se ter um longo alcance, e é justamente aí que entra a capacidade da internet de gerar um público rentável até mesmo para os temas mais especializados. Qualquer conhecimento tem valor e pode gerar lucros on-line.

Escolhendo seu nicho

O primeiro passo é o mais fácil – e o mais divertido. Aliás, estar se divertindo é o melhor sinal para saber que se está no caminho certo. Entretanto, mesmo nesse estágio, as pessoas erram.

Perdi a conta do número de indivíduos que já me abordaram em conferências e oficinas com dúvidas sobre qual tema deveriam abordar em seu site. Infelizmente não posso ajudá-los nisso, pois também não imagino qual seria o conteúdo mais adequado. O que sei é o princípio por trás de qualquer site rentável: ele deve trazer um assunto que seja do interesse do editor e do qual este realmente goste.

Por enquanto, é melhor esquecer o suposto valor do tema escolhido. É verdade que alguns assuntos têm mais probabilidade de gerar receita que outros. Criar um site pensando somente em ganhar dinheiro talvez até lhe proporcione alguns lucros no começo, mas logo deixará de ser rentável. O problema é que quando tiver finalmente alcançado o conhecimento necessário sobre o negócios na internet a ponto de fazer fortuna, é provável que suas ideias tenham acabado e que esteja tão entediado que talvez pense até em procurar um emprego. Lembre-se: quando um site causa tédio no próprio dono, pode ter certeza de que logo seus usuários também se sentirão entediados.

A internet está repleta de sites inativos, iniciados por editores cuja ideia era ganhar dinheiro. Estes sites foram se deteriorando conforme seus proprietários se sentiam enfadados e decidiam seguir adiante.

Quando estiver procurando seu nicho, não pense em dinheiro. Em vez disso, pense nos assuntos que lhe interessam e em seus hobbies.

O que você gosta de fazer ao longo do seu dia? O que faz em seu tempo livre? Que tipo de livros você lê quando tem um momento de lazer? Tudo isso pode prover tópicos interessantes para um site. Não importa se você passa seus dias escalando montanhas ou matando alienígenas em seu Xbox.

Na prática, podemos dividir as opções em duas categorias: vida profissional e privada.

A vida profissional sempre lhe proporcionará opções interessantes, pois as pessoas já lhe pagam por esse conhecimento especial. Caso trabalhe como encanador, as pessoas o chamarão porque é você quem sabe como fazer uma torneira parar de pingar, não elas. Se for um administrador, saberá lidar com documentos e manter um escritório funcionando. Tais habilidades são valiosas. Seja você é um médico, um advogado ou um contador, certamente não precisarei lhe dizer quão valiosas são as informações contidas em sua mente. Qualquer que seja o seu trabalho, sua experiência e formação deram-lhe habilidades que lhe permitem ganhar a vida. A internet lhe proporciona um local onde compartilhar tal conhecimento, enquanto os diferentes sistemas e receitas desenvolvidos on-line lhe permitirão transformar sua expertise em dinheiro.

Um dos meus sites favoritos, por exemplo, é o AsktheBuilder.com, de Tim Carter (Figura 2.1). Tim foi empreiteiro e construtor de casas e já está on-line há muito tempo. Deu início ao seu site em 1993. Este, desde então, passou por várias encarnações, mas o que não mudou e foram a qualidade e o assunto de seu conteúdo. Seus artigos são republicados por jornais de todo o país. Ele até desistiu de uma carreira no rádio para se dedicar a algo mais rentável: seu site.

Figura 2.1 – O site AsktheBuilder.com, de Tim Carter, é um ótimo exemplo de alguém que ganha dinheiro on-line com seu conhecimento profissional. Note as ferramentas disponíveis: anúncio no banner, caixa de busca da Google, e-books, newsletter e e-shops. Essas são somente algumas das maneiras pelas quais Tim gera receita on-line.

Tim divulga conteúdo em que explica como montar prateleiras, fixar telhas, dar acabamento em degraus e muito mais. Algumas dessas informações aparecem em artigos, outras são postadas em forma de vídeos curtos, que também podem ser vistos no YouTube. Essas informações são valiosas. Se quiséssemos aprender a fazer isso, provavelmente teríamos de pagar caro por um curso especializado. No entanto, contratar alguém que o fizesse custaria caro. Trata-se de conhecimento que Tim acumulou em anos de treinamento e experiência e que está sendo disponibilizado gratuitamente. O que gera receita para Tim são os mecanismos oferecidos da própria internet.

Carolyn E. Wright faz algo parecido em PhotoAttorney.com. Carolyn é fotógrafa amadora e advogada profissional, especializada em questões legais relacionadas a fotógrafos. Seu site, que tem o formato de um blog, publica artigos sobre direito e fotografia (Figura 2.2).

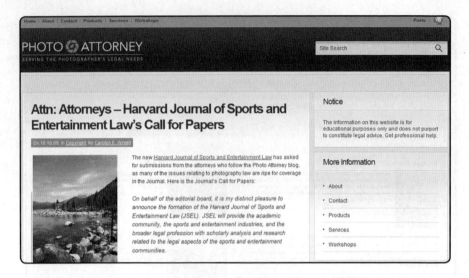

Figura 2.2 – O blog de Carolyn E. Wright, PhotoAttorney.com, ajuda outros advogados a ganhar dinheiro com seu conhecimento profissional.

Mais uma vez, as informações por elas disponibilizadas são valiosas. Quando Carolyn expõe a relevância de um caso judicial recente envolvendo um fotógrafo, as pessoas interessadas, em especial os profissionais da área, se dão conta de que estão sendo presenteados com "ouro em pó", afinal, advogados cobram uma fortuna por seus serviços. Por meio de seu site, Carolyn disponibiliza sua opinião profissional de maneira gratuita.

Então, o que ela recebe em troca? Evidência. Quando um fotógrafo acha que uma empresa está usando uma de suas fotos sem permissão ou está sendo processado por um cliente insatisfeito, o escritório de Carolyn é a primeira opção que surge em sua mente para buscar assistência jurídica. Mas também não é nisso em que Carolyn está apostando. Seu site também divulga seus serviços como palestrante, suas oficinas, seus livros (tanto jurídicos como de cunho fotográfico), seus pacotes jurídicos (incluindo registros de marcas, cobrança de dívidas e consultoria), assim como seus links afiliados, fornecidos pelo Amazon.

É provável que o site propriamente dito não seja um substituto para seus serviços profissionais, mas lhe permitirá criar uma fonte de renda adicional a partir de suas habilidades profissionais. Portanto, é perfeitamente possível ganhar dinheiro on-line com um site com base em seu conhecimento profissional. Contudo, você pode fazer o mesmo com seus hobbies. Carolyn E. Wright escolheu um nicho dentro da área do direito que lhe interessa como fotógrafa. Isso significa que ela sente muito mais prazer em seu trabalho do que se tivesse escolhido, por exemplo, direito imobiliário ou de patentes. O fato de ter optado por trabalhar em um nicho que lhe interessa em sua vida privada torna seu blog uma leitura interessante, o que, por sua vez, aumenta a probabilidade de atrair leitores.

Nem todos têm tanta sorte como Carolyn E. Wright. Muitas pessoas trabalham em áreas das quais gostam, mas, nos finais de semana, optam por hobbies totalmente diferentes que simplesmente amam. A boa nova é que também se pode ganhar dinheiro com esse tipo de conhecimento.

É aqui que a web realmente apresenta sua oportunidade de ouro. É muito difícil transformar um hobby em dinheiro estando off-line. Muitos sonham em se tornar escritores profissionais, desenvolver jogos de computador ou fotografar para ganhar dinheiro. A concorrência é sempre acirrada para as carreiras mais excitantes e a quantidade de pessoas tentando encará-las tende a prejudicar os preços.

Com a web, qualquer um pode ganhar dinheiro com um hobby. Talvez a pessoa mais famosa a alcançar tal objetivo seja Darren Rowse. Quando ele iniciou seu primeiro blog, o TheLivingRoom.org, em 2002, sua intenção era fazer um diário pessoal sobre a vida na Austrália (seu país de origem), falar sobre política e religião. Ele não esperava ganhar dinheiro com o site, mas este foi se tornando popular entre os membros do emergente movimento da Igreja Cristã australiana. Mais uma vez, como ele escrevia sobre algo importante para si mesmo, acabou atraindo um público que também dava importância àquele assunto. No ano seguinte, Darren iniciou um segundo blog, dessa vez sobre câmeras

Ca$h!

digitais. Ele planejava usar o site para divulgar algumas de suas próprias fotos, mas logo descobriu que, quando postava uma resenha de uma câmera, seus acessos se multiplicavam por 20. Encorajado, passou a postar mais avaliações – e o tráfego em seu site aumentou ainda mais.

Em 2003, depois que Darren adicionou anúncios do AdSense ao seu blog, tudo realmente começou a decolar – embora de maneira lenta. No primeiro mês, mesmo com milhares de leitores diários, ele ganhou apenas um dólar e 40 por dia, suficiente apenas para cobrir seus gastos com o servidor. Mesmo assim, ele seguiu adiante e viu sua renda com os anúncios crescer. Em dezembro, já estava ganhando 6 dólares ao dia; em janeiro, o faturamento era de 9 dólares e, em fevereiro, alcançou 10 dólares australianos. No mês seguinte, a renda dos anúncios subiu em 50%. Hoje, o Digital Photography School (www. digital-photography-school.com) e seu outro site, o ProBrogger (www. problogger.com), geram até 100 mil acessos diários e pagam mais de 20 mil dólares pelos anúncios a cada mês.

E esses são apenas dois dos muitos blogs que Darren possui atualmente. Esses são ótimos exemplos de tipos diferentes de sites que qualquer um pode montar. Darren não é um fotógrafo profissional nem mesmo ostenta profundo conhecimento sobre esse ramo. De fato, há muitas pessoas na web cujos conhecimentos são bem mais amplos na área de fotografia e cujas fotos são bem melhores. Hoje, Darren escreve apenas uma pequena parte do conteúdo que aparece no Digital Photography School. Ele prefere oferecer espaço a fotógrafos que queiram contribuir com seus próprios artigos em troca da visibilidade que somente um blog de sucesso pode oferecer.

É sempre importante ressaltar que o tema escolhido por Darrem é algo pelo qual ele é apaixonado e sobre o qual tem pleno conhecimento. Essa paixão é perceptível no próprio conteúdo do site, que é de altíssima qualidade. Sua devoção atrai leitores também dedicados ao assunto.

Darren é agora um blogger profissional. Além de administrar a Digital Photography School, é também cofundador do b5media, uma rede que abriga atualmente cerca de 300 blogs sobre uma grande variedade de assuntos. Isso lhe deu um vasto e valioso conhecimento sobre como criar sites de sucesso, conhecimento este que se encontra disponibilizado em ProBlogger.com e por meio do qual ele, mais uma vez, ganha dinheiro com anúncios e links afiliados. Enquanto o Digital Photography School é um blog sobre sua paixão, o ProBlogger diz respeito à sua profissão. Ambos geram recursos.

O valor do seu nicho – como palavras-chave podem turbinar o preço da sua paixão

Embora tanto os sites sobre sua profissão como aqueles que abrigam sua paixão possam gerar renda, isso não necessariamente ocorrerá na mesma proporção. Os fatores mais importantes, que determinam o valor de um site, são:

- conteúdo;
- tráfego;
- sistemas de receita.

Conteúdo inclui qualidade e quantidade (quanto mais frequentemente postar, mais acessos terá), mas também diz respeito ao assunto escolhido. Alguns tópicos simplesmente rendem mais que outros. É possível obter ganhos publicando um site sobre qualquer tema, mas não perceberá quanto dinheiro está acumulando até que o conte.

Isso é algo que Darren Rowse descobriu bem depressa. Seu primeiro blog, que tratava principalmente de espiritualidade, conseguiu cativar determinado público. Mas, como se tratava de um tópico de pouco valor comercial, não gerou muito dinheiro. Um site sobre a Bíblia, por exemplo, atrairá, em sua maioria, anúncios sobre grupos de estudos bíblicos oferecidos por organizações religiosas ou sem fins lucrativos. Estas, em geral, dispõem de fundos limitados para investir em anúncios e têm

Ca$h!

pouco a ganhar quando realmente encontram seus clientes; portanto, o valor que o anunciante pagará por clique será relativamente baixo.

Entretanto, quando Darren começou a escrever sobre câmeras, ele não apenas conquistou um número bem mais elevado de leitores como anúncios mais caros. O indivíduo que se interessa por avaliações de câmeras é exatamente o tipo de pessoa que as lojas de equipamentos fotográficos quer atrair. Esses estabelecimentos ficarão felizes em competir para colocar seu nome – e um link para sua loja on-line – a um clique desse tipo de leitor. O resultado será o pagamento de valores bem mais altos cada vez que um leitor clicar em um anúncio postado em seu site, afinal, há uma boa chance de que uma porcentagem desses leitores esteja disposta a pagar centenas de dólares por uma câmera nova.

É aqui que tudo pode se complicar um pouco. Não faltam empresas na web que oferecem listas com as palavras-chave mais caras do AdSense. Certamente, essas listas parecem bem interessantes. Elas lhe dirão que, nos Estados Unidos, anúncios do AdSense sobre "aquisição de acordos estruturados",* "advogado de Fênix especializado em motoristas que dirigem alcoolizados"** e "médicos da Califórnia especialistas em mesotelioma",*** por exemplo, podem render, respectivamente, 53,48 dólares, 50 dólares e 46,14 dólares por clique.

Gerar apenas 3 ou 4 cliques em anúncios como esses por dia, resultaria em uma agradável renda extra de 6 mil dólares por mês. Comparado à média que gira em torno de 1 ou 2 dólares por clique, esses parecem lucros gigantescos.

Quem dera fosse tão fácil. Pode até ser que funcione, pelo menos por um tempo. Você poderia criar um site sobre acordos estruturados – o que quer que isso signifique – e inserir o código do AdSense. Se, além disso, você for capaz de escrever sobre o assunto de maneira inteligente por um tempo (porque o tráfego leva um tempo para se estabelecer),

---

* O termo em inglês é *purchase structured settlements* e está relacionado à área de seguros. (N.T.)

** O termo usado em inglês é DUI, sigla para Drive Under Influence. (N.T.)

*** O mesotelioma é uma forma rara de câncer. (N.T.)

então pode ser que ganhe algum dinheiro. Contudo, esta não será uma maneira agradável de trabalhar. Escrever sobre um tema que não lhe agrada dá trabalho e é difícil, quanto mais fazê-lo bem o suficiente para ganhar dinheiro de modo consistente. Isso não significa que não se pode tentar escrever sobre um assunto em virtude das valiosas palavras-chave. Particularmente, eu não recomendaria. Em longo prazo, redigir sobre um assunto do qual se gosta sempre lhe oferecerá melhores resultados. Talvez você ganhe menos dólares por clique, mas eles virão em maior quantidade. E o mais importante: o prazer que sentimos ao fazê-lo nos permitirá continuar por muito mais tempo.

Entretanto, há atitudes que podemos tomar para assegurar que, dentro do tema escolhido, os tópicos sejam os mais rentáveis possíveis. Isso é importante. Matérias sobre fotografia em geral devem atrair anúncios de agências especializadas em imagens e lojas de equipamentos fotográficos. Se optar por publicar fotografias de cavalos, os anúncios atraídos serão de haras e criadores de cavalos, e pode ser que eles paguem muito mais!

Quando se está à procura de assuntos para publicar, saber que os anúncios relacionados a determinado assunto valem mais que outros pode servir como orientação para que se alcancem os melhores resultados. A Google não lhe dirá quanto está lhe pagando por clique em um anúncio específico nem deve ser a única empresa publicando anúncios em seu site. Independentemente de como está recebendo seus anúncios, você deve sempre rastrear os cliques e o dinheiro que eles geram.

Trata-se de algo que você mesmo tem de fazer. Listas de valores de palavras-chave lhe darão uma ideia muito vaga do valor de um termo ou tópico. Na prática, os valores mudam constantemente e podem divergir em diferentes sites. A Google usa uma prática chamada Smart Pricing,* que não considera apena a quantia oferecida pelo anunciante para aparecer em determinados sites, mas também as ações dos usuários ao serem direcionados ao site do anunciante. Quanto maior o valor dos seus usuários para quem anuncia, mais elevada a quantia paga por ele pelo

---

* O termo é usado em inglês e significa "sistema inteligente de preços". (N.T.)

Ca$h!

anúncio. A recíproca também é verdadeira: um site cujos visitantes têm pouca conexão com o tema proposto receberá pouco por cada anúncio clicado, mesmo que o anunciante esteja disposto a pagar mais.

Uma vez decidido qual será o assunto geral do seu site, experimente escrever sobre diferentes subtópicos e rastreie os rendimentos que essas páginas gerarem. Assim como Darren Rowse percebeu que avaliações de câmeras produziam o maior número de acessos – e os maiores lucros –, em pouco tempo você também deverá saber quais assuntos interessam a seus leitores e quais atraem anúncios mais valiosos.

Nichos são bons, mas micronichos produzem os melhores ganhos

Digamos que você seja louco por jardinagem e que todos os fins de semana costume visitar lojas especializadas para comprar plantas. Então você passa todo seu tempo livre cavoucando em volta das árvores, instalando tubos de irrigação, podando galhos, arrancando ervas daninhas, produzindo adubo e fazendo tudo que os apaixonados por jardinagem adoram fazer para deixar seus jardins bonitos. Eu não sou assim, mas suponhamos que você é.

Um dia você se registra no Blogger.com e escreve alguns artigos sobre jardinagem. Também se registra no programa AdSense, da Google, recebe seu código e o insere no site, otimizando as unidades para que se encaixem bem nas páginas. Depois disso, você deixa alguns comentários em outros blogs sobre jardinagem e entra em discussões em fóruns para que as pessoas saibam que você existe.

É bem provável que, antes de a semana acabar, você já tenha recebido seu primeiro pagamento. Um belo dia, você olha as suas estatísticas do AdSense e, em vez de 0.00, a coluna de ganhos totais está marcando 0.10. Que maravilha!

Tudo bem que o valor não seja muito alto. Talvez você ache que esses 10 centavos não irão mudar sua vida. Mas, se permitir, é exatamente isso o que eles farão. Esqueça a quantia e pense no princípio.

Você escreveu sobre o assunto de que gosta e ganhou dinheiro por fazê-lo on-line. O dinheiro é pouco agora, mas, se você continuar, esses montantes irão crescer e se tornar dignos de atenção.

Pois bem, então você continua escrevendo artigos. Presta atenção na otimização dos mecanismos de busca e usa trocas de links para criar tráfego. Conforme o trabalho se intensifica, sua renda aumenta.

Outro ponto a observar é o desempenho dos seus artigos. O AdSense disponibiliza canais e ferramentas de rastreamento que lhe permitem observar a performance específica de um anúncio. Dessa maneira, é possível separar os artigos em canais temáticos: árvores frutíferas, flores, cuidados com a grama e criação de bonsais.* Talvez você observe que artigos sobre bonsais vão particularmente bem. Cada vez que você posta um artigo sobre bonsais, o tráfego aumenta, assim como sua proporção de cliques (CTR),** ou seja, a porcentagem de usuários que clica em seu anúncio passa dos usuais 2,5% para 3,5%, e o preço médio por clique em um desses anúncios alcança 1 dólar, em vez dos 60 centavos de costume.

Fantástico! Agora você tem um blog sobre jardinagem que está lhe rendendo dinheiro e já sabe que um assunto em particular é especialmente rentável. Esse é o verdadeiro ponto.

Com tal conhecimento, você poderá incluir frequentes e regulares artigos sobre bonsais, deixando o resto como de costume. Talvez você possa ser ainda mais esperto e decidir que o tema Bonsai, embora represente apenas uma pequena parte da jardinagem, seja relevante o suficiente para merecer uma publicação própria. Então você cria um segundo blog independente, dedicado especificamente a esse assunto. Para gerar audiência, é preciso mencioná-lo em seu primeiro blog. Então, continue postando conteúdo, incluindo o código do AdSense e monitorando o resultado.

---

* Trata-se de uma técnica originária do Japão que utiliza métodos específicos para miniaturizar plantas (árvores ou arbustos). O objetivo é manter suas características normais de proporção e morfologia. (N.E.)

** Sigla em inglês para *Click-through-rate*. Quanto mais alto o CTR, mais relevante é o anúncio. (N.T.)

Ca$h!

Como esse site é exclusivamente sobre bonsais, você pode ter certeza de que todos os leitores têm um forte interesse pelo assunto. Mais desses visitantes clicarão nos anúncios ali publicados, e a diferença é que agora esse público é formado especificamente por criadores de bonsai e fornecedores de utensílios apropriados e acessórios específicos. As palavras-chave serão mais concentradas e mais relevantes, e, conforme o site cresce, ele passa a aparecer mais alto nos resultados de busca. Pelo fato de tratar de um assunto específico, outros sites relacionados remeterão a ele, o que lhe dará ainda mais acessos e lucros mais elevados.

Essa é a maneira usual como a web funciona. Quanto mais específico for o tópico de um site, mais dedicado será o público, mais fácil será o posicionamento no mercado e mais valiosos serão os usuários do site para as empresas que atuam nesse nicho.

A primeira escolha a fazer, portanto, é decidir se o nicho terá base em sua profissão ou em sua paixão. A segunda, que deverá ser feita depois de passar algum tempo on-line, diz respeito ao micronicho ao qual se destinará seu próximo artigo. É claro que, nesse caso, você terá de escrever em dois blogs. Entretanto, considerando que são assuntos de seu interesse, isso provavelmente lhe será prazeroso – além disso, os rendimentos farão o esforço valer a pena.

O melhor de tudo é que, uma vez que você já tenha um site de sucesso, o segundo poderá decolar rapidamente. Quando Darren Rowse iniciou o Twitip.com, um blog sobre o Twitter, conseguiu mil assinantes RSS em apenas uma semana. As pessoas se inscreviam porque já conheciam seu ProBlogger e confiavam que, mais uma vez, Darren lhes forneceria informações interessantes e relevantes.

Conforme os tópicos de seus negócios on-line forem se expandindo, verá que tal crescimento também é viável no seu caso.

Você não é tão exclusivo assim – construindo sua comunidade

O objetivo deste capítulo é mostrar como os assuntos que lhe interessam são valiosos. Um advogado dispõe de conhecimento profissional capaz de lhe render dinheiro on-line. Se alguém entende de jardinagem ou fotografia, tais paixões também podem lhe garantir uma renda pela internet. Todo mundo tem um conjunto exclusivo de interesses, um grau único de conhecimento sobre esses assuntos, uma coleção única de informações e uma maneira própria de descrevê-los.

Contudo, os interesses propriamente ditos não são exclusivos. É claro que, se você for a única pessoa no mundo interessada nos padrões de costura utilizados nas velas das antigas trirremes* gregas, terá dificuldades em fazer dinheiro on-line, simplesmente pelo fato de não encontrar leitores interessados. O código do AdSense verificará o conteúdo proposto, desdenhará, e lhe servirá com algum anúncio vagamente relacionado.

O fato de outras pessoas se interessarem pelo seu conteúdo na web lhe proporcionará audiência. É isso o que garantirá um mercado aos seus anunciantes. Essa é a sua comunidade, não apenas um grupo aleatório de pessoas. Todos têm interesses e um objetivo em comum. Estes podem incluir jardinagem, confecção de joias, cidades-fantasma norte-americanas etc. O objetivo pode ser tornar um jardim mais bonito, disponibilizar joias que as pessoas queiram comprar ou simplesmente descobrir mais cidades-fantasma. Os interesses e o objetivo em si não importam. O que vale é que a comunidade se mantenha firmemente unida e que cada membro sinta que faz parte dela. Essa proximidade ajudará a manter seu site funcionando por um longo prazo e diminuirá o risco de seus usuários fugirem para a concorrência. É por isso que as empresas oferecem planos de adesão e programas de fidelidade que premiam seus clientes e tenta mantê-los por perto.

É de seu extremo interesse manter sua comunidade conectada. Esse grupo de pessoas interessadas em bonsais, fotografia, manutenção doméstica ou qualquer outro tema escolhido deve enxergá-lo como um de seus líderes. Tais pessoas devem considerar seu site como uma fonte primordial de informações sobre o assunto. Quando isso acontece, seu site recebe facilmente uma grande quantidade de tráfego e

---

* Trata-se de um tipo de embarcação da Antiguidade que dispunha de três ordens de remos. (N.E.)

Ca$h!

passa a ser constantemente mencionado. O preço dos anúncios alcança as estrelas, tornando-se fácil vender por meio dele e crescer.

No passado, transformar seus leitores em uma comunidade não era assim tão fácil. Olhando para as estatísticas do seu site, era possível visualizar toda espécie de informações sobre os usuários: em que local se encontravam; quais os termos de busca usados para chegar ao seu site; a partir de qual outro site eles vieram; e até que tipo de navegador usaram.

Entretanto, não se podia realmente ter acesso aos próprios usuários. Eles eram apenas números em uma tabela; eram figuras sem rosto que determinavam sua renda mensal on-line. Isso mudou. Agora os usuários são pessoas. Você é capaz de ver seus nomes em seus comentários, ler sobre eles no Twitter, tornar-se amigo deles no Facebook e, até mesmo, formar relacionamentos profissionais no LinkedIn.

Esses são elementos importantes para um site de sucesso. Os usuários da web têm uma enorme variedade de escolhas em relação ao número de blogs e sites para visitar; portanto, é preciso mantê-los entretidos, interessados e envolvidos para assegurar que seu site cresça. Você não quer que seus usuários o vejam apenas como mais uma fonte qualquer para visitar de vez em quando, mas como um amigo on-line. Ler o seu site deve fazer parte de sua rotina diária, assim como ler e-mails e acessar sua própria página no Facebook.

Em primeiro lugar, estimule as pessoas a deixar comentários em seu blog. Você verá que muitos o fazem por si mesmo, o que é fantástico. Ver o resultado disso na sua barra de estatísticas é sempre encorajador e receber comentários não solicitados de leitores dizendo "ótima postagem" ou "artigo fantástico" significa que se está no caminho certo.

Esse tipo de comentário é ótimo para o ego, mas não o bastante. Queremos usuários que deixem suas opiniões e deem prosseguimento às discussões que iniciamos. Se tivermos postado um artigo explicando como fazer um ótimo adubo, queremos que outros jardineiros se juntem a nós e também deixem suas dicas. Se falarmos sobre o irritante barulho dos cortadores de grama elétricos, precisamos que outros entrem na discussão, independentemente de compartilharem a mesma opinião.

Queremos, sobretudo, comentários postados por profissionais. Isso mostra que o blog é influente, é respeitado e abriga conteúdo que não pode ser encontrado em qualquer outra parte – mesmo que as informações ali contidas não sejam necessariamente de sua autoria.

Há atitudes que podemos tomar para estimular esses comentários. Escrever sobre assuntos controversos talvez seja o jeito mais fácil. Todo nicho oferece temas que despertam emoções fortes. Editores de sites de notícias sabem que matérias sobre aborto, violência ou saúde pública receberão diversas páginas de comentários. Em contrapartida, um artigo sobre os preços das batatas fritas na Suécia provavelmente não receberá muitos.

Não é aconselhável escrever sobre tópicos controversos o tempo todo. Isso fará seu site parecer previsível, mas é importante saber quais temas são capazes de provocar uma "avalanche" em sua comunidade.

Porém, é aconselhável conhecer os efeitos que essa onda gigantesca terá sobre nós. Meu blog, JoelComm.com, trata principalmente de empreendedorismo e marketing on-line, mas, às vezes, acrescento um tema que me desperta sentimentos fortes, como política, negócios ou pessoas que não lavam as mãos após usar o banheiro. Essas postagens sempre geram muitos comentários adicionais, mas também podem irritar as pessoas – principalmente aquelas com as mãos sujas (e elas sabem exatamente quem são). Escrever sobre temas controversos pode nos custar alguns leitores, que discordam veementemente da nossa opinião, mas, no geral, só temos a ganhar. Aqueles que ficarem se sentirão mais intimamente conectados conosco. Não somos, afinal, apenas um site, mas pessoas com opiniões, pensamentos e sentimentos. Somos como nossos leitores: um amigo; um membro de sua comunidade.

Comentários são uma ferramenta que permite que nossos leitores se comuniquem conosco e compartilhem seus pensamentos com outros membros dessa comunidade. Entretanto, são as mídias sociais que realmente fazem a diferença para editores que visam transformar seus leitores em uma comunidade.

Ca$h!

Os três sites mais importantes para um editor na internet são o Facebook, o Twitter e o LinkedIn. Cada um deles tem seus pontos fortes e servem a propósitos diferentes. É provável que você já use o Facebook para manter contato com velhos amigos e colegas. Uma vez que tenha lançado um site, vale a pena criar uma página de seguidores no Facebook e que esta funcione do mesmo jeito que a sua página pessoal. Nesse caso, você poderá usar as atualizações de status para avisar às pessoas quando tive publicado algo novo. Poderá também iniciar discussões sobre tópicos importantes para a sua comunidade. E, acima de tudo, será capaz de ver quem está lendo seus posts, e eles conseguirão visualizá-lo. Isso ajuda a criar conexões muito mais poderosas entre você e seus leitores, assim como dos leitores entre si.

O LinkedIn é parecido com o Facebook, embora sua ênfase esteja nos relacionamentos profissionais. Se pretende publicar algo sobre comércio, é certamente vantajoso utilizá-lo para criar um perfil para seu site e o de sua empresa; mesmo sites mais voltados para a paixão que a profissão deveriam usar o LinkedIn, pois este representa um elo poderoso entre você e sua comunidade.

Particularmente, gosto de usar ambos, mas tenho utilizado com mais frequência o Twitter. Na verdade, costumo usar um aplicativo especial que me permite enviar minhas postagens do Twitter ao Facebook, de modo que elas apareçam como atualizações de status (veja a Figura 2.3).

Enquanto os artigos publicados em blogs devem ser cuidadosamente elaborados e embasados em pesquisa, para um editor, o Twitter pode ser visto como o levantar de uma cortina, que permite ao público observar o que está atrás do palco. Uma atualização no Twitter se baseia em pura espontaneidade. Pode ser algo tão importante como o anúncio do lançamento de um novo produto ou tão simples quanto a descrição do seu almoço. Entretanto, cada postagem dessas pode aproximá-lo de seu público.

Seus seguidores no Twitter também podem lhe escrever de maneira confidencial ou em público e receber uma resposta. Isso torna o

Figura 2.3 – O Twitter me ajuda a criar minha marca pessoal e falar diretamente com minha comunidade. Mas observe o que mais acrescentei em minha página do Twitter: tweets patrocinados, avisos, atualizações pessoais, links para postagens em blogs, URLs e propaganda dos meus produtos.

relacionamento mais pessoal. Acho que não há outra ferramenta tão poderosa para se criar uma comunidade como o Twitter, e seus benefícios não param por aí. Também é possível usar um dos *widgets** do Twitter para postar os tweets que escreveu, os que foram escritos sobre você ou que foram escritos sobre o seu tema em seu blog. Isso é conteúdo valioso, dinâmico e gratuito. Você pode configurar seus feeds RSS de modo que eles vão para o Twitter. Desse modo, todas as pessoas que acessam seu site serão automaticamente informadas sobre suas novas postagens. Além disso, você pode incluir links afiliados e anúncios, que lhe permitirão ganhar dinheiro diretamente com os tweets.

Trata-se de uma ferramenta tremendamente valiosa que pode servir para manter sua comunidade unida, e, uma vez que você tenha construído tal comunidade, perceberá que seu site conta agora com um poderoso alicerce, que o manterá firme em longo prazo.

---

* Trata-se de um pequeno programa, símbolo gráfico ou recurso que permite a interação entre o usuário e o computador (N.T.).

Os sete passos para o sucesso

Neste capítulo, procurei demonstrar duas importantíssimas condições para se alcançar o sucesso on-line. Entretanto, para que se possa atingir o sucesso em qualquer área da vida, existem duas premissas fundamentais:

1. Faça o que sabe fazer melhor.
2. Faça o que realmente gosta.

Quando nos concentramos nisso, acredito que seja preciso se esforçar muito para não obter sucesso. O prazer e a satisfação que advêm de fazer o que gostamos continua a nos impulsionar, mesmo quando o sucesso que almejamos ainda parece distante. Quando trabalhamos em uma área sobre a qual entendemos mais que a maioria, dispomos dos recursos que promoverão os resultados. Isso tudo é muito simples e torna a escolha de um tópico para um negócio on-line – e logo para um subtópico ainda mais valioso – muito fácil, assim como a construção de uma comunidade em torno de seu site. Você estará interagindo com pessoas que são exatamente como você. Indivíduos com os mesmos interesses, preocupações e objetivos. É como trabalhar todos os dias com pessoas que escolheria como amigos. Quantos locais de trabalho são assim?

Esses dois princípios são a base do sucesso, mas ainda há muito que fazer. Após construir meu negócio – que hoje é uma empresa multimilionária –, partindo de um único site de resenhas de jogos, e também depois de conversar com dúzias de empreendedores bem-sucedidos da internet, posso lhes dizer que finalmente reconheço os sete passos para o sucesso. Todas têm origem no mesmo ponto inicial: é preciso focar no que nos torna únicos e naquilo que nos faz felizes e, então, é preciso observar as seguintes instruções:

1. É preciso sonhar

Todo empreendedor com que já deparei tinha um sonho. Na verdade, eles possuíam muitos sonhos. Em alguns deles, essas pessoas se viam deitadas em uma praia em Cancun com as ondas tocando gentilmente em seus pés e ameaçando derrubar sua *piña colada*.*

Mas não foi esse sonho que os impulsionou a montar seu próprio negócio. Não há nada de errado com sonhos que envolvam riqueza material, conforto e a escolha de um estilo de vida específico. Isso pode até ser um objetivo que se queira atingir. Contudo, esse é apenas um destino, não o motor que nos impulsiona. O que nos leva adiante é o sonho de fazer o que gostamos.

Até mesmo ficar deitado em uma praia pode cansar. Pode ser que demore em acontecer, mas, com o tempo, até uma viagem à praia será como voltar para o escritório depois das férias. É por isso que muitos aposentados que vivem no interior ou em cidades praianas continuam a trabalhar em sua área ou oferecem serviços de consultoria autônoma. Afinal, se aquele trabalho lhes dá prazer, por que parar? Esse é o verdadeiro sonho, e, se você realmente o vive, saltará da cama todas as manhãs com total disposição para ganhar seu dia.

Entretanto, a maioria das pessoas nunca salta da cama. Elas simplesmente não estão fazendo o que nasceram para fazer. Se você é um desses indivíduos que não está dando asas à própria paixão, também não está construindo seu sonho, e, então, infelizmente você faz parte desse grupo. Pelo menos por enquanto.

Identificar seu sonho e persegui-lo nem sempre é fácil nem precisa ser algo tão difícil. A maioria de nós tem mais de um sonho e mais de uma paixão. Depois de transformar meu amor pelos jogos de computador em uma empresa de sucesso, voltei minha atenção para outra atividade que me dava prazer e da qual ainda gosto muito: fazer compras!

Sim, eu devo confessar: o dinheiro que entra em minha "conta bancária" não é o único que me excita. Também adoro aquele que

---

* Coquetel de origem porto-riquenha, com rum, abacaxi e leite de coco. (N.T.)

estou gastando. Especialmente se for um artigo em liquidação. Então, depois de criar o WorldVillage.com, lancei o DealofDay.com, um site para ajudar as pessoas a encontrar pechinchas. Esse site recebe 25 mil visitas por dia e continua crescendo. Desde então, tudo foi sempre melhorando, e eu não acredito que seja apenas coincidência. Creio que, quando fazemos o que fomos destinados a fazer, o caminho se revela à nossa frente. A trilha pode ser tortuosa e, certamente, será acidentada, mas é nossa. Ela nos levará aonde queremos ir; aonde encontraremos o que é o certo.

Esse também não será o único caminho que seguiremos. Nossas paixões mudam com o tempo. Eu comecei com uma paixão por jogos de computador e, de fato, ainda gosto bastante de jogar. Mas a minha missão é muito maior agora. Todos nós crescemos, amadurecemos e mudamos.

Hoje, independentemente de você estar dando os primeiros passos na internet e de ainda não ter lucrado financeiramente ou de já ter alguma experiência on-line e apenas querer melhorar seus rendimentos, pergunte-se se realmente está fazendo o que gosta. Crie um site sobre a sua maior paixão, apenas para ver como é prazeroso fazê-lo. Não se preocupe com o dinheiro. Faça-o por prazer. Considero inevitável que, ao fazer um trabalho prazeroso e em um ambiente fértil e rico como a internet, as recompensas surjam sozinhas.

2. É preciso acreditar

Uma vez identificado o sonho, é preciso acreditar nele. Você tem de acreditar que sua vida tem um plano e um propósito. Tal crença pode assumir uma variedade de formas. Eu, pessoalmente, acredito não apenas na existência de Deus, mas que ele tenha um plano para a minha vida. A despeito disso, você precisa acreditar que o que está fazendo é certo – para você como indivíduo. Tendo uma crença e um sonho, tudo começa a acontecer. Mas não pense que elas sempre acontecem como desejamos. Negócios estão sujeitos a altos e baixos, e certamente haverá momentos em que a sua fé será posta à prova. Eu também passei por isso quando estava começando.

Quando iniciei a construção do meu site, contava com o apoio de um investidor. Na época, ele me forneceu 25 mil dólares, o que me permitiu deixar o emprego e me preparar para o meu primeiro milhão. Contudo, algum tempo depois, havia sobrado apenas 1 dólar e 37 centavos no meu bolso. A situação realmente não parecia promissora, e tudo indicava que eu deveria fazer algo diferente. Mas eu tinha certeza de que eu tinha de fazer. Eu sabia. Eu acreditava. Na mesma semana, recebi um e-mail de um homem de Seattle. Nunca tinha ouvido falar dele, e muito menos da corporação japonesa de multimídia que ele dizia representar. Em seu e-mail, ele dizia que queriam licenciar alguns conteúdos do meu site e adaptá-los para o mercado japonês. Imaginei que aquilo valeria algumas centenas de dólares ao mês, mas, antes que eu pudesse dizer algo, ele me ofereceu 5 mil mensais. Depois de alguma negociação, fechamos em 7.500 dólares. Naquele momento, e sem qualquer expectativa nesse sentido, minha empresa estava salva.

Você poderia dizer que foi apenas sorte, mas eu não penso assim. Se eu não houvesse acreditado que estava fazendo o que era certo, teria desistido muito antes de receber aquele e-mail. Quando acreditamos estar no caminho certo, tudo simplesmente acontece. É preciso seguir em frente e trabalhar duro, mesmo quando os que se sentirem derrotados já tiverem desistido há muito tempo.

Quem quer alcançar o sucesso tem de acreditar que há um plano e um propósito em sua vida. Esqueça o que seus amigos dizem. Não escute seus parentes se eles tentarem dissuadi-lo. Acredite na verdade: há um caminho específico para você; portanto, quando o tiver encontrado, deverá percorrê-lo!

3. É preciso preparar-se

Sonhos e crenças se mantêm em um plano mental. Isso significa que, para alcançar o sucesso com eles, será preciso muito esforço. Para

Ca$h!

isso, é fundamental estar preparado. Quando era jovem, antes de me tornar um DJ itinerante, reuni todas as informações sobre o equipamento necessário. Hoje, antes de ministrar uma palestra, confiro todos os slides, assim como antes de lançar um novo produto, examino o que as pessoas esperam dele e o que será preciso fazer para encontrar as informações práticas e atualizadas que me permitirão atender a essas demandas. Enfim, eu me preparo. Qualquer que seja o tema do seu site você terá de se comprometer em manter seu conhecimento sobre o assunto sempre atualizado. Precisará entender a abrangência da área, conhecer as influências importantes sobre ela e determinar quais tópicos são mais relevantes.

Esse é um processo que leva tempo – e é por isso que tem tanto valor. As informações que estarão disponíveis em seu site permitirão que seus leitores aprendam com sua experiência. Independentemente de se você ser um encanador profissional ou um fotógrafo amador, seu conhecimento é o resultado de anos de prática e experiência, e isso é um ativo importante. O próximo passo consiste em entender quais partes desse recurso são as mais valiosas e de que modo as pessoas desejam recebê-las. Preparar-se significa investir em si mesmo e em seu futuro. É, portanto, uma parte fundamental do seu sucesso.

4. É preciso agir

Preparar-se é essencial, mas o processo envolve alguns perigos. Conheço várias pessoas que compram livros, participam de conferências e possuem o "discurso certo", mas, ainda assim, nunca realizaram nada. Elas sofrem de "paralisia analítica". Vale ressaltar que nunca estamos suficientemente preparados. Sempre haverá mais material para ser lido, aprendido e testado. Preparar-se significa estar disposto a buscar respostas para as perguntas que surgem a todo o momento: quantas palavras-chave vale esse subtópico? O que aconteceria se eu utilizasse uma unidade de anúncio diferente neste caso específico?

Quantas pessoas realmente compraram esse e-book? Quanto pagaram por ele? Quais são as diferenças entre ele e o que estou oferecendo? Lembre-se: cada resposta abriga três outras perguntas. Invariavelmente, chegará a hora em que terá de agir, estando pronto ou não.

Em 2006, eu e um amigo, Eric Holmlund, nos unimos para criar um reality show on-line. Queríamos que fosse algo como "O Aprendiz", mas que estivesse focado em marketing na internet. Em cada episódio, um grupo de empreendedores emergentes receberia uma tarefa relacionada a um aspecto da construção de um negócio on-line, e o candidato com o pior resultado seria eliminado. A ideia era bem simples, mas a implementação seria outra história.

Eric já havia se aventurado um pouco na produção de filmes – nada nessa escala –, mas, para mim, era algo completamente novo. Na verdade, não tínhamos a mínima ideia da enrascada em que estávamos nos envolvendo. Passamos meses pesquisando. Tínhamos de saber o que o programa deveria incluir; que tipo de pessoas queríamos nele; que espécie de tarefas iríamos propor aos participantes; como distribuir e comercializar o programa pronto; e, é claro, como conseguir patrocínio e criar receita. Foi uma tarefa gigantesca, que nos custou muito tempo e esforço, mas chegou um ponto em que nos vimos obrigados a mergulhar de cabeça e descobrir se conseguiríamos nadar ou se afundaríamos. Felizmente nós nadamos.

Gostaria de poder afirmar que tudo sempre é assim, mas isso não é verdade. Nem toda ação lhe proporcionará sucesso. Empreendedores assumem riscos. Você terá de estar disposto a arriscar e precisa aprender logo a lidar com o fracasso. A falta de ação é geralmente resultado do medo, que faz falsas evidências parecerem reais. É o que acontece quando acreditamos em uma mentira e tememos o que pode nos acontecer. Somente somos capazes de vencer esse medo quando entramos em ação.

Ca$h!

5. É preciso relacionar-se

Há uma razão para eu ter mencionado a importância de se construir uma comunidade logo no início deste livro: isso é vital para o sucesso do negócio, embora seja algo facilmente esquecido. Ser um empreendedor, principalmente na internet, parece uma atividade solitária. De fato, no começo serão apenas você e seu computador. Talvez você precise enviar e-mails para prestadores de serviços – redatores, designers, programadores. É possível que tenha de dar alguns telefonemas entediantes para explicar mais detalhadamente o que precisa, mas não terá aqueles encontros pessoais que fortificam os relacionamentos como nas empresas tradicionais.

Isso funcionará bem, pelo menos por algum tempo. Contudo, se quiser obter sucesso – de verdade –, não poderá manter a situação assim. Negócios na internet, como em qualquer setor, dependem de relacionamentos, e eu descobri isso da melhor maneira possível.

Em 2005, eu já havia publicado a primeira versão do meu e--book sobre o AdSense – um guia sobre o uso do programa de anúncios da Google que apresentava as estratégias que haviam funcionado para mim. O livro vendera muito mais do que eu esperava; portanto, achei que estava no momento de buscar o próximo nível. Nessa época, minha esposa e meu amigo Jeff Walker sugeriram que eu participasse de um dos seminários de Armand Morin em Los Angeles. Confesso que não me pareceu uma boa ideia. Embora seja verdade que eu somente tivesse cogitado o uso do AdSense depois de testemunhar os resultados de outra pessoa durante um workshop, em geral, não sou o tipo que gosta de sentar em um auditório e tomar notas. De fato, eu não gosto muito de ficar sentado. Enfim, resolvi escutá-los e me inscrevi. Foi então que descobri que eu já havia me tornado uma espécie de celebridade. As pessoas conheciam meu livro e, como minha foto estava no site, sabiam quem eu era. Eu fazia parte da comunidade e nem mesmo sabia!

As pessoas que encontrei naquela conferência têm, desde então, me ajudado bastante. Elas compartilharam estratégias que eu teria levado anos para descobrir e aprender. Tivemos a oportunidade de conhecer os públicos uns dos outros, e elas me inspiraram, me ensinaram e melhoraram meu entendimento de cada aspecto relativo à construção de negócios online. Acredito que os relacionamentos que construí com as pessoas que encontrei em conferências e *workshops* sejam, de fato, o tesouro mais valioso entre todos. Esqueça a concorrência, pois há espaço suficiente para todos. Faça contatos; construa amizades; gere valor sem esperar nada em troca. Com o tempo, verá que esse tipo de investimento em relações humanas proporciona excelente retorno.

6. É preciso usar modelos

Quando pensamos em desfrutar do sucesso, queremos fazê-lo imediatamente. Porém, nada funciona assim. A não ser que você ganhe na loteria, a riqueza – e a liberdade e o sucesso que ela nos proporciona – surge apenas como resultado do investimento de tempo e esforço. Contudo, há meios de se poupar tais recursos. Um dos mais importantes – e um aspecto vital de sua preparação – é observar o que as outras pessoas fazem.

Existem pouquíssimas coisas realmente novas em nosso mundo. O crescimento tende a acontecer aos poucos, não em passos gigantescos. Quando alguém houver alcançado o sucesso, não há nada de errado em prestar atenção em como ele ou ela o fez e simplesmente copiá-lo, adicionando, é claro, seus toques pessoais. Depois que já alcancei sucesso com o AdSense, fiquei bastante feliz em compartilhar o que aprendi para que outros pudessem fazer o mesmo. É um padrão que eu mesmo utilizei; portanto, nada mais justo que retorná-lo. Mesmo quando comecei a escrever meu primeiro livro, eu também estava seguindo um modelo. Esse é o mesmo que uso agora para ajudar outros a publicar suas obras, valendo-me da ajuda

Ca$h!

de meus amigos da editora Morgan James Publishing. A credibilidade alcançada por um indivíduo que tem seu livro publicado o ajuda a se tornar uma autoridade em seu campo, criar seu site e colher os benefícios da exposição. Se o sistema funciona, aplique-o; se outro alguém está tendo sucesso, copie-o. Mentores são extremamente valiosos por proporcionar modelos confiáveis para o seu sucesso. Eles lhe fornecem conhecimento, contatos e relacionamentos – além de representarem mais um passo para o sucesso.

7. É preciso crescer

Um dos meus primeiros mentores foi um *coach* na área de negócios. Por volta de 2005, ele me deu um conselho tão simples e, ao mesmo tempo, tão indesejável que, na época, duvidei que ele realmente soubesse do que estava falando. Ele me disse: arranje um escritório. Naquele tempo eu trabalhava em casa e adorava essa facilidade. Além disso, aquilo me parecia um gasto desnecessário. Mas ele estava certo. Depois que aluguei uma sala comercial e contratei um assistente, meus níveis de estresse baixaram, minha produtividade aumentou e os ganhos extra suplantaram os gastos adicionais. Desde então, cada vez que eu contratei alguém, essa pessoa me ajudou a ganhar dinheiro.

Uma das atitudes mais duras que um empreendedor precisa tomar, se quiser alcançar o sucesso, é abrir mão. Você tem de abandonar tudo que não deveria estar fazendo e aprender a se concentrar somente naquilo que lhe servir melhor e garantir os maiores rendimentos para o seu negócio. Transfira o resto para outras pessoas; terceirize suas tarefas; contrate colaboradores e freelancers; ou faça *joint ventures** com pessoas que possuam habilidades que você não tem. Às vezes é possível encontrar voluntários que trabalhem em troca de software grátis, experiência ou publicidade. Quem quer crescer não pode ficar parado – e não deve fazer tudo sozinho.

---

* Termo usado em inglês que significa empreendimento conjunto. (N.T.)

Neste capítulo, procurei demonstrar o valor da sua exclusividade e apresentei os sete passos que lhe abrirão as portas do sucesso. Nos próximos cinco capítulos, você aprenderá os métodos mais poderosos e comprovados para transformar tal exclusividade em dinheiro utilizando-se da web.

Começaremos pelo fundamento do sucesso on-line: o conteúdo.

Capítulo 3

Conteúdo interessante = lucro certo!

Talvez você ainda não tenha recebido nenhum pagamento durante a construção do seu negócio, mas certamente já percebeu alguma movimentação nesse sentido. Prepare-se, isso ocorrerá tantas vezes que ficará gravado como se fosse uma canção ruim.

"Conteúdo é fundamental." Esse é o refrão da internet. É o que todos dizem quando oferecem conselhos a novos editores, e também a máxima em que todos acreditam ao montar um site. É claro que eles têm razão, pois a internet é feita de conteúdo, e os sites são criados justamente para abrigá-lo. É em busca de conteúdo que alguém clica em um navegador e digita um URL. Essas pessoas estão em busca de aprendizado e entretenimento; isso somente acontece por meio de conteúdo.

O que elas veem varia muito. Algumas querem apenas os últimos resultados do futebol. Outros desejam ler uma reportagem que explique por que seu time perdeu determinado jogo. Outros, ainda, almejam tornarem-se técnicos de futebol e, para isso, precisam aprender por que algumas táticas funcionam melhor que outras.

Independentemente do que queira encontrar on-line, sejam informações vitais e importantes ou triviais e divertidas, e seja qual for a profundidade que deseje alcançar com sua leitura, a internet é capaz de lhe fornecer o conteúdo necessário.

Para fidelizar um público on-line, você terá de criar conteúdo. Quanto melhor o conteúdo, maior será sua audiência e a influência que terá sobre seus leitores. Quanto mais elevado seu número de seguidores e sua autoridade, mais os anunciantes pagarão para chegar até eles e mais altas serão sua proporção de cliques e sua taxa de conversão.

Portanto, sua capacidade de lucrar na internet estará limitada apenas por sua própria habilidade de criar conteúdo interessante. E não se trata necessariamente apenas de conteúdo escrito. Apesar de a maior parte do conteúdo da internet estar disposto em forma de palavras, desde o início a web se desenvolveu com a capacidade de fornecer informações de inúmeras maneiras diferentes.

Desse modo, independentemente do formato do seu conteúdo, enquanto ele se mantiver informativo, divertido ou ambos, ele lhe proporcionará público e produzirá valor.

Neste capítulo, explicarei os princípios que sustentam a rentabilidade por trás do conteúdo. Começarei demonstrando como criar conteúdo passível de geração de renda e, então, apresentarei nada menos que uma dúzia de maneiras diferentes para transformar tal conteúdo em dinheiro vivo.

Não é preciso ser escritor para gerar conteúdo valioso

É nesse ponto que as pessoas começam a se assustar. Uma vez que tenham experimentado um pouco com o Blogger ou com uma web template, já perceberam que não há segredo em se criar um site. Afinal, trata-se apenas de assinalar algumas opções e lidar com menus. No começo, tudo pode parecer estranho e novo, mas, depois de algumas horas, é tão simples como usar uma calculadora de bolso.

Entretanto, o site em si é apenas a estrutura. É como se tivesse uma loja cheia de prateleiras vazias. Ainda é preciso preenchê-las com

Ca$h!

mercadoria. Na web, entretanto, tal mercadoria significa conteúdo – e, via de regra, conteúdo significa material escrito. Há poucos atalhos nesse caso. Embora exista conteúdo gratuito disponível que possa ser publicado em sites – livros antigos cujos direitos autorais tenham expirado; fotografias e filmes do passado –, este, além de não ser material original, competirá com inúmeros outros sites que oferecem exatamente o mesmo produto. Pode até ser que se consiga ganhar algum dinheiro com obras de domínio público, mas elas raramente constituem fundamento sólido para um negócio bem-sucedido e duradouro. Para se alcançar esse objetivo, é preciso publicar conteúdo original, o que, em contrapartida, exigirá que tal material seja escrito.

Para pessoas que nunca escreveram nada mais longo que uma lista de compras, isso pode ser assustador. Se o que você mais odiava na escola era compor redações; se nunca obteve nota superior a "D" quando tinha de se expressar por meio das palavras, entendo que você não aprecie muito a ideia de fazê-lo em um site para milhões de pessoas. A boa nova é que escrever para a web não é o mesmo que realizá-lo na escola, na faculdade ou no trabalho. É como se o fizesse para si mesmo. Isso, aliás, é crucial. Obviamente, se você tiver talento, for bastante sagaz, conhecer piadas engraçadíssimas ou for um grande contador de histórias, tudo se tornará mais fácil. Mas nada disso é necessário. Tudo o que terá de fazer é transferir o conhecimento que está em sua mente para a do leitor.

Então, não tente impressionar ninguém com suas habilidades de escrita. Não enfeite seu texto ou use palavras complicadas para mostrar que sabe usar um dicionário. Entretanto, vale ressaltar que alcançará um número mais elevado de leitores e uma renda adicional se for capaz de apresentar textos claros – e isso se resume a dois fatores: informação e estilo.

De ambos, a informação é a mais importante; portanto, é fundamental que saiba o que irá antes mesmo de começar. No Twitter, você pode dizer o que quer que passe pela sua mente naquele momento, mas, ao escrever um artigo ou postar em um blog, é precisa ter um plano. Isso irá assegurar que cada sentença comunique algo importante e que cada palavra tenha um propósito. Ninguém quer perambular por páginas e mais páginas até tropeçar em algo que faça sentido.

O plano não precisa ser muito detalhado. É improvável que tenha de escrever mais de mil palavras – o tempo de concentração na web tende a ser curto; sendo assim, artigos longos demais podem espantar as pessoas. Não se preocupe em criar longas listas de subcategorias. Apresente uma introdução, liste aproximadamente 3 pontos que queira discutir e ofereça uma conclusão. Isso é suficiente. É tudo o que tem a fazer. Utilize cerca de 300 palavras para cada um dos 3 pontos escolhidos e outras 100 para a introdução e a conclusão. Seu artigo estará pronto.

Vejamos um exemplo: digamos que você tenha um blog sobre jardinagem e queira escrever um artigo sobre como escolher um bonsai perfeitamente. Neste caso, seu plano pode ser algo assim:

Há uma grande variedade de bonsais. Aqui vão alguns princípios que irão ajudá-lo em sua escolha:

Clima – não faz sentido comprar uma árvore que logo morrerá em seu jardim.
Forma e tamanho – o que se adapta melhor em seu espaço?
Cuidados – Deseja podar e moldar a árvore você mesmo ou prefere adquiri-la pronta?

Mantenha esses pontos em mente e fará uma boa escolha.

Na verdade, não sei se esses aspectos são de fato relevantes na hora de se comprar um bonsai. O que tenho certeza é de que essa estrutura é a maneira mais simples de se planejar conteúdo eficiente na web: introdução, 3 pontos principais e conclusão.

A introdução deve ser incisiva. Nos feeds RSS e nas páginas iniciais dos blogs, os leitores verão apenas as primeiras linhas do artigo. São elas que farão com que eles decidam se vale ou não a pena continuar

Ca$h!

lendo. Sua abertura deve ser poderosa e suficientemente interessante para criar aquela curiosidade que atrairá o leitor. E, se quiser fazer algo especial, certifique-se de que ao menos um dos seus 3 pontos seja único e original. Quando escrever sobre um tópico popular, procure não apenas repetir o que todo mundo já disse; ofereça uma nova perspectiva – de preferência, algo que se baseie em sua própria experiência.

Estatísticas também ajudam, pois demonstram que aquilo que dizemos tem fundamento e foi bem pesquisado. Podemos encontrá-las em sites como census.gov, fedstats.gov, dos Estados Unidos, no ibge.gov.br, do Brasil, e em sites de associações profissionais. Tais referências fazem seus argumentos parecer convincentes e fornecem aos leitores dados sólidos que, na maioria das vezes, são desconhecidos do grande público. Mencionar, por exemplo, que "segundo a Associação dos Criadores de Bonsai, as vendas cresceram 83% nos últimos quatro anos" dá credibilidade à sua postagem.

Essa estrutura é um modelo básico que podemos utilizar sempre que planejamos conteúdo. Podemos ajustá-lo para artigos de diferentes tamanhos e adicionar ou cortar parágrafos de acordo com o assunto. A estrutura em si não é importante. O fundamental é sempre valer-se de uma ao criar novo conteúdo.

Sete tipos de conteúdo que promovem lucro na internet

Há inúmeros conteúdos diferentes na internet e todos ostentam valor e aplicabilidade. Os sete tipos a seguir são os mais comumente encontrados na web. Nesta seção, descreverei as vantagens e desvantagens de cada um deles para que você possa escolher quando e como usá-los.

1. Tutoriais

Artigos que ensinam como realizar alguma tarefa são o meio mais direto de transmitir seus conhecimentos práticos aos leitores. São como pequenos manuais que ensinam uma habilidade específica. O site de Tim Carter é repleto desses tutoriais, mas nem todos têm títulos do tipo "Como fazer argamassa" (apesar de esse ser realmente o título de um de seus vídeos).

A principal vantagem desse tipo de artigo é que, se tivermos o conhecimento necessário, é bem fácil de escrevê-lo. Basta conduzir os leitores passo a passo ao longo do processo até que alcancem o resultado desejado. O formato é praticamente o mesmo, independentemente de estarmos ensinando a colocar telhas, criar uma camada no Photoshop ou executar a posição da naja na ioga. É bem simples: basta dizer o que é preciso para se alcançar determinado resultado e, idealmente, apresentar algumas fotos que ilustrem a sequência. Espalhe alguns anúncios em lugares apropriados da página e aí está seu conteúdo rentável.

Uma vantagem extra é que um conteúdo desse tipo tende a manter-se atualizado por muito tempo. Uma postagem que explique claramente como construir uma plataforma será tão útil no dia em que foi escrita quanto seis meses depois de postada. Seu site não se degradará com o tempo e crescerá em valor, conforme adicionar mais conteúdo.

A desvantagem desse tipo de artigo é que publicar uma grande quantidade dele transformará seu site em um mero recurso prático. Um visitante passará por lá quando quiser saber como tricotar um suéter ou fazer backup do seu disco rígido, mas é improvável que o site faça parte de suas leituras habituais. Isso não é necessariamente um problema. Sites como esse podem ser rentáveis. Contudo, produzir um manual on-line talvez não seja exatamente o que você sempre quis fazer em sua vida.

2. Artigos de notícias

Sites de notícias estão entre os mais populares da web, mas não são necessariamente os mais rentáveis. Grandes empresas de notícias, como a GloboNews, a CNN e a BBC, já têm seus próprios repórteres que lhes enviam o conteúdo desejado por seus leitores. Desse modo, já enfrentaram seus maiores desafios e já cobriram seus maiores gastos. Será difícil para você sozinho produzir conteúdo original.

Entretanto, há soluções. O AppleInsider.com é um site de notícias que não dispõe de qualquer conteúdo original (Figura 3.1). Ele simplesmente agrega notícias sobre a Apple de todas as fontes da web. Qualquer interessado em seguir o que está acontecendo com a criadora do iPhone pode encontrar todas as informações em um só lugar. Para o editor, anúncios para Macs e iPods sempre funcionarão bem em um site tão específico. Como alternativa, é sempre possível inserir notícias extraordinárias para mostrar o quanto seu site é dinâmico e atualizado.

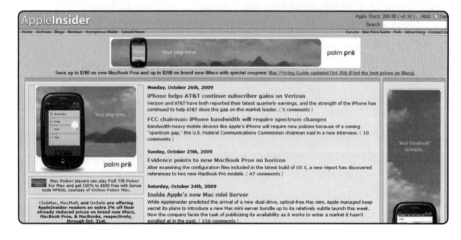

Figura 3.1 – O AppleInsider.com fornece notícias – e anúncios – sobre a Apple e os produtos que seus fãs apreciam.

Há, contudo, alguns problemas relacionados a escrever artigos de notícias. O primeiro é que, a não ser que você mesmo revele os furos de reportagem, estará apenas reescrevendo-os. Lembre-se de que copiar e colar conteúdo de sites de notícias é incorreto, ilegal e pode, inclusive, lhe render e-mails rudes oriundos de advogados. Nesse caso, você certamente verá uma grande movimentação em sua conta-corrente, mas será a do seu dinheiro saindo. Ou seja: você terá de reformular o conteúdo e indicar as fontes das informações postadas para que os detentores dos direitos autorais vejam que seu produto não está sendo roubado.

O segundo problema é que, até agora, as fontes de notícias na web são gratuitas, mas parece que isso não continuará por muito tempo. A News Corporation (proprietária do *Wall Street Journal* e *host* de outros jornais) chegou a anunciar, em 2010, que pretendia começar a cobrar dos usuários. Outros editores de notícias preferiram esperar que a News Corporation desse o primeiro passo antes de lançar seus próprios modelos de assinaturas. Isso dificultaria bastante a agregação de suas notícias nesses espaços. Todavia, também deixará seu próprio site mais interessante para pessoas que não estiverem dispostas a pagar múltiplas assinaturas a vários provedores. Além disso, uma vez que os usuários estejam acostumados a pagar para ler conteúdo de qualidade na web, irão se mostrar mais inclinados a pagar também pelo seu.

3. Artigos de opinião

Artigos noticiosos informam às pessoas sobre o que está acontecendo ao seu redor. São, portanto, valiosos, principalmente quando fornecem dados exclusivos ou que estejam intimamente relacionados ao tema do próprio site. Entretanto, é possível deixá-los ainda mais úteis se combiná-los com análises.

Isso poderá fazer toda a diferença entre possuir apenas mais um site de notícias ou ser o proprietário de uma importante e bem-sucedida homepage nesta área. Sempre que uma pessoa lê as notícias postadas em um site, ela se pergunta: "O que isso tem a ver comigo?" Isso vale tanto para quem assiste aos âncoras da Globo reportando o aumento no déficit público quanto para os que optam pelo jornal local que informa sobre a abertura de um novo estacionamento na região

Ca$h!

ou para quem ouve um repórter esportivo entrevistando o técnico do seu time. Embora toda essa informação possa ser interessante, o que os espectadores de fato querem saber é se terão ou não de pagar mais impostos, se perderão menos tempo procurando uma vaga ou se ficarão mais bem-informados para discutir sobre futebol no bar ou na padaria. Diga aos seus usuários a razão pela qual as notícias que publica são importantes e o que elas significam para eles. Desse modo, estará transformando um conteúdo que todo mundo disponibiliza em informação exclusiva e, ao mesmo tempo, demonstrando que seu site é o lugar ideal para encontrar aconselhamento especializado.

Por exemplo, em outubro de 2009 a Federal Trade Commission (FTC)* lançou um pacote de novas diretrizes para regulamentar o uso de testemunhais e endossos em propaganda.** Era um conjunto de leis terrivelmente complicado, mas, ao mesmo tempo, de importância vital para quem quisesse vender produtos on-line. Qualquer pessoa com um site comercial deveria conhecer as novas regras, então não surpreendeu o fato de muitos sites passarem a reportar sobre o assunto. Entretanto, o que realmente queria saber na época era o que todas aquelas mudanças realmente significavam. Afinal, o que eu estava autorizado a publicar e o que teria de fazer de modo diferente daí em diante? Pedi auxílio ao meu advogado e, com a devida permissão, compartilhei seus conselhos em meu site (você também poderá acessá-los em www.twitpwr.com/newftc). Não se trata apenas de mais um espaço com artigos informando sobre as novas regras lançadas pela FTC, como milhares de outros. Lá você encontrará uma opinião profissional e, também, o significado da notícia. Esse é um dos conteúdos mais populares do meu blog pessoal. Certamente, não é necessário contratar um profissional para lhe explicar as notícias –

---

* Sigla em inglês para Comissão Federal de Comércio, agência independente do governo norte-americano cuja principal missão é promover a proteção dos consumidores e a eliminação de práticas monopolistas. (N.T.)

** Este site está em inglês e é direcionado aos leitores norte-americanos. No Brasil, o Conselho de Autorregulamentação Publicitária (Conar) oferece conteúdo relevante aos brasileiros. Com relação a testemunhos e endossos, acesse: http://www.conar.org.br. (N.E.)

aliás, não há nada de errado com isso –, porém, muitos especialistas o farão em troca de publicidade grátis. Você mesmo poderá fazê-lo, o que lhe proporcionará mais uma fonte de conteúdo, fácil e valiosa.

4. Resenhas

Artigos de resenhas estão entre os conteúdos mais populares. Não porque sejam fáceis de escrever (de fato não são), mas por serem facílimos de monetizar.

Um site que ofereça avaliações de novos computadores, por exemplo, certamente atrairá muitos leitores dispostos a gastar milhares de dólares em um novo equipamento. Nesse caso, você poderá posicionar um anúncio ao lado do seu artigo sobre o novo Mac, e, caso seus leitores estejam interessados em comprá-lo, poderão clicar e gastar seu dinheiro. Em contrapartida, os anunciantes ficarão confiantes o suficiente para lhe pagar muito bem por estimular as pessoas a comprar seus produtos. Será muito fácil receber anúncios correspondentes e transformar usuários em compradores desde que, é claro, você escreva boas resenhas. Essa, aliás, é a parte difícil.

Independentemente de avaliar aplicativos para o iPhone ou barras de chocolate, os poucos tostões que terá de gastar para fundamentar suas críticas não deverão se transformar em um problema. Afinal, você não poderá gastar milhares de dólares cada vez que for lançada uma nova TV de tela plana ou a Apple lançar um novo modelo de laptop. Contudo, não espere que as empresas lhe mandem amostras para avaliação até que seu site seja relevante o suficiente.

Haverá casos em que seus leitores não esperarão que você tenha realmente testado o produto. Se for um especialista reconhecido, acessarão seu site na esperança de encontrarem uma análise detalhada com base nas especificações técnicas do produto. Eles acreditarão que você é capaz de dizer o que torna a nova máquina melhor que o modelo anterior e o que ela consegue fazer. Porém, lembre-se: a não ser que a tenha experimentado, sempre faltará algo de importante em sua avaliação.

Ca$h!

Certamente, é possível lucrar com sites de resenhas que tragam opiniões sobre produtos que você não teste pessoalmente – e há quem faça isso –, mas sempre parece que algo está errado. Portanto, quando o assunto é escrever resenhas, é sempre melhor concentrar-se em produtos que você possa avaliar pessoalmente. Isso limitará o número de avaliações que poderá postar, mas os resultados serão bem melhores, tanto para a reputação do seu site como para a proporção de cliques e vendas.

5. Listas

A maior parte do conteúdo que criarmos se destina a informar ou entreter os leitores. Às vezes, precisaremos também de conteúdo específico para gerar tráfego. Postagens de listas cumprem essa função, pois oferecem conteúdo que pode ser absorvido rapidamente e que não precisa ser lido em detalhes. Quando os usuários veem uma postagem prometendo as "10 melhores maneiras de depenar um carro" ou "os 50 canhotos mais poderosos no governo", eles sabem que não terão de trabalhar duro para entender o conteúdo. Cada item terá somente algumas informações pré-selecionadas e de rápida assimilação.

Esses são os artigos com a maior probabilidade de serem compartilhados, enviados por e-mail ou recomendados em sites de marcadores sociais, como o Digg.com* (Figura 3.2) e StumbleUpon.com.**

Esses posts são muito mais trabalhosos do que se pode imaginar. Geralmente, quanto mais longa for a lista, maior a probabilidade de atrair mais leitores. Porém, quando estiver listando as 52 melhores maneiras de se trocar uma lâmpada, terá de se valer de muita pesquisa e muita criatividade para preencher os números. Você pode ter de investir mais de um dia de trabalho duro e acabar escrevendo um artigo gigantesco.

---

* Site norte-americano que reúne links para notícias, podcasts e videos enviados e avaliados pelos próprios usuários. Combina *social bookmarks, blog e feeds*. (N.E.)
** Comunidade que ajuda seus participantes a encontrar e compartilhar sites interessantes. (N.E.)

É improvável que você queira incluir muitos desses posts em um blog ou site, já que eles tendem a ser um tanto superficiais, mas um ou dois deles ao mês funcionam bem como iscas de tráfego.

6. Entrevistas

Enquanto as listas podem ser superficiais, entrevistas são postagens de alta qualidade. A razão disso está no fato de que cada entrevista é diferente, mesmo que o entrevistado seja alguém que aparece regularmente em sites; portanto, seu artigo será único. Se a pessoa que estiver entrevistando for importante e influente em sua área, esteja certo de que seus leitores não apenas o lerão, mas terão certeza de que seu site não poupa esforços para lhes disponibilizar conteúdo exclusivo que não será encontrado em nenhum outro lugar.

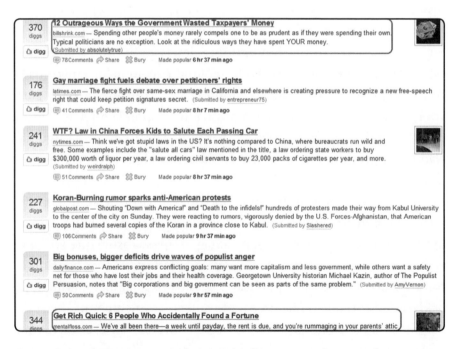

Figura 3.2 – O Digg.com, um dos mais poderosos sites de marcadores sociais, é notório em postar listas.

Ca$h!

Existe um segredo para se publicar entrevistas: embora pareça muito difícil, é visivelmente simples. É normal as pessoas acreditarem que o editor tenha passado por todo um processo que envolveu a contratação de uma agência de relações públicas, o agendamento de um horário para a entrevista, o brainstorm para definir os temas a ser abordados, a pesquisa dos assuntos e até produção de uma lista de perguntas cuidadosamente elaboradas. Às vezes, é assim mesmo; aliás, quanto mais notório for o entrevistado, mais obstáculos você encontrará. Entretanto, na maioria das vezes, é muito simples. Basta telefonar ou enviar um e-mail para a empresa, explicar quem você é e pedir uma entrevista para o seu site. Não se esqueça de mandar um link para que o entrevistado veja onde aparecerá. Mostre-se disposto a fornecer um link no próprio artigo que remeta os leitores de volta ao site da empresa ou da celebridade, afinal, esse é o honorário que estarão esperando de você. Além disso, você estará disponibilizando um serviço para os seus leitores.

Outro fator que ajuda consideravelmente é o *timing*. Se o indivíduo em questão tem um produto que deseja promover, a entrevista está praticamente garantida. Pode ser que o coloquem em contato com o representante de RP da empresa (que organizará tudo para você), mas é bem provável que a pessoa lhe responda diretamente. O pior que poderá ocorrer é você receber um "não" ou resposta alguma. Não é um preço muito alto a pagar. Caso seja alguém da sua área, e, principalmente, se o seu site já tiver uma reputação consolidada, é muito provável que o indivíduo concorde. A partir desse instante, é possível conduzir a entrevista de duas maneiras: a primeira é marcar uma hora para um telefonema. A vantagem nesse caso é que você estará no controle do tempo. Assim que a entrevista estiver concluída, bastará editar o material e publicá-lo. A entrevista também ficará mais flexível. Mesmo que tenha preparado antecipadamente uma dúzia de perguntas, ao telefone é possível deixar a conversa fluir e, desse modo, poderão surgir muitos tópicos interessantes. Escritores muitas vezes entram em uma entrevista telefônica com uma ideia do que querem escrever e saem dela com algo completamente diferente – e bem melhor. Poderemos fazer perguntas de acordo com o rumo da conversa e ir um pouco além.

O lado negativo da entrevista telefônica é o esforço adicional. Se a pessoa entrevistada estiver em outro fuso horário, talvez tenhamos de trabalhar no meio da noite e fazer anotações enquanto conversamos ou transcrever a gravação do diálogo (no Skype* há ferramentas disponíveis para gravar ligações automaticamente), ou ambos. No entanto, poderemos construir uma relação muito mais íntima com o entrevistado, que poderá se tornar um contato importante no futuro.

A alternativa é realizar a entrevista via e-mail. Isso pode até parecer trapaça, especialmente para jornalistas acostumados a ligar diretamente para seus contatos sempre que precisam de uma citação. Mas, ao construir um site, entrevistas por e-mail podem facilitar muito a sua vida. Ao preparar uma entrevista, terá apenas de listar de 10 a 12 perguntas (se forem mais, as respostas do entrevistado por e-mail serão muito curtas) e enviar para o entrevistado; então, seu trabalho estará praticamente terminado. A pessoa entrevistada poderá pesquisar suas respostas e formatá-las do jeito que lhe parecer mais adequado e no tempo que lhe for mais conveniente. Muitos darão preferência a entrevistas por e-mail. A vantagem é que o texto já estará digitado e quase pronto para a publicação. Se quiser deixar o artigo no formato de perguntas e respostas, bastará um pequeno trabalho de edição e a adição de uma foto.

Esses conselhos se aplicam principalmente quando entrevistamos pessoas desconhecidas, mas nada nos impede de procurarmos colegas, amigos, fornecedores ou parceiros comerciais para obter conteúdo bom e exclusivo. Essa é o tipo de atividade prazerosa que sequer parece trabalho. A postagem de entrevistas demanda um pouco de tempo e organização, mas, sem dúvida, adiciona conteúdo a um blog.

---

* Software gratuito que permite aos usuários comunicar-se por voz via internet (Volp). (N.T.)

7. Conteúdo multimídia

A maior parte do conteúdo da web ainda se baseia em texto. No entanto, agora ficou muito fácil postar outros formatos. O YouTube permite aos editores encaixar seus vídeos em páginas da web. O próprio usuário pode criar seus clipes e carregá-los em seu site ou blog. Fotos também ajudam a atrair visitantes. Caso não queira usar seu próprio acervo, poderá comprar imagens de fácil acesso e de alta qualidade em sites como iStockphoto.com ou buscar imagens com licenças na Creative Commons* ou no Flickr.** Certifique-se de sempre ler os termos de condições de uso e de se assegurar de que não estará infringindo a lei de direitos autorais. É preciso dar crédito ao fotógrafo e fornecer um link de volta ao site do Flickr, mas, em troca, você recebe uma ilustração visual grátis para o seu artigo.

Em geral, conteúdo multimídia é parte integrante de um site. Trata-se de material adicional que agrega ao texto informações complementares. Contudo, também é possível usá-lo como substituto para o texto. Meu site ask.joelcomm.com não contém nada além de clipes nos quais falo diretamente para a câmera e respondo a perguntas postadas por meus leitores (Figura 3.3). Esses vídeos são incrivelmente prazerosos de se fazer e abordam tópicos que variam desde os mais simples aos mais complexos. Se você gosta de mexer com software de edição, poderá bancar o Spielberg*** e divertir-se a valer. Outra opção é simplesmente sentar-se em frente a uma câmera com tripé ou, até mesmo, de sua webcam e, então, gravar a si mesmo e publicar. Isso significa ter conteúdo adicional e original em apenas poucos minutos.

---

* A Creative Commons é uma ONG que disponibiliza opções flexíveis de licenças, proporcionando, ao mesmo tempo, proteção e liberdade para artistas e autores. Eles partem da ideia de "todos os direitos reservados", presente na tradicional abordagem dos direitos autorais, para o conceito de "alguns direitos reservados". No Brasil, o site é <www.creativecommons.org.br/>. (N.T.)

** O Flickr é um site de hospedagem e compartilhamento de imagens. (N.T)

*** Steven Spielberg, famoso diretor, produtor e roteirista norte-americano. (N.E.)

Esses são apenas alguns tipos de conteúdo que podem ser criados para integrar um site. Há muitos outros, mas os sete sugeridos devem ser o suficiente para ajudá-lo a começar. Quando se sentir bloqueado e não souber o que postar – e tenha certeza de que isso irá acontecer! –, retorne a um desses modelos básicos de artigos, pois eles o ajudarão a romper o bloqueio.

Não é somente o que se diz, mas como se diz

Podemos publicar informações em nosso site de muitas maneiras diferentes. O conteúdo sempre será o aspecto mais importante do site,

Figura 3.3 – O conteúdo em vídeo é o que predomina em ask.joelcomm.com. Note como um simples tutorial pode ser transformado em conteúdo multimídia. Apresente seu conteúdo em diferentes formatos e alcançará diferentes tipos de usuários.

Ca$h!

porque é ele que nos garantirá usuários e, consequentemente, o sucesso – ou será ignorado, provocando o fracasso da empreitada. Entretanto, o estilo também tem papel importante.

Não pretendo dar atenção demais a essa questão, pois acredito que o jeito mais fácil de se destruir um negócio é fingindo ser alguém que você não é. Não importa se alguém me vir sobre um palco durante uma conferência, contatar-me no Twitter, ler meu blog ou me encontrar pessoalmente – sempre estará diante de quem eu realmente sou. Nem todo mundo gosta do meu jeito, pois algumas pessoas me consideram direto demais. É a opinião delas, mas eu tenho as minhas. O fato é que não fingirei ser outra pessoa apenas para tentar agradar a todos. Essa, aliás, seria provavelmente a melhor maneira de não agradar a ninguém.

Quando estiver criando conteúdo para o seu site, garanta a ele a sua voz. Não tente escrever como se fosse um redator da CNN nem como se esperasse publicar sua matéria diretamente na Vogue. Imagine que seu melhor amigo estivesse sentado a seu lado e escreva como se tentasse explicar a ele o que tem em mente. Um estilo informal pode parecer estranho em jornais como o *The New York Times* ou *O Estado de S. Paulo*, mas funciona muito bem na web.

Isso não significa que não seja importante planejar o que se irá dizer. Isso é fundamental. Contudo, ao escrever seja casual. Dessa maneira, estará assegurando que seu site terá sua voz e personalidade e, ao mesmo tempo, que o conteúdo ficará claro para o leitor.

Uma vez que tiver escrito um artigo, coloque-o de lado por algum tempo e releia-o antes de publicar. Atente para erros de digitação, utilize um corretor ortográfico e elimine repetições. Isso poderá ser crucial para o fluxo de leitura. Há uma boa razão para os jornalistas escreverem "Steve Jobs" em uma sentença e "o diretor executivo da Apple" na próxima. Repetir a mesma frase várias vezes torna o artigo difícil de ler. É desejável tornar a passagem o mais livre possível desde o início da leitura até o clique no anúncio.

$76

Autores ocultos e convidados

Ao construir seu primeiro site, é possível que tenha de fazer praticamente tudo sozinho: das experiências com o design até a preparação do conteúdo; da publicação de vídeos até o trabalho de atrair usuários. Essa é, provavelmente, a melhor maneira de começar. Pode ser que demore um pouco mais para deslanchar, mas nada supera a experiência de se "colocar as mãos na massa". Entretanto, conforme você for crescendo, poderá começar a procurar ajuda; uma parte dela poderá surgir na forma de autores.

Você logo perceberá que isso tende a acontecer espontaneamente. Quando seu site se tornar conhecido, é provável que outras pessoas da sua área perguntem se podem postar seus artigos nele. Via de regra, não terá de pagar por esses textos, já que seus autores ganharão pela exposição. Conteúdo grátis pode ser ótimo, mas certifique-se de que a qualidade seja boa o suficiente. Se perder leitores em razão de um post que não passa de um anúncio disfarçado, estará pagando caro demais por ele.

Também é possível contratar escritores; contudo, isso é mais difícil do que parece. A web está repleta de indivíduos que pensam que sabem escrever, mas que mal conseguem completar uma única frase. Precisamos de profissionais em quem possamos confiar para produzir o conteúdo desejado, sobre os assuntos especificados, no prazo estabelecido e dentro dos padrões de qualidade que exigimos. Um bom lugar para procurar é o Elance.com,* mas nem tudo ocorre como planejado. O feedback dos leitores deve ajudar a reduzir os danos eventualmente causados por um trapalhão, mas não tenha medo de testar alguns escritores e de escolher os mais apropriados. Outra alternativa é o Scribat. com, um novo serviço nos Estados Unidos que funciona como uma agência de escritores e também como distribuidor de conteúdo. Você pode comprar artigos "pré-fabricados" por um preço fixo ou pedir à

---

* Site em inglês. Trata-se de uma empresa norte-americana que contrata funcionários para projetos on-line. (N.E.)

Ca$h!

empresa que reúna conteúdo para você. Nesse caso, a Scribat.com assumirá a tarefa de procurar os autores adequados e revisar o trabalho, de modo que você receba o conteúdo sem qualquer dificuldade.

Independentemente de você pretender ou não usar a ajuda de autores convidados ou de desejar reduzir sua carga de trabalho encontrando um *ghostweiter** de confiança, as duas opções são justificadas. Desde que o conteúdo seja bom – e precisa ser bom o suficiente para gerar o lucro extra que cobrirá os gastos adicionais –, contar com outros autores ajudará sua empresa digital a crescer e lhe permitirá relaxar e assistir enquanto ela se fortalece sozinha.

Criar conteúdo sempre será o trabalho principal de um negócio on-line. É isso o que gera valor para o seu site e garante seus leitores. Contudo, o conteúdo sozinho não fará você lucrar. Lembre-se: o lucro vem dos anúncios.

Transformando seu conteúdo em receita

No passado, lucrar com um blog era bastante difícil. Os editores juravam que, se pudessem contar com um bom número de leitores, isso seria valiosíssimo para seus anunciantes. Entretanto, ninguém na época conhecia o real valor desses usuários, tampouco o quanto os anunciantes estariam dispostos a pagar. O resultado foi que estes acabaram investindo demais em ferramentas que não mediam de modo adequado e preciso o retorno alcançado. Isso gerou o colapso do sistema.

Demorou algum tempo até que novos mecanismos fossem implementados, mas agora existem opções até demais. Os métodos que não funcionavam foram abandonados, restando agora somente os comprovadamente mais eficazes. Nesta seção, descreverei uma dúzia das ferramentas mais rentáveis que devem ser colocadas em nossos sites para gerar receita a partir de seu conteúdo, de maneira contínua.

---

* Termo em inglês cujo significado é escritor-fantasma. Trata-se de um escritor profissional que presta seus serviços, mas não aparece como autor da obra por ele escrita. (N.T.)

Google AdSense

Minha primeira reação ao usar o Google AdSense foi similar à de muitos importantes marqueteiros da internet: achei que fosse uma perda de tempo. Na época, cadastrei-me, inseri o código, conferi minhas estatísticas e logo percebi que o dinheiro que entrava não pagava nem o meu cafezinho. Não achei que valesse a pena ceder um grande espaço das minhas páginas em troca de pouco mais de um dólar ao dia.

Contudo, essa percepção mudou depois que participei de uma pequena conferência em 2004. Havia apenas algumas dúzias de participantes ali, mas um deles pegou seu laptop e conferiu suas estatísticas do AdSense bem na minha frente. Percebi que ele estava ganhando entre 200 e 300 dólares ao dia. Naquele momento, tive uma ideia. Inseri novamente o código em meu site e comecei a testar estratégias de implementação. Experimentei diferentes tamanhos, testei diferentes esquemas de cores, posicionei os anúncios em diferentes locais da página e documentei tudo o que fazia para ter certeza do que funcionava melhor. Em poucos meses, estava ganhando 500 dólares ao dia, às vezes até mil. É difícil descrever como isso me fez bem!

Aquilo era tudo o que eu estava procurando. Desde o lançamento do WorldVillage, eu realmente acreditava que a internet era capaz de gerar grandes quantidades de renda estável, confiável e passiva para todos que estivessem dispostos a se esforçar na construção de sites e na busca pelo melhor modo de fazê-lo. Eu havia encontrado a prova (Figura 3.4). Na última linha dos resultados diários das minhas estatísticas no AdSense há um número de 4 dígitos. Aliás, ele ainda está lá. A Google continua me enviando cheques mensais de mais de 15 mil dólares cada. E, nesse caso, não estamos falando de uma empresa que não entenda de internet, que tenha mais dinheiro que juízo ou que provavelmente não estará mais aqui no ano que vem. Estamos nos referindo à Google. A organização que revolucionou a busca na internet, fundada por dois dos indivíduos mais inteligentes e tecnicamente

Ca$h!

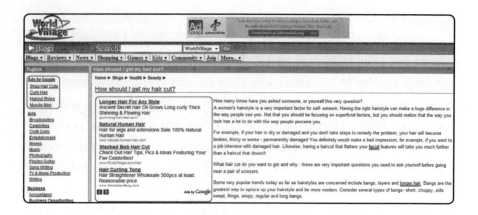

Figura 3.4 – Duas unidades do AdSense em meu site WorldVillage.com. Repare como inseri os anúncios na página. A unidade de links à esquerda parece fazer parte da barra de navegação do site; a unidade de anúncios dentro do artigo é impossível de não ser notada. Uma implementação cuidadosa é crucial para que se possa colher os frutos do AdSense.

brilhantes do planeta. Trata-se da empresa que realmente encontrou o caminho para fazer todo mundo mais feliz – editores, anunciantes e usuários –, principalmente seus acionistas, é claro.

Vi muitas maneiras diferentes de lucrar na internet, mas, desde 2004, o AdSense da Google tem sido a fonte de renda mais confiável para mim. Esse é um método no qual posso confiar. E o melhor é que, uma vez que o sistema tenha sido configurado e os anúncios, colocados em seus devidos lugares, não é preciso fazer mais nada, pois o dinheiro entra sozinho.

Quando estiver construindo um negócio on-line, você com certeza desejará ganhar dinheiro rapidamente. Porém, independentemente do quanto isso lhe render, sempre deverá manter o AdSense como o recurso principal, pois é ele que poderá lhe proporcionar a maior renda e da maneira mais confiável.

O AdSense está disponível a qualquer um que queira usá-lo. A empresa não aceita anúncios pornográficos, relativos a jogos de azar ou de sites violentos ou racistas – nem dos que comercializem cerveja, relógios falsos ou trabalhos estudantis prontos – mas, fora isso, a Google aprovará qualquer coisa. Você poderá se inscrever clicando no link "Soluções de publicidade" na página inicial da Google ou acessando o www.google.com/AdSense. Você terá de identificar o domínio onde quer posicionar os anúncios e, em um dia ou dois, receberá a aprovação. Em seguida, poderá usar a própria ferramenta do AdSense para formatar os anúncios, escolhendo o tamanho, a cor e outras características relacionadas ao aspecto dessas propagandas. Quando terminar, receberá algumas linhas de código que deverão ser inseridas em suas páginas da web. São elas que proverão os anúncios a partir do gigantesco acervo do AdWords. Parece muito simples – e é: basta copiar, colar e aí vai... mais uma graninha para a sua conta!

Entretanto, se você quiser mesmo fazer fortuna com o AdSense – e, de fato, há uma fortuna para ser feita aqui –, terá de fazer um pouco mais que apenas recortar e colar. Será necessário entender como o AdSense funciona e o que precisará fazer para que ele trabalhe para você.

O AdSense possui vários formatos diferentes:

- *AdSense para conteúdo.* Este é o tipo mais popular e pode ser visto em minhas páginas web. Ele apresenta anúncios que pagam à base de custo por clique (CPC) ou custo por ação (CPA) e são atrelados às palavras-chave da página. Geralmente se baseiam em texto, mas podem incluir imagens e até mesmo vídeo.
- *AdSense para pesquisas.* Fornece uma caixa de busca para ser posicionada em seu site. Você pode especificar em quais sites o usuário poderá pesquisar, e o AdSense mostrará pequenos anúncios em texto ao lado dos resultados, fornecendo-lhe uma parte das taxas pagas pelos anunciantes por cada clique.
- *AdSense para celular.* Posiciona AdSense em conteúdo feito especificamente para dispositivos móveis, como telefones celulares.

Ca$h!

- **AdSense para feeds.** Disponibiliza anúncios em feeds RSS, uma boa maneira de lucrar por intermédio das pessoas que preferem ler o seu conteúdo em leitores de RSS em vez de acessarem o site.
- **AdSense para domínios.** Permite que você ganhe algum dinheiro mesmo antes de lançar seu site. Ao invés de apresentar uma página em branco e sem qualquer conteúdo de site em construção, é possível exibir anúncios do AdSense. Obviamente, páginas desse tipo não terão muito tráfego (e a Google não lhe permitirá comercializar uma página vazia), mas poderão servir como rede para angariar visitantes em um domínio extinto ou em um trabalho em progresso.

Como se isso não bastasse, o AdSense para aplicativos móveis permite que desenvolvedores de aplicativos para o Android ou iPhone posicionem unidades de anúncios em seus programas; o AdSense para TV oferece uma maneira para que as empresas de televisão publiquem anúncios nos programas que veiculam na web; o AdSense para vídeo monetiza videoclipes; e o AdSense para jogos permite que programadores ganhem dinheiro com anúncios em jogos on-line.

Os quatro últimos tipos descritos anteriormente são acessíveis apenas para "editores qualificados", e não para o usuário comum. De qualquer modo, já deve estar claro que a Google é capaz de posicionar anúncios em todo e qualquer tipo de conteúdo que se queira colocar na web.

Na prática, o usuário acaba utilizando principalmente o AdSense para conteúdo e, em menor amplitude, para pesquisa. Há pouco a se fazer para incrementar os ganhos com o AdSense para pesquisa. É Importante colocar a caixa de busca em um lugar visível da página (embora os usuários geralmente esperem que ela esteja no canto superior direito), mas é melhor pensar nesse recurso como um serviço disponibilizado aos leitores. E isso também lhe trará receita. Se considerar que o usuário que desejar sair do seu site buscará seu próximo destino pelo Google, por que não deixá-lo iniciar sua procura a partir do seu site? Isso permitirá que você lucre caso ele resolva clicar em um anúncio.

O trabalho começa com o AdSense para conteúdo. A Google poderá preencher essas unidades com anúncios de texto, de imagens, links, vídeos, *gadgets*. Caso mantenha a opção de receber anúncios com base em imagens, vídeo e *gadgets*, você os receberá quando estiverem disponíveis e/ou quando a Google crer que você ganhará mais com eles do que com qualquer outro. Não é você quem escolhe. Mas não se preocupe: eles ficam bonitos na página. Você receberá uma imagem ou um vídeo − ou, se for um anúncio tipo gadget, algum vídeo mais sofisticado e interativo − e provavelmente ganhará com base em custo por mil impressões (CPM). Esse tipo de anúncios tende a aparecer em sites com muito tráfego.

Você pode optar por receber unidades de anúncios com base em links. A unidade posicionada no canto superior esquerdo do WorldVillage.com é uma unidade de links. Eles contêm uma curta lista de palavras com hyperlinks. Quando um usuário clica em uma delas, é levado a uma página contendo os anúncios. Isso significa que, para você ganhar com unidades de links, seus usuários terão de clicar duas vezes. Contudo, o pequeno tamanho e a flexibilidade das unidades, assim como a alta proporção de cliques, os torna bons complementos para o seu site.

Os verdadeiros campeões do AdSense para conteúdo − e as unidades que trarão a maior parte da receita para o seu site, pelo menos no início − são os anúncios com base em texto (Figura 3.5). Eles vêm em uma dúzia de formatos diferentes e a Google permite que você manipule as cores e as fontes, o que significa que precisará pensar um pouco.

Os formatos e as posições que escolher, assim como o aspecto que terão, são alguns fatores que determinarão quanto dinheiro você ganhará no final do dia. Existem algumas regras gerais, e a Google fornece algumas estratégias básicas. No geral, formatos largos funcionam melhor que os estreitos; os mais efetivos parecem ser o "retângulo

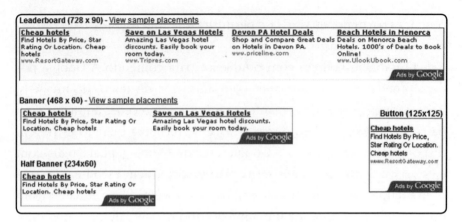

Figura 3.5 – Apenas alguns exemplos dos 12 diferentes formatos de unidades de anúncios de texto. Há outros 12 tipos de unidades de links.

grande", de 336x280, o "retângulo médio", de 300x250, e o "arranha-céu largo",* de 160x600.

Na verdade, eu não seria tão específico quanto a isso. Melhor que imaginar quais formatos são os mais eficazes segundo a Google é pensar em quais deles são os mais adequados para você. O AdSense é mais rentável quando as unidades se integram à sua página. Lembre-se: os usuários não visitam um site para ver anúncios, mas para checar o conteúdo. Eles já se acostumaram a ler o texto ao redor das propagandas. Quando um anúncio fica muito exposto na página, torna-se mais fácil ignorá-lo e focar no conteúdo do site. Portanto, se conseguir disfarçá-los e fazer com que pareçam parte do conteúdo principal, receberá um número maior de cliques. O usuário, em contrapartida, sentirá que os links vêm diretamente de você – e, assim sendo, são recomendados por você, alguém a quem respeita e em quem confia. E, como os anúncios são direcionados de acordo com o conteúdo disponibilizado, o texto se encaixará corretamente na página.

---

* Nomes de alguns dos formatos de anúncios fornecidos pelo AdSense. Outros formatos são: banner, meio-banner, botão, banner vertical, quadrado etc. (N.T.)

Uma maneira de integrar os anúncios ao site consiste em eliminar os contornos e adaptar o design das unidades ao da página. Deixe o fundo e as bordas do anúncio da mesma cor da sua página web e faça o texto do anúncio combinar com o conteúdo do site. Desse modo, o anúncio parecerá parte do seu conteúdo. Sempre permanecerá a frase "Anúncios Google" em algum lugar, e não há como evitar essa informação, mas, pelo menos, a unidade não parecerá saltitar e gritar no meio da página: "Eu sou um anúncio! Ignore-me!"

Comece pela integração e passe ao rastreamento. Isso é de importância vital, demanda trabalho duro e leva tempo. Você precisará de, no mínimo, uma semana de estatísticas para entender o que está acontecendo, então poderá demorar meses até que saiba exatamente o que funciona melhor em seu site. Mas lembre-se: você estará usando esse tempo para aumentar seus ganhos e conquistar um conhecimento imprescindível.

Para ajudá-lo no rastreamento, cada uma de suas unidades deve ser relacionada a um canal, ou seja, a um tipo de marcador que lhe permita identificar o desempenho de cada tipo de anúncio específico. Se quisermos saber, por exemplo, como está o desempenho dos anúncios do cabeçalho, podemos criar um canal chamado "cabeçalho" e rastrear a taxa de cliques e a renda desse canal durante uma semana. Poderíamos então substituí-los por anúncios em "meio-banner", e repetir a checagem para ver qual dos dois formatos funciona melhor naquela posição.

Há ações que não são permitidas. É proibido encorajar usuários a clicar nos anúncios para nós. Os anunciantes pagam por usuários que gostem dos produtos que eles publicam, não dos nossos. Também não devemos clicar em nossos próprios anúncios. Isso pode custar caro. Apesar de a Google entender que um editor possa clicar acidentalmente em um anúncio – e descontar esses cliques –, se a empresa achar que tal editor está clicando em seus anúncios intencionalmente a fim de aumentar seus ganhos, poderá bani-lo completamente. Nesse caso, você será expulso do sistema, o que tornará bem difícil para você ganhar

Ca$h!

decentemente algum dinheiro por intermédio de anúncios em seu próprio site. Existe um processo de apelação, mas não é grande coisa. O melhor a fazer é manter seu cursor bem longe das suas unidades do AdSense e deixar os cliques por conta dos usuários.

O básico do AdSense é muito simples. Inscreva-se, formate os anúncios de maneira que se integrem à página e insira o código no site. Teste diferentes formatos e rastreie os resultados para ver quais têm o melhor desempenho. É improvável que você fique rico instantaneamente. Pode acontecer, mas não espere por isso. Ao invés disso, espere para ganhar significativamente mais com seus anúncios AdSense para conteúdo a cada mês.

Depois que tiver entendido o básico – e estiver ganhando o que sempre achou possível ganhar na internet –, poderá se tornar um pouco mais ambicioso. Comece a experimentar com palavras-chave. Para descobrir quais subtópicos atraem os melhores anúncios, você poderá experimentar a arbitragem* no AdSense – comprar palavras-chave em um serviço AdWords e depois vendê-las com lucro por meio das unidades do AdSense em seu próprio site. Além disso, você poderá também tentar trazer anúncios de vídeo, mais caros, e utilizar outros formatos de unidades.

O mais importante é que você poderá agora acrescentar outros tipos de anúncios, complementando as unidades do AdSense em sua página e elevando as chances de seus usuários clicarem nos links.

Para que você possa avaliar mais profundamente o funcionamento do Google AdSense e, ao mesmo tempo, aprender mais sobre minhas estratégias específicas, indico o meu guia de 230 páginas em AdSense, *AdSense secrets 5 - Ebook and access to bonus área* (Os segredos do AdSense 5 – versão digital e acesso a bônus).

---

* Operação na qual um investidor aufere um lucro sem risco, realizando transações simultâneas em dois ou mais mercados. A Google tem alertado os editores contra essa prática, pois passou a considerá-la um modelo irregular de negócios. Isso pode, inclusive, levar ao cancelamento da conta do usuário no AdSense. (N.E.)

Kontera

Para aumentar o lucro com o AdSense, o ideal é tornar os anúncios não obstrutivos. É claro que sempre haverá limites. Por exemplo, ao manipular um anúncio, não será possível livrar-se da pequena etiqueta que diz "Anúncios Google". Em contrapartida, embora seja possível circundar a unidade com texto formatado para que este se integre ao anúncio, isso pode prejudicar o visual do seu site. Além disso, a Google pode não gostar muito.

Até certo ponto, os leitores sempre saberão identificar os anúncios em suas páginas. Espera-se que, quando isso acontecer, eles sejam interessantes o suficiente e os links já estejam associados o bastante com o conteúdo para que fique a impressão de uma recomendação.

O Kontera (www.kontera.com), no entanto, tem uma abordagem bem diferente em relação às unidades de anúncios (Figura 3.6).

Elas não vêm em caixas para serem espalhadas pelas páginas. O próprio código inserido no site escolhe palavras-chave no texto e as realça com uma cor diferente. Quando o usuário passa com o mouse sobre a palavra, aparece uma caixa de texto flutuante com o anúncio, e, se ele clicar, você recebe. Os links ficam completamente integrados ao texto, e isso é um grande ponto positivo. Essa é a máxima discrição que se pode alcançar com anúncios, pelo menos até que alguém passe o cursor sobre eles.

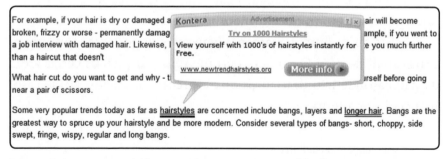

Figura 3.6 – Uma unidade ativa do Kontera no WorldVillage.com.

Ca$h!

Assim como no AdSense, as unidades apresentam vários formatos – incluindo anúncios com vídeo, unidades em flash, mídias interativas e unidades expansivas, que mudam de tamanho quando são tocadas. Mas não é você quem as escolhe. O Kontera faz tudo automaticamente, desde a definição das palavras-chave a serem realçadas, do anunciante e até do tipo de anúncio que se encaixa melhor em seu site (via de regra: quanto maior o site, mais sofisticado o anúncio).

A falta de controle é um ponto problemático. A empresa fornece algumas ferramentas para lhe ajudar a melhorar os resultados, mas as opções são restritas. É possível, por exemplo, escolher a cor do link. Geralmente, esse detalhe é de grande importância, mas de fácil decisão. Os usuários esperam que links sejam azuis; portanto, deixá-los de outra cor poderá confundi-los. Como o ganho somente ocorre quando alguém clica sobre eles, certamente desejará que todos saibam como e aonde clicar. Conclusão: deixe seus links azuis.

Em contrapartida, no Kontera os links fazem mais que simplesmente levar o usuário a uma nova página; eles acionam uma caixa de ferramentas flutuante. Nesse sentido, deixar esses links de outra cor poderá incitar os visitantes a experimentar. Pode ser que não cliquem logo na primeira vez, mas, considerando o fato de que a simples movimentação do mouse já mostrará a caixa, não faltará muito para o sucesso. Depende bastante do design do seu site. Particularmente, descobri que o azul funciona melhor no WorldVillage, mas pode ser que outra cor produza melhores resultados para você. Experimente 3 ou 4 cores diferentes e observe o que acontece.

Existe ainda outra ferramenta bem mais importante – e também mais difícil de usar. O Kontera permite que marquemos certas áreas da página onde não desejamos que apareçam anúncios. Nesse caso, basta colocar a linha:

```
<span name = KonaFilter>
```

antes do texto e o marcador

\</span>

ao final, e não receberá nenhum anúncio do Kontera nesse bloco específico. Obviamente, essa é uma maneira útil de manter os anúncios fora dos seus links de navegação (onde seria improvável que os usuários clicassem neles e isso poderia interferir na navegação), mas a ferramenta também pode ser usada para induzir o Kontera a marcar algumas palavras-chave mais que outras.

Se no AdSense o lucro aumenta com o grau de integração dos anúncios ao design da pagina, no caso do Kontera os melhores resultados dependem da marcação das palavras-chave mais caras nas partes mais expostas da página.

O Kontera deveria fazer isso automaticamente, ou seja, escolher as palavras-chave relacionadas aos melhores anúncios. Além disso, os anúncios deveriam começar a ser distribuídos a partir do topo da página e espalhados de modo que não ficassem todos aglomerados no final do artigo, onde ninguém irá ver. Entretanto, podemos ajudar o sistema a fazer isso – e melhorar os resultados – monitorando quais palavras-chave têm mais probabilidade de serem marcadas, rastreando a quantidade de dinheiro que esses anúncios geram e assegurando que os termos marcados apareçam em parágrafos curtos e "acima da dobra".*

Na prática, fazer isso para cada uma de suas páginas pode significar bastante trabalho. Nesse caso, é mais provável que você adote princípios gerais, em vez de estratégias para páginas específicas. Tais princípios podem incluir:

- **Manter os parágrafos curtos.** O aparecimento das caixas de ferramentas interrompe o fluxo da leitura. Quando o leitor depara com um longo bloco de texto, em geral, quer chegar ao final antes de ser distraído. Parágrafos curtos colaborarão para que

---

* A expressão **above the fold** (ou above the scroll), bastante usada no âmbito da internet, se refere à parte superior da página, ou seja, àquela que é visível logo que a página é acessada, sem a necessidade de "rolar" (scroll) a página. (N.T.)

Ca$h!

os links do Kontera apareçam em espaços vazios e proporcionarão mais pausas naturais durante as quais o usuário poderá ativar o anúncio.

- **Bloquear áreas com baixa exposição.** Caso você note que os anúncios posicionados no terço inferior da página raramente recebem cliques, bloqueie essa área e mantenha os anúncios na parte superior, longe das barras de navegação. Também é aconselhável instituir uma boa distância entre um anúncio do Kontera e uma unidade de vídeo. Este poderá bloquear a caixa de ferramentas.
- **Espalhar palavras-chave rentáveis.** Geralmente há mais de uma maneira de dizer a mesma coisa. Caso você perceba que o termo "iPod", por exemplo, atrai anúncios mais interessantes que "mp3-player", então opte pelo termo específico em vez de valer-se do genérico. É claro que é preciso manter o equilíbrio entre a otimização dos anúncios e a clareza do conteúdo, mas, ao deparar com duas palavras de mesmo significado e valores diferentes, certamente já sabe qual deverá escolher.

O Kontera é um complemento valioso para um site patrocinado pelo AdSense. Os anúncios são variados o suficiente para cativar os usuários e, ao mesmo tempo, simples o bastante para serem inseridos, otimizados e deixados por conta própria.

Anúncios Premium Chitika

Quando, em 2005, a Chitika lançou seus eMiniMalls, fiquei impressionado. Eles eram abarrotados de informações. Cada unidade vinha com uma pequena aba e, quando o mouse passava sobre ela, apareciam resenhas curtas ou endereços de sites que comercializavam o produto. Podia-se ver na hora qual loja oferecia os melhores preços e, até mesmo, folhear o anúncio em busca de itens similares. Obtive ótimos resultados com eles, assim como muitos outros marqueteiros da internet.

Entretanto, havia dois problemas: O primeiro era o forte direcionamento dos anúncios a produtos. Sendo assim, em sites que tratavam de itens específicos, como modelos de computador ou marcas específicas de câmera, o sistema Chitika funcionaria bem. O anúncio pareceria um widget, pois disponibilizaria um sumário do artigo principal. No entanto, em páginas não comerciais que discorressem sobre suas férias, por exemplo, ou em que você publicasse sua opinião sobre as últimas reformas na saúde pública, seria difícil encontrar anúncios relevantes, em razão do ao limitado inventário de anúncios da Chitika. Já para um site de produtos, os eMiniMalls eram ótimos.

O segundo problema era ainda mais sério. Apesar de um eMiniMall posicionado em um site de produtos certamente gerar muitos cliques – e uma boa renda de CPC para o editor –, logo ficou claro que os anúncios não ajudavam muito o anunciante. Na verdade, tinham de pagar taxas por cada vez que alguém clicava no anúncio. De fato, eles não estavam realmente vendendo nada, mas, quando se fala em propaganda on-line, esse aspecto é importante, embora frequentemente esquecido.

Os usuários valiosos para o anunciante são aqueles que fazem algo ao chegarem ao seu site. Em geral, isso significa comprar um produto, mas já será suficiente se a ação promover a assinatura de um boletim informativo – que poderá levar a futuras vendas – ou fizer o visitante clicar em outro anúncio do site. Os anunciantes deixarão de pagar pelos anúncios se os usuários não valerem a pena. Essa, aliás, é uma das razões pelas quais a Google introduziu o Smart Pricing em 2005 – e foi o problema que o Chitika enfrentou com o suposto "sucesso" de suas eMiniMalls.

Os usuários simplesmente não estavam comprando, o que deixava os anunciantes infelizes. Todavia, se estes desistiam, os próprios editores que já tinham dificuldades com o limitado acervo do Chitika também acabariam abandonando o sistema. A resposta da Google foi bastante sofisticada. A empresa começou a medir o desempenho dos usuários de sites e pagar menos a sites cujos leitores significassem valor baixo para o anunciante. A reação da Chitika foi bem mais simples: ela descontinuou as eMiniMalls e criou outro tipo de anúncio completamente novo, mostrado somente aos usuários de maior interesse. Isso foi revolucionário, mas um tanto desleal. É como se uma loja fechasse suas portas, colocasse um aviso dizendo "entrada proibida a 'desperdiçadores' de tempo" e deixasse entrar somente aqueles que fossem realmente comprar algo. De fato, existem lojas que fazem isso. Alguns outlets, por exemplo, atendem apenas mediante agendamento. As lojas mais caras são projetadas de modo a repelir quem não pode comprar os produtos ali comercializados. Casas noturnas ostentam leões-de-chácara que dão ao local um ar de exclusividade.

Mas, em um site, a situação não é tão simples. A razão para isso está no fato de a exclusividade não ficar por conta do site, que continua aberto a qualquer um que deseje visitá-lo, mas sob a responsabilidade da Chitika e de seus anunciantes.

As unidades Premium da Chitika aparecem exclusivamente a usuários nos Estados Unidos e no Canadá que acessem o site por meio de um mecanismo de busca (Figura 3.7).

Um usuário que estiver no Brasil ou no Reino Unido e visitar seu próprio site não verá seu anúncio da Chitika. O mesmo ocorrerá com usuários regulares que vivam fora dos Estados Unidos e Canadá ou, até mesmo, com habitantes desses países que acessem o site diretamente sem o intermédio de um mecanismo de busca. Tais usuários poderão, talvez, visualizar um espaço vazio ou um "anúncio alternativo" que você tenha escolhido para ser apresentado quando o Chitika não estiver disponível, quem sabe até uma unidade do AdSense.

Se um site fosse como um gigantesco shopping center, repleto de caixas registradoras prontas para receber o dinheiro de diferentes tipos de compradores, então a Chitika seria aquela área esnobe e exclusiva no fundo da loja. Os melhores compradores encontrariam uma área lindíssima esperando por eles enquanto os visitantes "normais" depararam com cortinas fechadas. No caso desse último grupo, será preciso achar outra maneira de monetizá-los.

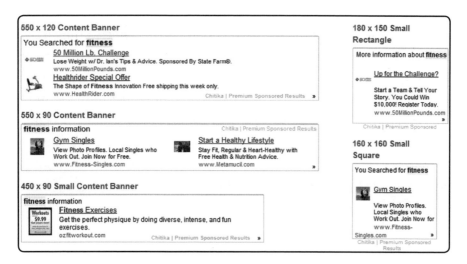

Figura 3.7 – Anúncios Premium da Chitika vêm com imagens e um termo de busca realçado, o que garante que sejam notados.

Para se sair bem com tal seletividade, a Chitika precisa dispor de um produto excepcional – e, por sorte, dispõe. Assim como os eMiniMalls, os anúncios Premium parecem caixas informativas. Elas vêm com pequenas imagens atraentes e ostentam uma etiqueta que ativa uma importante caixa de busca. Devido à sua seletividade, a Chitika sempre sabe o que seus visitantes estão procurando. Por isso, não precisa se preocupar em mapear páginas atrás de palavras-chave ou examinar meta tags,* títulos e subtítulos para descobrir o contexto. Ela pode simplesmente usar o termo de busca e apresentar um anúncio relacionado, o que resulta em uma variedade bem maior de anúncios e em uma mira certeira. Pelo fato de os usuários selecionados estarem buscando ativamente por informação, há maior probabilidade de que cliquem no anúncio, o que, por sua vez, aumenta a proporção de cliques e o lucro do anunciante.

Como sempre, há algumas medidas que podem ser tomadas no sentido de aumentar ainda mais esse retorno. Em primeiro lugar, é

---

* Meta tags são linhas de código HTML ou "etiquetas" que, entre outras ações, descrevem o conteúdo do site para os buscadores. (N.T.)

claro, está a própria implementação do sistema. É preciso que sejam aplicados os princípios usuais: a integração dos anúncios ao site de modo que eles pareçam fazer parte do conteúdo, o que aumentará a probabilidade de o usuário clicar neles. A Chitika permite ao editor alterar a cor do título, do texto e do URL do link do anúncio. Sendo assim, mantenha a cor do título igual à dos subtítulos de sua página; a cor do texto deverá ser idêntica à usada para o seu conteúdo; o link do anúncio deverá permanecer em azul.

Também é possível alterar as fontes tanto do texto como do título por meio das seguintes linhas de código:

$$ch\_font\_title = \text{"Arial"}$$
$$ch\_font\_text = \text{"Arial"}$$

Seguindo o mesmo princípio, combine as fontes com as disponíveis em seu site. Além disso, você pode usar a configuração a seguir para garantir que a página do anunciante seja aberta em outra janela ou aba, mantendo assim o usuário em seu site:

$$ch\_target = \text{"\_blank"}$$

Até aqui tudo parece bem fácil; porém, o mais complicado é saber em que parte da página posicionar os anúncios. Embora alguns digam que os anúncios acima da dobra sempre apresentam melhor desempenho que aqueles escondidos no final da página, segundo Karla Escolas, gerente de marketing da Chitika, alguns editores já descobriram que combinar uma unidade do AdSense no topo da página e outra da Chitika no meio dela irá gerar mais renda que o AdSense sozinho. É algo que vale a pena testar.

O verdadeiro desafio é determinar em quais páginas o código será alocado. Os representantes da Chitika têm uma ideia clara a respeito: o anúncio deve ser posicionado pelo menos nas 5 páginas mais buscadas do site. Entretanto, o que realmente queremos saber é o seguinte: que tipo de anúncios deveremos disponibilizar aos nossos usuários mais valiosos?

Se soubermos que outros anunciantes pagam mais, poderemos evitar anúncios da Chitika em algumas páginas com o intuito de controlar o trânsito desses usuários em particular. Isso também é algo que teremos de testar. Provavelmente, perceberemos que vale a pena colocar anúncios Chitika em páginas que ostentem produtos, mas, que naquelas menos específicas, o AdSense funcionará melhor. Mesmo com o acervo aprimorado, uma melhor otimização e um ótimo aspecto, os anúncios Chitika ainda parecem exatamente o que são – anúncios – e são fáceis de ser ignorados em páginas que não sejam sobre produtos.

Em todo caso, sugiro que escolha o AdSense como alternativa para seus anúncios Chitika, a não ser que tenha uma excelente razão para não fazê-lo. Afinal, eles serão apresentados aos usuários que não vêm ao seu site por meio de um mecanismo de busca ou pelos que estejam fora dos Estados Unidos ou do Canadá. Já que eles não podem ver o anúncio da Chitika, que vejam pelo menos um do AdSense, o que lhe garantirá uma chance de ganhar algum dinheiro.

Uma maneira muito simples para aumentar seus ganhos com a Chitika é adicionar uma unidade de AdSense para pesquisa ao seu site e estimular seus usuários a usá-la para encontrar novo conteúdo. Isso deve ajudar a transformar seus usuários regulares no tipo de tráfego apreciado pela Chitika, e, uma vez que será capaz de limitar os resultados de busca às suas próprias páginas, conseguirá manter os leitores no site enquanto lhes oferece mais anúncios e cria a oportunidade de lhes apresentar também os da Chitika.

O sistema Chitika é excelente. Contudo, pelo fato de não ser interessante para atingir todos os seus usuários, não deve ser usado isoladamente. Caso contrário, partes valiosas do seu site permanecerão desmonetizadas. Além disso, nem sempre é a melhor solução, até mesmo para os usuários que atinge – embora muitas vezes o

Ca$h!

seja. Quando funciona, o faz bem, e já está comprovado que, quando combinado ao AdSense, pode produzir resultados impressionantes. O desafio para o editor é posicionar os anúncios – otimizados e tendo o AdSense como alternativa no meio das páginas mais buscadas – e conferir os resultados.

De fato, tais anúncios podem produzir resultados bastante interessantes se estiverem nos lugares certos. O importante é descobrir se o seu site é um deles. Registre-se no Chitika Premium no site AdSense-Secrets.com/chitika.html.

Yahoo! Publisher Network

Todos os programas mencionados até agora podem funcionar juntos. Tanto o Chitika como o Kontera oferecem o melhor de si quando combinados ao AdSense. São como um jogo adicional de itens lucrativos que podemos usar para coletar o dinheiro de nossos usuários. O AdSense sempre será a caixa principal; porém, os outros dois sistemas fornecerão canais adicionais poderosos para gerar receita. A receita pode vir de muitos lugares diferentes.

Todavia, os anúncios da Yahoo! Publisher Network não eram compatíveis com os do AdSense; portanto, seria preciso escolher entre ambos. Mas, normalmente, a escolha era bem fácil: o usuário optava pelo AdSense (Figura 3.8).

Gostaria de poder afirmar que a YPN fosse um concorrente de verdade. Ficaria feliz em lhe dizer que, caso o AdSense não estivesse funcionando para você – por não servir os anúncios desejados ou pelo fato de o sistema entender que você andou clicando em seus próprios anúncios –, seria melhor fazer uso do seu poder como consumidor e levar seus negócios à concorrência, mas, em se tratando da YPN, essa alternativa não é viável.

A YPN deveria funcionar exatamente como o AdSense, pelo menos aparentemente. Em 2003, ao adquirir a Overture por 1,63 milhão

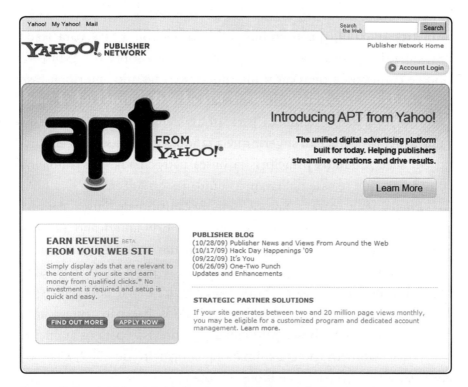

Figura 3.8 – A Yahoo! Publisher Network foi concebida para ser um concorrente do programa Google AdSense, mas não obteve sucesso.

de dólares – empresa que foi pioneira no campo da busca paga e serviu de inspiração para Sergey Brin e Larry Page –, a Yahoo! deixou suas intenções bem claras. Suas unidades de anúncios teriam aparência muito similar às da Google: conteriam título, uma ou duas linhas de texto e o URL do anunciante. Contudo, a YPN oferecia apenas dez formatos de anúncios (contra 12 do AdSense), e não havia unidades de links. Era possível alterar as cores dos anúncios, mas não era permitido mexer com fontes para otimizar os anúncios como no AdSense. Além disso, o programa era aberto somente a editores nos Estados Unidos. Isso fazia parte de uma tendência preocupante para a YPN. O sistema desde o início já era bastante restritivo, mas, por fim, demonstrou uma tendência a se encolher em vez de se expandir. Em

Ca$h!

fevereiro de 2009, por exemplo, a Yahoo! fechou a YPN para feeds RSS, uma das poucas vantagens que apresentava sobre o AdSense (a Google começara a oferecer o mesmo serviço no ano anterior). Essa medida logo foi seguida pelo cancelamento de outro serviço exclusivo – o fechamento também para arquivos em formato PDF. Esses cancelamentos pareciam sugerir que a Yahoo! estivesse se concentrando em seus produtos principais: a busca patrocinada e os anúncios contextuais que se assemelhavam às unidades do AdSense.

Infelizmente para a Yahoo!, seu mecanismo de busca detinha somente uma pequena parte do mercado norte-americano (apenas 8,91% em outubro de 2009, aproximadamente o mesmo que o Bing, o navegador da Microsoft), e até mesmo essa parte estava regredindo, já que, no ano anterior, a Yahoo! conseguira captar pouco mais de 12% das buscas na internet nos Estados Unidos. Isso não causava uma boa impressão para a busca patrocinada, e a previsão para os anúncios contextuais também não era animadora. Em janeiro de 2009, a Yahoo! encerrou o serviço para os editores europeus.

As dificuldades financeiras da empresa – e suas tentativas de fazer frente à Microsoft – não eram segredo e acabaram criando incertezas nos anunciantes, que não se sentiam seguros em trabalhar mais intimamente com a Yahoo! Enquanto a empresa recuava em sua oferta de serviços para se concentrar nas partes mais rentáveis da web, persistia nos pequenos editores o medo de que mais cedo ou mais tarde seriam deixados na mão. Vale ressaltar que nosso sistema de anúncios deve formar a base de nossa renda on-line. Trata-se de uma receita com a qual precisamos contar todos os meses e que nos dará a segurança para que possamos experimentar com outros canais de maior risco e recompensas mais elevadas. Não podemos, portanto, arriscar que uma de nossas maiores fontes de renda seja cortada de repente apenas porque uma empresa em apuros está tentando economizar.

Felizmente, isso não chegou a acontecer, uma vez que o YPN simplesmente nunca ofereceu resultados que permitissem que a maioria dos editores contasse com os serviços oferecidos. A sensação geral entre tais editores era de que a Yahoo! disponibilizava proporções de cliques baixas demais. No início, isso fora compensado com pagamentos por clique acima da média; entretanto, essas taxas logo começaram a cair. O resultado disso foi que, em comparação direta, o serviço da Yahoo! apresentava um desempenho bastante inferior ao da Google.

Há atitudes que se podem tomar para melhorar o desempenho. A implementação certamente é importante, mas boa parte do problema da YPN estava em sua ferramenta de contextualização, que não era muito precisa nem rápida o suficiente. Era grande a probabilidade de que os usuários vissem anúncios Run of Network (RON)* em lugar dos contextuais. Essas propagandas eram oferecidas quando o sistema não conseguia decidir o que servir ao cliente. Eles não tinham relação com o site onde eram colocados e os pagamentos (se houvesse algum) eram muito reduzidos. Uma das maneiras de se prevenir contra essa prática e atrair os anúncios desejados era usar "ad targeting".**

Esse recurso era exclusivo da YPN e permitia ao editor selecionar as categorias de anúncios que considerasse mais interessantes para seus leitores. Havia cerca de 20 categorias e 127 subcategorias à disposição dos clientes. Era possível, inclusive, posicionar cada página em uma categoria diferente. Tratava-se de um truque interessante, além de uma boa maneira de driblar os problemas de contextualização, mas não era o suficiente para transformar a YPN em um concorrente à altura do AdSense.

Microsoft ContentAds

Os editores esperavam que a Yahoo! fosse o concorrente certo para manter a Google em estado de alerta, mas parece que esse espaço poderá ser preenchido pela Microsoft. (Figura 3.9)

---

* Anúncios de "venda de espaço" que podem aparecer em qualquer página web dentro de uma rede de sites. São os mais baratos, pois são os menos clicados na internet. (N.T.)

** Direcionamento de anúncios. (N.T.)

Esta empresa de software é relativamente nova no mundo dos anúncios on-line. Suas primeiras unidades de anúncios foram vistas em 2007, ou seja, sete longos anos depois do aparecimento da primeira propaganda nas páginas de resultados de busca da Google.

Os ContentAds da Microsoft (www.advertising.microsoft.com/publisher)* seguem o mesmo modelo do AdSense e da YPN. Os anúncios aparecem em unidades, que podem ser formatadas e otimizadas, posicionadas ao lado dos resultados de busca do Bing e espalhadas pela rede de editores. Por enquanto, essa rede ainda é pequena, assim como o acervo de anúncios.

Atualmente, o serviço está disponível somente para editores localizados nos Estados Unidos e que tenham número de identificação fiscal norte-americana. A empresa está sendo seletiva em relação aos clientes, e até mesmo os formatos de anúncios estão sendo restritos a dez tipos, com base em texto. Não há anúncios com imagens e muito menos os criativos e sofisticados produtos oferecidos pelo AdSense.

A impressão que fica é que a Microsoft considera os ContentAds um rival em longo prazo para o AdSense. A construção do sistema tem sido lenta e busca criar uma sólida infraestrutura enquanto tenta abocanhar algumas frações do mercado da Google.

Para os editores, trata-se de uma boa novidade. Ainda é cedo para dizer se a Microsoft realmente será capaz de criar dificuldades para a Google, mas é bom saber que existe uma verdadeira alternativa. Uma vez que seu site esteja implementado, funcionando e gerando tráfego razoável, vale a pena inscrever-se para participar. Pode ser que decida não usá-lo, mas é bom tê-lo à mão caso precise de uma opção ao AdSense.

---

* Site nacional: http://advertising.microsoft.com/brasil/oportunidades_publicitarias. (N.E.)

Figura 3.9 – Com os ContentAds, a Microsoft tenta vencer a Google utilizando--se de suas próprias armas.

AdsDaq

Os serviços AdSense, YPN e Microsoft ContentAds servem anúncios CPC (talvez você até receba algum dos inusitados anúncios CPM do AdSense, mas estes são relativamente raros e tendem a aparecer em sites grandes e com tráfego elevado). O mesmo vale para o Chitika e o Kontera. Todos esses serviços confiam na ideia de que os usuários ficarão interessados o suficiente para clicar no anúncio e serem direcionados para o site do anunciante.

Essa é uma maneira de se fazer dinheiro com um site, e é, sem dúvida, bastante importante. Contudo, existem outros métodos que poderão aumentar sua capacidade de monetizar seus usuários. Um deles está nos anúncios de custo por mil (CPM).

Ca$h!

Os anúncios CPM pagam uma taxa fixa para cada mil vezes que uma propaganda for veiculada; contudo, as quantias são muito baixas. Dois dólares por mil pode até parecer uma quantia razoável, mas isso significa que ganharemos somente um quinto de centavo a cada vez que um anúncio for mostrado. Para se obter um lucro considerável com esse método, é preciso que o anúncio seja apresentado inúmeras vezes. Entretanto, se nosso site já estiver recebendo dezenas de milhares de impressões diárias, o anúncio será suficientemente veiculado – o que garantirá uma boa renda extra. O melhor é que não é preciso fazer nada para obter essa renda. Para alcançar o melhor com os anúncios CPC, é preciso testar diferentes estratégias de otimização e rastrear os resultados. Pode ser que custe algum tempo e esforço até que tais anúncios estejam realmente a pleno vapor.

Em contrapartida, os anúncios CPM já entram no site com todo o seu potencial. Enquanto houver tráfego, o lucro está garantido. E como o fato de os usuários verem o anúncio já é o suficiente para que ganhemos – não é necessário que cliquem ou comprem –, podemos posicioná-los em lugares que geralmente são ignorados. A razão pela qual tantos sites ostentam anúncios em banners no alto da página é o fato de se tornar impossível para o visitante deixar de vê-los, mas, ao mesmo tempo, fácil de ignorá-los. Ou seja, os usuários os veem, mas não clicam neles. É por isso que esses pontos da página são de baixo desempenho para anúncios CPC, mas muito úteis para anunciantes que querem apenas que as pessoas saibam que eles existem.

Quando a questão é escolher uma rede de CPM, as opções são muitas. Existem dúzias de redes ávidas para servir de intermediárias e combinar sites e anunciantes. Infelizmente para os editores desses sites, as opções para os intermediários também são muitas. O resultado é que as redes pedem requisitos mínimos em termos de quantidades de acessos que um site precisa gerar para se qualificar. A Adtegrity (www.adtegrity.com), por exemplo, exige no mínimo meio milhão de acessos mensais, sendo a metade oriunda dos Estados Unidos.

A AdsDaq (www.adsdaq.com) é uma das poucas redes que não fazem exigências de tráfego aos editores (Figura 3.10). Mesmo que você esteja apenas começando a gerar tráfego, pode se inscrever no AdsDaq e começar a mostrar banners com anúncios CPM em seu site. Não receberá muito dinheiro com eles – pelo menos não até que seu tráfego comece a aumentar –, mas garantirá alguma receita. E o mais importante é que se acostumará a ter um site que contenha outro elemento vital para ganhar dinheiro e terá a oportunidade de descobrir exatamente quanto valem seus usuários. Isso pode ser uma experiência fascinante.

Quando posicionamos uma unidade do AdSense em uma página, não temos influência sobre a quantia que a Google pagará por esse espaço. Se a empresa decidir que cada clique vale apenas 5 centavos, é isso o que receberemos. Não saberemos nada sobre isso até que vejamos as estatísticas. Somente então poderemos tentar bloquear anunciantes que pagam pouco e tomar atitudes para atrair empresas com melhores orçamentos. De maneira reversa à política do AdWords, que dá liberdade aos anunciantes para decidir o quanto querem pagar, o AdsDaq permite aos editores escolherem quanto querem receber. (Outras redes podem oferecer isso também, mas a AdsDaq é a única que não exige um número mínimo de acessos, sendo, portanto, um ótimo lugar para começar.)

Inicie com um valor relativamente alto, como, por exemplo, 5 dólares por mil, e veja se alguém "morde a isca". Então desça gradualmente até começar a receber anúncios. Conforme o site crescer, continue aumentando o valor para que esteja sempre recebendo o máximo possível, baseando-se apenas no fluxo do seu tráfego.

Ao trabalhar com o AdsDaq, você provavelmente notará que eles também oferecem um sistema contextual ao estilo do AdSense. Talvez você queira testá-lo também, mas não espere obter o mesmo desempenho do AdSense – aliás, nem mesmo da YPN ou da Microsoft. O acervo é muito menor, o que significa uma precisão menor e baixa proporção de cliques. O que vale no AdsDaq são os anúncios CPM.

Morning Falls

Como já mencionado, por não exigir requisitos mínimos de entrada, o AdsDaq pode ser um ótimo lugar para você começar. Com ele, será possível monetizar aquelas áreas mais difíceis do site (por exemplo, as do alto e do final da tela) e ganhar prática ao checarmos as estatísticas do CPC em conjunto com as figuras do CPM.

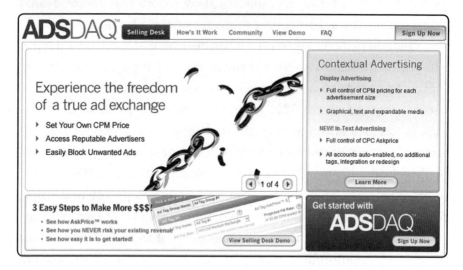

Figura 3.10 – O AdsDaq permite que você escolha quanto quer cobrar pelo seu espaço.

À medida que seu site passar de algumas visitas a milhares de acessos diários, você poderá pensar em avançar para o próximo nível. A razão pela qual as redes de CPM impõem restrições com base no tamanho dos sites é o fato de desejarem atrair os anunciantes que pagam melhor. Empresas grandes não querem se ocupar com vários sites pequenos. Elas preferirão pagar um pouco mais e ter seus anúncios posicionados em sites grandes nos quais serão vistas por muitas pessoas.

Conforme seu site cresce, ele gera mais dinheiro para você e para a rede de anúncios e, ao mesmo tempo, eleva seu grau de importância.

Quanto mais dinheiro seu site gerar para todos os envolvidos, mais poder você terá e melhores serão os serviços que poderá exigir da rede. Sabe-se que a AdsDaq tem um bom serviço de atendimento ao cliente, mas isso não se aplica a todas as redes de anúncios, principalmente àquelas com milhares de editores pequenos. Quando se é apenas um nome em uma lista, seus pedidos para o bloqueio de determinadas categorias de anúncios ou de melhor contextualização podem ser facilmente ignorados. Entretanto, ao se mover para redes mais importantes, perceberá que o número de editores que as compõem é menor e que a qualidade do serviço oferecido é melhor.

A Morning Falls (www.morningfalls.com/network) está em uma categoria acima do AdsDaq. Exige um número mínimo de acessos, mas, se o seu site estiver com 10 mil visitantes unitários ou 200 mil impressões mensais, as exigências não serão impossíveis de se alcançar, nem mesmo para um negócio on-line de uma única pessoa (Figura 3.11).

Figura 3.11 – A Morning Falls o leva um passo adiante.

Ca$h!

A implementação é simples e, se você já estiver usando AdsDaq, o sistema lhe parecerá bastante familiar. É como engatar a próxima marcha conforme seu site for ganhando velocidade. Mesmo que os anúncios CPM servidos pela Morning Falls não lhe tragam mais rendimentos que os da AdsDaq (apesar de isso ser provável em função do melhor acervo), pelo menos terá a satisfação de saber que está qualificado para usá-lo.

SAY MEDIA

Uma vez que tudo esteja realmente evoluindo, podemos pensar em nos candidatarmos a fazer parte da rede da Say Media (www.saymedia. com, antiga VideoEgg).

Essa não é apenas uma rede de CPM, mas deve ser vista como uma rede de "custo por engajamento" (em uma tradução livre para CPE).* O significado disso não está completamente claro, mas parece sugerir que o valor que se recebe por mostrar os anúncios de uma empresa dependerá do que seus usuários façam depois disso, e não somente do número de visitas ao seu site, o que se assemelha um pouco ao sistema CPA. O mínimo que os visitantes precisarão fazer, portanto, é passar com o mouse por cima da pequena caixa de vídeo-anúncio que a rede disponibiliza, o que transformará a caixinha em uma janela maior na qual será possível assistir a um bonito anúncio em vídeo (Figura 3.12).

Os anúncios propriamente ditos são muito benfeitos e, geralmente, são de empresas grandes, como a Lexus BMW, o McDonald's e a AT&T. Isso significa que você estará mostrando produtos de qualidade em seu site. Em contrapartida, a Say Media demanda um mínimo de mil usuários ativos todos os dias. É provável que, ao dizer "usuários ativos", eles estejam se referindo àqueles que de fato assistam ao anúncio, não aos que apenas passam pela página que o contém. Talvez você precise de uma taxa de 50 mil visitantes diários para cumprir esse tipo de exigência.

---

* Sigla em inglês para Cost per Engagement. (N.T.)

Obviamente, os anúncios veiculados pela Say Media não são algo que você colocaria em seu blog logo após o lançamento. Pode ser que nunca opte por eles simplesmente por estar feliz com seu porte atual ou preferir outros tipos de anúncios; contudo, pelo menos é possível ter uma ideia de onde se pode chegar com renda CPM. Você pode começar com uma rede menor, ganhando algum dinheiro extra com banners no topo de suas páginas e, de repente, se perceber ganhando uma fortuna com anúncios em vídeo "top de linha", feitos por algumas das maiores empresas do mundo.

LinkAdage

Um anunciante que paga para ter o nome em seu site está procurando apenas isto: tráfego. Ele sabe que você tem o tipo de leitores que ele deseja atrair, então irá pagá-lo para enviá-los na direção dele. Porém, há um segundo benefício em se manter um link em um site: links melhoram a posição do site nos mecanismos de busca, anúncios não. E essa vantagem é sua, não do anunciante.

Figura 3.12 – A Say Media dispõe dos anúncios mais interessantes da web. Mas é preciso ser grande para consegui-los.

Ca$h!

A despeito dos milhões gastos a cada ano com propaganda na internet, a maneira mais eficiente de garantir tráfego a um site não está no uso de anúncios, no sistema CPM, na publicação de banners nem mesmo nos links afiliados, mas na inserção de links que agreguem conteúdo interessante de outros sites. A Google construiu seu mecanismo de busca com base nessas recomendações, e são elas que, em parte, determinam onde o site aparecerá nos resultados de busca.

Conquiste um espaço no topo desses resultados para as suas principais palavras-chave e ganhe quantidades intensas de tráfego de alta qualidade de graça. Para um editor, receber links de outros sites é parte vital do marketing e, também, uma das mais difíceis. Isso torna os links valiosos. Dificilmente um editor fornecerá um link sem pedir algo em troca – e é exatamente isso o que você deve fazer. Pode ser algo tão simples como um link de retorno, mas, como já dissemos, pode também ser uma entrevista ou um artigo gratuito. Há diversos bancos de artigos na internet, abarrotados de conteúdo gratuito (e, em geral, de baixa qualidade), que os editores podem colocar em seus sites com a condição de que incluam informações adicionais no rodapé. Estas normalmente envolvem uma breve biografia do autor e um link para o seu próprio site. Isso constitui um método fácil e barato de se espalhar links pela web.

Há ainda outra maneira para ter seu link em outro site: pagar ao editor. Se o link não estiver vinculado a um anúncio específico, mas for fruto de um acordo informal entre um editor e um anunciante, há uma boa chance de que o último não apenas receba tráfego, mas também melhore seu posicionamento nos mecanismos de busca.

Quando se deseja lucrar com a venda desse tipo de links em seu site, há alguns princípios que devem ser observados.

O primeiro é o fato de que quanto mais alto for seu próprio posicionamento nos mecanismos de busca, mais valioso será o link. Quando um site que ostenta boa posição fornece um link para outro, de ranking mais baixo, este recebe um impulso gigantesco. Sites avaliados

Joel Comm

como de nível 6 ou 7 no PageRank* sempre poderão cobrar mais que aqueles cujo grau seja 2 ou 3. (Há várias ferramentas disponíveis que lhe fornecerão imediatamente seu posicionamento no ranking. A mais confiável é a própria barra de ferramentas da Google, que pode ser baixada gratuitamente em www.google.com/toolbar/ff/index.html.)

Assim como acontece com outros fatores na construção de negócios on-line, quanto maior for o seu site, mais fácil será ganhar dinheiro – e mais sobrará para você.

Isso parece óbvio, mas é um ponto importante que muitas vezes é esquecido. Muitas pessoas começam seu negócio na internet esperando que, depois de apenas alguns meses de registro no AdSense, irão receber da Google cheques com valores altíssimos, mas, geralmente, isso não acontece. Desenvolver conteúdo, colecionar links, melhorar seu PageRank, construir um público e fazer parcerias com anunciantes são ações que levam tempo. A venda de links pode bem se tornar uma parte de sua fonte de renda, mas é improvável que traga grandes somas até que tenha conquistado uma boa reputação, um bom tráfego e a benevolência da Google para poder cobrar somas realmente notáveis.

Entretanto, é preciso considerar que vender links não é uma prática considerada totalmente idônea. Isso não significa que cobrar pelo posicionamento de links seja visto como um ato *black hat*, tampouco completamente *white hat*.** O link implicará dois benefícios: em primeiro lugar, ele ajudará seus usuários a encontrar a página do anunciante, o que é totalmente válido, já que este é justamente o objetivo dos links. Vale ressaltar que a Google se tornou uma empresa multibilionária ajudando outras empresas a fazer exatamente isso. A venda direta dos

---

* Trata-se de uma família de algoritmos de análise de rede que oferece pesos numéricos a cada elemento de uma coleção de documentos hiperligados, como as páginas da internet, com o objetivo de medir sua importância nesse grupo. Foi desenvolvido pelos fundadores da Google e constitui a base de seu mecanismo de busca. (N.T.)

** As expressões *white hat* (chapéu branco) e *black hat* (chapéu preto) são comumente usadas em inglês. Elas provêm dos filmes de faroeste, nos quais os bandidos costumavam usar chapéu preto enquanto os mocinho utilizavam o de cor branca. São termos correntemente usados na otimização de ferramentas de busca para designar práticas consideradas lícitas ou ilícitas. (N.T.)

Ca$h!

links apenas elimina o intermediário, de modo que o honorário seguirá direto para o seu bolso.

Em contrapartida, o link também servirá para ajudar o anunciante a melhorar seu próprio posicionamento nos mecanismos de busca, o que significa que, de certa maneira, você estará enganando a Google, pelo menos um pouquinho. A Google aumentará o ranking do anunciante por imaginar que você forneceu o link apenas por gostar do conteúdo, ou seja, por aprová-lo e desejar recomendá-lo a seus usuários. Desse modo, acreditando que o site é interessante, a Google informa a seus buscadores que vale a pena visitá-lo.

Se a Google soubesse que o outro site pagou pela recomendação, esta não seria considerada. A Google dispõe de uma ferramenta para descontar alguns dos links que os sites recebem. Aqueles categorizados como *dofollow* serão contados, enquanto os considerados *nofollow**não serão. Links colocados no Twitter, por exemplo, via de regra são *nofollow*.

Eu poderia lhes dizer que é improvável que a Google passe a desconsiderar todos os seus links da noite para o dia ou que lhe prive de um ativo pelo qual poderia cobrar. Eu também poderia sugerir que, ao tratar com outros sites diretamente, você somente deveria aceitar links de sites que conhece e nos quais confia. Entretanto, na prática, nada é bem assim. Caso outro editor lhe peça um link diretamente, você poderia fornecê-lo gratuitamente – como parte do conteúdo ou, dentro do que seria mais usual, em troca de outro link –, ou então lhe oferecer propaganda. Caso pretenda vender espaço para links de texto para sites que não conhece, há vários serviços que funcionam como corretores aos quais poderá recorrer. Sabe-se que até mesmo o eBay oferece espaço para links de texto, ainda que os resultados tenham deixado a desejar: os anunciantes pagaram e não receberam nada em troca.

O serviço da LinkAdage (www.linkadage.com) é, no mínimo, confiável e de boa reputação. Você mesmo pode definir suas taxas ou promover leilões para assegurar que lhe paguem o máximo possível.

---

* As expressões *dofollow* e *nofollow* significam, respectivamente, "deve ser seguido" e "não deve ser seguido". (N.E.)

Os preços típicos variam entre 70 e 275 dólares por mês para um site com PageRank alto. Em todo caso, a LinkAdage ficará com 50%.

COMMISSION JUNCTION

No passado, anúncios de links de texto costumavam ser muito úteis. Hoje em dia, o consenso é que tenham sido ultrapassados por sistemas contextuais como o AdSense e o Chitika. Ao começar um negócio on-line, essas empresas facilmente lhe servirão anúncios relevantes. Quando estiver suficientemente estabelecido e ostentar um alto PageRank que justifique a venda de links, seria aconselhável pensar duas vezes antes de fazê-lo, afinal, você já estará ligado aos sites mais importantes. Sendo assim, qualquer link adicional que receba terá menor importância e poderá simplesmente não valer a pena. Isso não significa que não deva fazê-lo jamais. Mas é preciso considerar se compensa fornecer links a sites que seus leitores talvez considerem decepcionantes em troca de alguns trocados a mais.

Uma ferramenta mais tradicional – e mais eficiente – é o uso de anúncios CPA (custo por ação). Enquanto os CPC (por clique) e os CPM (por milhar) pagam pequenas quantias cada vez que a página é carregada, os CPA pagam sempre que o usuário faz algo que o anunciante considere valioso, como preencher um formulário, efetuar uma compra e até se tornar um importante cliente.

Talvez isso pareça um pouco como um programa de afiliados, mas a ideia é justamente essa. Mais adiante neste livro, falarei em detalhes sobre como gerar renda com afiliados. Entretanto, existe uma diferença vital entre marketing de afiliados e anúncios CPA inseridos por intermédio de uma agência.

Ao contratar uma agência de anúncios CPA, você nunca saberá que tipos de anúncios lhe serão fornecidos. É verdade que algum controle sempre prevalece – deve ser possível, por exemplo, excluir empresas indesejadas e escolher entre categorias de produtos que preferimos anunciar. Contudo, o fato de não se precisar fazê-lo é o verdadeiro benefício em se trabalhar com uma agência dessa. Nesse caso, você estará disponibilizando o seu site para que os anunciantes o escolham.

Os honorários variam tremendamente, mas, considerando que os anúncios CPA são populares entre algumas empresas de primeira linha – que tendem a escolher grandes sites para sua distribuição –, é possível garantir um bom lucro contanto que se consiga o tráfego almejado e se provoque a ação desejada.

Há muitas agências capazes de fornecer anúncios CPA, mas uma das mais confiáveis é a Commission Junction (www.cj.com) (Figura 3.13). Essa empresa agora faz parte do grupo ValueClick, que a comprou em 2003 por 58 milhões de dólares. (Eu sempre disse que propaganda na internet vale a pena.)

A Commissison Junction oferece estatísticas claramente detalhadas e dispõe de alguns nomes de peso em suas redes de anúncios. Seu site pode acabar fazendo propaganda para empresas como Dell, Yahoo!

Figura 3.13 – A Commission Junction está entre as empresas de marketing CPA mais influentes nos Estados Unidos.

ou HP. Esse é exatamente o tipo de empresa que torna seu site mais atraente e convidativo – e conquista cliques de usuários curiosos. Essa é uma grande vantagem.

Para os editores com rendas excelentes – aqueles que ganham mais de 10 mil dólares com seus anúncios da Commission Junction –, a empresa oferece um serviço especial – um dedicado gerente de conta. Para os anunciantes, a organização oferece diferentes níveis de participação (incluindo aparecer nos resultados de busca), o que a torna um lugar interessante tanto para começar como para realizar campanhas em larga escala.

Deve ter ficado claro, que, uma vez que o conteúdo esteja disponível, existem muitos tipos diferentes de anúncios para se colocar ao seu redor. Redes de anúncios contextuais CPC, como o AdSense e a Content Match, da Microsoft, "leem" suas páginas para serem capazes de servir anúncios condizentes e pagam honorários que variam desde alguns centavos até dezenas de dólares pelos clique que os anúncios recebam. Outras redes CPC, como a Kontera e a Chitika, oferecem maneiras adicionais de se fazer o mesmo praticamente mesclando seus anúncios ao conteúdo da página e, desse modo, aumentando suas chances de conquistar cliques.

Anúncios CPM, como os oferecidos pela AdsDaq, pagarão por seu tráfego independentemente de seus usuários clicarem ou não nos anúncios publicados em seu site, enquanto as redes que disponibilizam anúncios CPA lhe ofertarão quantias maiores desde que os usuários de seu site façam mais que apenas visualizar o anúncio. Pode-se inclusive comercializar links de texto diretamente, seja por conta própria ou por meio de uma rede como a LinkAdage.

Se isso lhe parecer complicado, entenda que a prática é muito simples. Comece utilizando os serviços do AdSense em seu site. Adicione os da Kontera e, se considerar adequado ao seu conteúdo, os da Chitika; sempre use o AdSense como alternativa para ambos. Dedique um tempo à otimização dos anúncios e rastreie os resultados do AdSense. Faça o tráfego aumentar para obter lucros consideráveis quando posicionar anúncios CPM. Com o tempo, descobrirá quais formatos rendem mais cliques e verá quais assuntos são mais valiosos. Você começará então a ter a quantidade de tráfego que justifique anúncios em banners.

Todo esse processo não acontece imediatamente. Você possivelmente começará ganhando alguma receita, mas poderá levar vários meses até que essa renda pague o tempo e o esforço investidos. Contudo, se for persistente e determinado, e se estiver preparado para aprender, experimentar e se adaptar, certamente irá longe.

Seu site poderá gerar até uma dúzia de depósitos diferentes em sua conta-corrente apenas em função do conteúdo. Entretanto, servir conteúdo de graça em um site e financiá-lo com anúncios não é a única maneira de ganhar dinheiro com o conhecimento que você tem. No Capítulo 4, explicarei como extrair o máximo valor da sua especialidade – vendendo informação.

Capítulo 4

Infoprodutos – comercializando seu conhecimento

Todos os métodos descritos anteriormente se basearam na ideia de que o seu conhecimento tem valor. Independentemente de tê-lo adquirido ao longo de anos de prática profissional ou de tê-lo aprendido por paixão, se outras pessoas quiserem compartilhá-lo, você estará diante de uma boa oportunidade de lucro.

Todo o mundo tem um conhecimento como esse e qualquer um de nós pode montar um site e divulgá-lo. Conforme o Capítulo 3, há diversas maneiras de circundar as informações disponibilizadas com anúncios, o que lhe garantirá um fluxo constante de renda. Você nem mesmo precisa sair para procurar anunciantes, pois a Google e outros serviços lhe servirão propagandas automaticamente, combinando seu próprio acervo com o assunto do seu site. Portanto, enquanto for capaz de adicionar conteúdo, trazer leitores e ajustar os anúncios para que apresentem seu pleno potencial, o lucro será certo.

Um site de conteúdo sustentado por anúncios oferece conhecimento de modo gratuito. É possível ganhar muito dinheiro com ele, mas o montante em questão não advém do quão valioso é o seu domínio sobre determinado assunto, mas do valor que seus leitores têm

Ca$h!

para os anunciantes. Se os seus usuários forem do tipo que gosta de comprar vários produtos de seus anunciantes, você lucrará bastante, mas, se preferirem ler o conteúdo e, então, sair sem clicar em nenhum anúncio – e algumas fontes de tráfego estão repletas desse tipo de visitante –, então enfrentará dificuldades.

No decorrer do processo, você terá ofertado algo pessoal e valioso sem obter grande recompensa.

Talvez você pense que não há outro jeito. Por muitos anos, escutamos que é impossível fazer as pessoas pagarem por conteúdo on-line. Praticamente todo mundo já se acostumou tanto a ler notícias, folhear revistas e até mesmo a assistir filmes e ouvir música de graça, que tentar persuadir os usuários da internet a pagar por esses serviços é como tentar fazer adolescentes arrumarem o quarto sem reclamar: é algo que todos sabem que precisa ser feito, mas com que ninguém deseja desperdiçar seu tempo, pois sabe que dificilmente acontecerá sem muita discussão.

A realidade é bem diferente: quando os incentivos estão claros e o produto é bom, não apenas é possível vender informações on-line, como se aproximar verdadeiramente do real valor daquela informação. Isso é algo bem difícil de se fazer off-line.

Se for ao cinema, por exemplo, terá de pagar em torno de 16 reais pela entrada. O preço pode até variar um pouco, dependendo do local, do conforto da sala ou de o filme estar estreando, mas nenhum cinema esperará que você desembolse 70 ou 100 reais para entrar. O preço passível de cobrança oscila entre limites estreitos. Eles não mudam, independentemente de você assistir a uma comédia romântica de 80 minutos ou a um deslumbrante épico com 3 horas de duração. Aliás, isso valerá mesmo que saia do cinema entusiasmado o suficiente para pagar 3 ou 4 vezes mais por tal experiência.

Para obter mais dinheiro com os cinéfilos e reduzir a diferença entre o preço da entrada e o valor do ingresso pago pelo público, a indústria cinematográfica teve de usar a criatividade e inventar métodos como o sistema Technicolor, o *surround sound* e o IMAX.* Atualmente, os DVDs são lançados repletos de conteúdos adicionais e oferecem brindes para as crianças, o que visa extrair até o último centavo do valor que o filme representa para o público. Chamar o filme de "épico" ou simplesmente adicionar meia hora de filmagem já não é o suficiente.

No mundo editorial, as limitações impostas aos vendedores – e as oportunidades para os compradores – estão ainda mais claramente delineadas. Um dos livros mais vendidos nos Estados Unidos em 2009 foi *I will teach you to be rich* [Eu ensinarei você a tornar-se rico], de Ramit Sethi. O livro é descrito como um "campo de treinamento financeiro" de 6 semanas para indivíduos com idade entre 20 anos e 35 anos. A obra demonstra como automatizar economias e investimentos, negociar aumentos, gerenciar bolsas de estudos e lidar bem com o dinheiro de maneira geral. Se o livro fizer o que promete logo em sua capa – e não há razão para se duvidar disso – e, ao mesmo tempo, se considerarmos o tempo de vida de cada leitor, o conhecimento nele disponibilizado deveria valer centenas de milhares de dólares. Ramit Sethi poderia vender cada cópia por milhares de dólares e, ainda assim, considerá-lo uma pechincha. Você pode adquiri-lo importando-o por menos de 35 reais,** o que talvez seja o melhor investimento para quem costuma aplicar na bolsa de valores. No site da Amazon, seu custo é inferior a 10 dólares.

O livro somente é comercializado por esse preço pelo fato de esse ser o montante normalmente cobrado por livros de bolso, especialmente depois que a Amazon provocou a redução nos valores praticados. Afinal,

---

* Technicolor: sistema de coloração de filmes que vigorou até os anos 1960; Surround sound: conceito de expansão da imagem e do som a três dimensões, criando um ambiente mais realista de áudio. Está presente nos sistemas de som em cinemas e teatros, para uso doméstico como home theaters, em vídeo games e em outros ambientes; IMAX: sistema originado no Canadá em que as telas de cinema ostentam 16 m de altura por 22 de largura, o que possibilita maior interação entre o espectador e as imagens. Disponível no Brasil desde 2008. (N.E.)

** Se adquirido pela Livraria Cultura. O livro é entregue no prazo aproximado de seis semanas após a confirmação de pagamento, de acordo com informação disponível no site da livraria em 3 de maio de 2011. (N.E.)

Ca$h!

os compradores, em geral, não percebem o valor da informação contida no livro, apenas comparam os preços dos exemplares que disputam espaço nas estantes. Quando a competição é tão acirrada – e a expectativa de preço, tão baixa –, os editores não têm escolha a não ser posicionar seus livros na faixa de preço que o público espera.

Entretanto, quando nos afastamos um pouco de setores em que as margens de preços são tão estreitas, como ocorre com filmes e livros, os vendedores passam a desfrutar de uma liberdade maior. Além de ser um best-seller do New York Times, Ramit Sethi também dirige "campos de treinamento" virtuais com base no conteúdo do livro, durante os quais oferece sessões de perguntas e respostas, webinários com outros especialistas em finanças e informações sobre "empreendedorismo e psicologia". Em termos de conteúdo, esses campos não diferem muito do que foi publicado, mas, como as informações no site não são apresentadas em forma de livro, Sethi consegue cobrar um preço mais próximo de seu valor real. Os campos de treinamento custam 199 dólares e, mesmo assim, esgotam-se rapidamente.

A internet é um mercado tão novo que permite que infoprodutos vendidos on-line desfrutem de uma grande liberdade de preços. O especialista em direito autoral David Garfinkel, por exemplo, vende seu kit sobre direitos autorais na internet por 997 dólares. O comprador recebe mais do que um livro, é claro. Ele tem acesso a uma pilha de DVDs com a gravação completa de um seminário – pelo qual os estudantes pagaram milhares de dólares –, uma versão em áudio e apostilas.

Trata-se de um conjunto de informações valiosas apresentadas em um formato que permite ao autor expor seu conhecimento em mais detalhes do que lhe seria possível em um livro de duzentas a trezentas páginas – possibilitando também que ele cobre um preço mais justo pelo seu conhecimento, o que os compradores perceberão como investimento.

Embora 997 dólares possam parecer uma soma bastante elevada por uma pilha de DVDs, os compradores percebem que uma única carta comercial que escrevam, usando as informações pelas quais pagaram menos de mil dólares, poderá facilmente render-lhes um retorno de 50 a 100 vezes maior.

O formato no qual a informação é apresentada já não importa tanto quanto o valor da própria informação. Ao criar produtos que giram em torno do seu próprio conhecimento, você perceberá o verdadeiro valor do que possui em termos de domínio prático e teórico. Isso poderá significar o ganho de centenas e até milhares de dólares em cada venda.

Neste capítulo, explicarei como desenvolver esse tipo de produto; discorrerei, ainda, sobre como ter ideias incríveis, criar um produto, escrever um texto que transforme navegadores em compradores e recrutar afiliados. Apresentarei os mais importantes passos para criar carrinhos de compras, atender a pedidos e, é claro, garantir aos seus produtos um lançamento adequado.

Criando ideias geniais para os seus produtos de informação

Iniciei este livro pensando na criação de um site de conteúdo. Creio que essa é a melhor área para se começar qualquer negócio na internet, porque é a mais fácil. Não são necessárias habilidades especiais para se fazer um site, preenchê-lo com conteúdo e dispor anúncios.

Quando obtiver o primeiro lucro, imediatamente receberá uma grande injeção de ânimo para levar o empreendimento adiante e, desse modo, aumentar seus ganhos. Entretanto, essa não é a única razão para começar com um site grátis e sustentado por anúncios. O principal é que, enquanto escrevemos conteúdo, lemos comentários e conversamos com os leitores no Twitter e no Facebook, também ganhamos uma noção de quem eles são e do que precisam. Essa informação é incrivelmente valiosa.

Faça uma única postagem no blog que não seja lida por ninguém e terá perdido uma hora, talvez duas. Porém, ao mesmo tempo, terá feito algo para melhorar o posicionamento de busca do seu site e, além disso,

Ca$h!

aprendido algo sobre o que o seu público não quer ler. Terá arriscado um pouquinho e, talvez, até ganhado algum dinheiro. Mas isso é o pior que poderá lhe acontecer, e não é nenhuma tragédia. Contudo, a criação de infoprodutos requer um investimento maior. Como veremos, há meios de se reduzir os riscos sem afetar demais os resultados. Entretanto, o perigo de se perder tempo e até dinheiro criando infoprodutos que não vendem é sempre maior do que poderá lhe acontecer caso insira uma postagem ruim em seu blog.

Três fatores serão decisivos para definir se o seu produto será um sucesso ou um fracasso: a ideia, a implementação e o lançamento. A ideia pode parecer o fator mais importante do processo, assim como a parte mais difícil a ser encarada e acertada. É preciso pesquisar, fazer sondagens e organizar grupos de foco. Se errar nessa fase, nunca verá um centavo pelo seu esforço; seu produto falhará, e você, provavelmente, terá de ficar no seu emprego pelo resto da vida.

Na verdade, nenhum desses mitos é real. Um pouco de pesquisa é fundamental, mas não é preciso testar muito o mercado antes do lançamento, afinal, estamos criando um produto de informação, não um novo sabor de refrigerante. Claro que sempre há algum risco associado a esse tipo de produto, mas os custos são baixos e o brainstorming é muito simples.

A primeira regra para escolher o tema é seguir seu instinto.

Criar um negócio on-line em uma área que você gosta, sobre a qual entende e à qual já dedicou seu tempo capacitará você a sentir o mercado com mais facilidade. Seus clientes serão pessoas como você; portanto, será mais fácil saber o quanto estarão dispostos a pagar para aprender sobre o assunto.

Isso não significa que deva se apressar para criar tudo que lhe vier à cabeça, porque, se você pensou nisso, é bem provável que outra pessoa também já tenha pensado. É importante certificar-se de que o produto que você idealizou ainda não exista e que há espaço para a sua abordagem do tema. Atentar para os outros títulos que encontrar sobre o assunto também lhe dará uma ideia sobre o produto que está vendendo e aquilo que o mercado está acostumado a vislumbrar. Tudo isso é importante.

Até aqui, tudo está bastante claro. Contudo, embora sua conexão com o tema escolhido possa apontar-lhe a direção genérica, isso não será o suficiente para fixar todo o seu trajeto. Pelo menos um pouco de pesquisa será necessária. Isso nos leva à segunda regra para a busca de ideias para infoprodutos: ouvir seus leitores.

Como editor de um site, verá que seus leitores são, ao mesmo tempo, uma parte importante do mercado e representantes do próprio mercado que dialoga com você. Os comentários que eles deixarem ao final de seus artigos no blog, assim como as ações que implementarem em seu site, lhe fornecerão inúmeras e valiosas informações sobre o tipo de conteúdo pelos quais eles estarão ou não dispostos a pagar.

Os comentários propriamente ditos costumam ser óbvios, mas não totalmente confiáveis. É possível que alguns usuários lhe digam exatamente quanto pagariam por um livro que ensinasse a trocar o piso ou a preparar uma ceia de Natal em um piscar de olhos, mas não podemos nos basear nesse tipo de afirmação para decidir quais produtos criar. Em contrapartida, a observação desses comentários pode nos dizer quais assuntos mais estimulam os leitores.

Embora exista uma diferença significativa entre incentivar as pessoas a escrever comentários e fazê-las gastar seu dinheiro, é provável que tópicos controversos o ajudem a fazer o dinheiro circular. Monitorar os comentários irá ajudar você a identificar os assuntos de maior interesse entre seus usuários.

Os comentários representam uma fonte óbvia de informação sobre as preferências dos seus leitores, mas não estão sozinhos. As estatísticas do seu site lhe dirão quais páginas são as mais populares e quanto tempo os leitores permanecem nelas. É uma boa maneira de medir o interesse demonstrado. Se uma postagem no blog gerou muitos acessos e persuadiu os leitores a permanecer até o final da página, esse é

Ca$h!

um sinal claro de que tal assunto cativa as pessoas, o que significa que existe a probabilidade de que o tópico seja tão interessante que os leitores estejam dispostos a pagar para continuar lendo.

Enquanto pensa em que tipo de assunto deve usar para criar um produto de informação, tome alguns minutos para olhar para as estatísticas do seu site. Faça uma lista das dez páginas mais visitadas, das dez que receberam mais comentários e das dez que geraram as estadias mais longas. Você verá que há bastante intersecção, o que lhe fornecerá uma boa ideia sobre o que mais atrai os leitores.

Esses números lhe dirão quão interessados eles estavam no assunto antes de chegar às suas páginas, mas não quanto dele ainda restou depois de lê-las. Um único artigo em um blog certamente não satisfará a curiosidade de alguém que realmente queira saber sobre o assunto; em contrapartida, uma postagem de qualidade poderá ser o suficiente para que muitos não sintam a necessidade de ler mais a respeito do tema. O fato é que, se o assunto se esgota com um único artigo, ele não serve como produto de informação. Isso não significa que se deva escrever artigos incompletos e pobres somente para que os leitores precisem ler mais.

Vale ressaltar que há uma maneira de se medir o interesse remanescente sobre um tópico após a leitura de um post. As estatísticas dos anúncios não somente revelam seu grau de otimização; elas também podem demonstrar se, após visitar sua página e ler o conteúdo, os leitores continuaram ou não interessados; se clicaram ou não no anúncio para dar continuidade à sua aprendizagem. Isso lhe dirá se existe alguma demanda que ainda não tenha sido satisfeita.

Depois que tiver preparado as listas com as postagens e os tópicos que atraíram mais acessos e garantiram mais tempo do leitor em seu blog ou site, acrescente também as páginas que apresentaram proporções de cliques mais altas. Todas essas estatísticas lhe darão uma noção sobre a demanda pelo seu "conhecimento especial". Contudo, elas ainda não lhe fornecerão a resposta para a grande pergunta: "Em que deve se concentrar meu produto de informação?". Por enquanto, tudo o que você terá são áreas sobre as quais pensar e buscar inspiração. Ainda restam, portanto, alguns ingredientes a serem integrados à receita.

O produto deve estar relacionado a algum assunto predominante sobre o qual você consiga discursar de maneira inteligente. Não faz sentido escolher um tópico pelo qual seu público demonstre interesse e até esteja disposto a pagar para ler se você mesmo não souber mais sobre o assunto que os leitores. Além disso, é preciso apresentar resultados. Essa parte, aliás, é essencial. Quando pedimos às pessoas que paguem por uma informação, elas somente o farão se acreditarem que o valor gasto lhes será retornado. Não precisa ser exatamente na forma de dinheiro vivo – apesar de a web estar cheia de infoprodutos que prometem ajudar as pessoas a ganhar rios de dinheiro –, mas em economia.

Crie um produto de informação que explique como construir um deque, por exemplo, e poderá dizer às pessoas que elas irão economizar em mão de obra especializada. Enquanto estivermos cobrando menos que o comprador gastaria de outra maneira, estaremos garantindo a ele um bom negócio. Esses consumidores precisam ter a sensação de que estão investindo em seu produto em troca de um benefício posterior, seja em forma de dinheiro ou não.

Gostaria de poder oferecer-lhe uma receita infalível para gerar ideias para infoprodutos; apreciaria se pudesse guiá-lo ao longo do processo de leitura de suas estatísticas em seu servidor e dos seus anúncios até testemunhar o momento em que a oportunidade lhe agarraria a mão; ficaria muito feliz em poder garantir-lhe que, ao adotar tais procedimentos, pesquisar o mercado e conhecer o valor do seu produto, certamente alcançaria o seu sucesso. Mas isso não é possível, pois, quando se cria um produto de informação, não há garantias, apenas inúmeros riscos e dificuldades. Entretanto, há maneiras de reduzir tais perigos. De fato, o número de oportunidades é tão grande que a criação de um produto de informação acaba não

Ca$h!

ficando entre os maiores perigos a se enfrentar no decorrer da estruturação de um negócio on-line. É preciso considerar também os diferentes níveis de recompensa.

Criando o produto

Que tipo de produto você quer criar? Um livro? Um e-book? Um jogo em DVDs? Que tal uma sala de aula virtual que funcione com base em assinaturas e que, no decurso de vários meses, ensine seus clientes tudo o que precisam saber para atingir seus objetivos?

De fato, não há um caminho único para se criar um produto de informação. Há diversas maneiras de apresentar o conhecimento de que dispomos em um formato que possa ser comercializado on-line. Para o comprador, o formato não importa, desde que ele esteja recebendo a informação pela qual pagou de modo eficiente.

Entretanto, o que os diferentes formatos podem determinar é o modo como a informação será transferida ao cliente e em que quantidade – além do quanto teremos de investir para desenvolver tal produto.

E-book – o mais simples

A abordagem mais simples é escrever um e-book. Foi assim que comecei a criar infoprodutos e posso dizer-lhes que o resultado foi impressionante (Figura 4.1).

Depois de avaliar o que era possível realizar por meio do AdSense, entrei em contato com alguns amigos e compartilhei com ele o que havia descoberto sobre a otimização de anúncios.

Um dia depois de testar algumas estratégias básicas em seu próprio blog, o criador da rede Lockergnome.com, Chris Pirillo, contatou-me dizendo uma única palavra: "Cara!". Dave Taylor (AskDaveTaylor.com) e o guru tecnológico Bob Rankin (TheInternetTourbus.com) também ficaram entusiasmados com a ideia. Logo eu me tornaria o

$ 124

Joel Comm

Figura 4.1 – A primeira edição do meu e-book *AdSense secrets* [Os segredos do AdSense] continha apenas 60 páginas. Na época, milhares de cópias foram vendidas a 77 dólares cada.

grande defensor da sacada de que os anúncios precisam ser turbinados, integrados às páginas e testados nos mais variados formatos.

Foi nesse momento que alguém sugeriu que eu colocasse todo esse conhecimento em um e-book e o compartilhasse on-line. Até então, eu não sabia absolutamente nada sobre infoprodutos. Eu nunca havia criado nada parecido. Grande parte do conteúdo do meu site estava sendo escrito por voluntários e escritores profissionais. Eu contribuía apenas esporadicamente. A ideia de sentar e escrever um livro inteiro não me parecia muito atraente. Porém, queria que as pessoas tivessem acesso a todas aquelas informações. Eu sabia que havia perdido muito tempo e dinheiro por não otimizar meus anúncios, então, o quanto antes as pessoas entendessem o que o AdSense poderia representar, mais rápido seriam capazes de lucrar.

Ca$h!

É fato que minha motivação para escrever esta primeira obra não foi totalmente altruísta. É óbvio que quanto mais pessoas usassem o AdSense, mais os anunciantes gostariam dessa ferramenta, mais anúncios seriam disponibilizados on-line e, consequentemente, mais dinheiro estaria disponível para todos. Esse, aliás, é um dos aspectos mais fantásticos do AdSense: quanto mais concorrência, maiores as oportunidades. Além disso, eu poderia cobrar pela informação, afinal, não havia razão para alguém se opor à ideia de pagar pela ajuda que eu estaria oferecendo. Se as pessoas usassem os resultados das minhas pesquisas para ganhar dinheiro, isso me faria bastante feliz por elas. Então, foi exatamente isso o que fiz.

Na obra em questão, utilizei-me da mesma abordagem aplicada em tudo o que publico em meus sites: não tentei ser literário nem fazer com que os textos soassem jornalísticos. Escrevi exatamente do modo como falo, pois essa me parecia a maneira mais fácil. Na verdade, acho que não conseguiria fazê-lo de outra maneira. Fingi que estava ao telefone com um amigo, explicando-lhe os resultados dos meus experimentos com o AdSense – algo que eu havia feito inúmeras vezes. Meu livro *What Google never told you about making money with AdSense* [O que a Google nunca lhe contou sobre como ganhar dinheiro com o AdSense] foi lançado em fevereiro de 2005 e, como mencionado, continha cerca de 60 páginas. Isso é pouco para um livro, mas bastante para um e-book. O mais importante, contudo, era o fato de conter tudo o que eu havia aprendido sobre o AdSense até aquele momento; desse modo, eu não estava realmente preocupado com o tamanho. Eu sabia que, se os leitores implementassem as estratégias descritas no livro, ganhariam dinheiro, assim como eu e meus amigos já havíamos lucrado. Não imaginei que os compradores fossem se incomodar em ler apenas 60 páginas antes de implementar suas rendas. Cada e-book foi comercializado por 77 dólares.

De fato, esse valor pode ser considerado bem alto para um livro. As únicas obras que encontrará nas livrarias por esse preço serão, provavelmente, edições limitadas em formato especial, com fotos brilhantes e

$ 126

capa dura. Vale ressaltar que a maior parte do dinheiro cobrirá os custos de impressão. Contudo, meu e-book era digital; portanto, não tive custos de impressão nem de distribuição, apenas editoriais. Os vendedores chegavam a cobrar metade do preço em comissões, mas ainda assim eu ficava com quase 40 dólares por venda, o que me parecia um ótimo valor. Todavia, se considerássemos o fato de a obra apresentar estratégias que aumentariam minha renda de um dólar para mil dólares ao dia, aquilo era um roubo.

Quando coloquei o livro à venda, não fazia ideia do que iria acontecer. Minha estimativa era de obter cerca de 1000 dólares adicionais ao mês, o que estava ótimo, já que o e-book fora concebido para ajudar outras pessoas a ganhar dinheiro. É claro que fui além de apenas anunciar a obra em meu próprio site e contar sobre ele aos meus leitores. Na época, também entrei em contato com alguns experientes marqueteiros de sites afiliados e ofereci o livro a eles. Um dos primeiros a assinar foi Paul Myers, cujo site TalkBiz.com já o havia tornado famoso em sua área. Paul apresentou o livro a seus assinantes e, por causa de sua rede de vendedores afiliados, as vendas explodiram.

Aqueles 1000 dólares que eu esperava ganhar por mês se tornaram 10 mil dólares em apenas 2 dias. Meu e-book estava vendendo como água. Naquele momento ficou claro que é perfeitamente possível vender até mesmo obras pequenas a preços bem mais altos que os praticados nas lojas. Também tornou-se óbvio que as vendas por meio de afiliados ajudam bastante e que as pessoas estão dispostas a desembolsar quantias mais altas por materiais que garantam o retorno do dinheiro investido desde que as estratégias sejam implantadas, é claro.

Para mim, aquela experiência demonstrou que não é difícil fazer um e-book. Sua elaboração não me custou tempo em demasia; no entanto, disponibilizá-lo nos servidores foi fácil; e o melhor de tudo: depois do lançamento, o dinheiro começou a entrar sozinho. Desde então, já atualizei esse material 5 vezes – adicionei mais informações, discuti as estratégias implementadas e estendi aquelas primeiras 60 páginas para mais

Ca$h!

de 200. O preço para as segunda e terceira edições chegou a 97 dólares. Você poderá baixá-lo em www.adsense-secrets.com hoje por 17 dólares.

Para baixar o e-book, você terá de informar seu endereço de e-mail. Eu não comercializo os endereços fornecidos por clientes nem autorizo que outras pessoas os utilizem; eles apenas me permitem listar pessoas interessadas em criar negócios on-line e enviar-lhe meu boletim informativo semanal, mantendo-as informadas sobre os outros produtos que tenho a oferecer e que poderão ajudá-las.

Fazer um e-book é bastante simples. O documento deve estar em formato PDF, o que tornará sua distribuição fácil, mas, ao mesmo tempo, garantirá várias possibilidades de formatação, uma aparência atraente, similar à de um livro e tamanho relativamente pequeno. Você poderá – e até deverá – adicionar fotos, gráficos e imagens para dividir o texto e torná-lo convidativo, mas lembre-se de que isso aumentará o peso do produto final, o que significa que ocupará mais espaço no servidor e levará mais tempo para ser baixado. É aconselhável que o material seja mantido abaixo de 5 megabytes. Se passar disso, comece a considerar quais imagens poderão ser descartadas.

Você poderá gerar o e-book usando o programa Acrobat, da Adobe. Contudo, até a versão mais simples desse software pode custar bem caro, e, como você irá utilizar apenas uma pequena parte dos seus recursos, talvez não compense adquiri-lo. Em vez disso, você poderá escrever em Word (ou até mesmo em um editor de texto gratuito, como o Open Office, se estiver realmente sem dinheiro) e, posteriormente, convertê-lo em PDF. A própria Adobe permite que você faça isso a partir de seu site, em www.createpdf.adobe.com. Uma assinatura que irá permitir a conversão de quantos documentos quiser custará a partir de 9,99 dólares, mas lhe será permitido começar com um teste de 5 documentos. Ou seja, você poderá criar arquivos PDF de seus 5 primeiros e-books de maneira gratuita. Depois disso, ainda terá a opção de pagar menos de 10 dólares pelo uso da ferramenta. Você pode, ainda, baixar o PrimoPDF, um programa grátis que faz o mesmo.

O livro propriamente dito não precisa ser muito complexo. Apesar de imagens e gráficos facilitarem a leitura e tornarem a aparência do livro mais profissional, esses recursos não são estritamente necessários. Se for capaz de fazê-lo, seus leitores o agradecerão, é claro, mas, se você não for designer e não quiser contratar um, poderá deixar isso de lado e concentrar-se no texto. Seus clientes pagarão somente pela informação e, mais importante, pelo que tal informação poderá significar para eles. Os norte-americanos e os europeus, em geral, concentram-se muito mais no conteúdo do livro que adquirem que em sua capa ou projeto gráfico em relação aos latinos, mas, em geral, para os leitores os elementos de design podem até conferir ao material um bom aspecto, mas se não lhes acrescentar informação útil, na verdade será para você um esforço desnecessário.

O que deve ser incluído é um sumário para que os leitores visualizem o que o livro contém; esse sumário deverá trazer os números de páginas para que se possa encontrar rapidamente a informação desejada e um link para o seu site. Isso é importantíssimo. Em teoria, ninguém que não tenha pagado pelo material deveria ter acesso ao seu e-book. Na prática, o livro estará disponível na web e será visto e utilizado por qualquer um, inclusive pelos que não pagaram por ele. Quanto mais popular o livro se tornar, mais valioso será no mercado e mais indivíduos irão sugeri-lo aos amigos. Embora você até possa considerar a ideia de enviar e-mails indignados, ameaçando com ações legais quem quer que esteja vendendo seu e-book sem permissão, ganhará pouquíssimo esbravejando contra aqueles que o estejam compartilhando de graça. A inclusão de um link para seu site em cada página lhe permitirá oferecer mais produtos e anúncios para cada leitor – mesmo àqueles que não compraram o livro.

Como vimos, o tamanho de um e-book pode variar. Qualquer documento maior que uma postagem de blog pode ser transformado em PDF e disponibilizado para download sem que os usuários se espantem por não poderem simplesmente lê-lo em seu browser. Uma

Ca$h!

vez que o conteúdo ultrapasse 3 mil palavras, será necessário dividi-lo em várias páginas – o que nos possibilita servir mais anúncios – ou colocá-lo em formato de e-book, em PDF, e deixar que as pessoas o baixem e o leiam quando quiserem. É possível encontrar grande variedade de documentos bem curtos na internet, que são denominados e-books, mesmo que tenham apenas entre 10 e 12 páginas. Esses pequenos arquivos são úteis se utilizados como marketing viral. Podemos disponibilizá-los a pessoas que assinarem nossos feeds RSS ou simplesmente distribuí-los como conteúdo adicional, o que demonstrará o valor do próprio site. Conforme os visitantes forem compartilhando e comentando sobre eles em seus sites e blogs particulares, estarão criando e lhe enviando um bom tráfego adicional e, desse modo, ajudando a firmar sua reputação como especialista na área escolhida.

Quando se tem a intenção de comercializar um e-book, é preciso pensar em pelo menos 50 páginas. O tamanho será ainda inferior a qualquer livro disponível nas livrarias, mas o valor percebido terá bom efeito sobre as vendas. Se a obra ostentar menos que 50 páginas, os leitores poderão questionar se o e-book contém informações suficientes e significativas para produzir algum efeito em suas vidas. E é essa justamente a impressão que sempre devemos procurar deixar.

Isso também se aplica para o volume máximo. No caso dos livros impressos, o valor percebido aumenta com o número de páginas. Isso também vale nas publicações on-line, mas esteja ciente de que, se o material ficar longo demais – acima de 200 páginas, por exemplo –, os leitores preferirão consultá-lo a ler o texto completo. Eles buscarão informações específicas no índice e se concentrarão apenas em passagem descontextualizadas. Não há nada de errado nisso desde que continuem a comprar o livro, mas tenha o cuidado de dividir o conteúdo em seções para que cada uma delas funcione de modo independente. É provável que muitas pessoas que estejam lendo o sétimo capítulo do seu livro ainda não tenham lido o quinto.

Quando o assunto é volume, temos, portanto, toda a flexibilidade que desejarmos. Em termos de preço, tal flexibilidade se torna até excessiva. Se as pessoas já se mostraram dispostas a pagar 77 dólares por um livro de 60 páginas sobre o AdSense, quanto pagariam pela sua obra? Seria ótimo poder estipular o preço como em qualquer outro investimento. Se soubermos, por exemplo, que as pessoas que implementarem suas estratégias aumentarão sua renda em 12 mil dólares ao final de um ano, poderemos cobrar 1000 dólares por cada exemplar e afirmar categoricamente que o comprador terá o seu dinheiro de volta em um mês. Mas não é assim que funciona.

Podemos até estimar o que alguém realizará implementando nossas estratégias, mas não podemos prever seus rendimentos. Cada um agirá de maneira diferente, crescerá em diferentes ritmos e alcançará níveis variados de sucesso. Prometer uma taxa de retorno específica poderá até mesmo colocar o Procon em seus calcanhares. Mas, pior que isso, faria com que os compradores perdessem a confiança em você. Eles saberão que os resultados que irão obter da leitura do seu e-book dependerão do que eles façam. Portanto, cobrar um preço alto com base na previsão de um retorno específico poderá até resultar em menos vendas.

Então, seja modesto e observe a concorrência. Mesmo que o seu produto ofereça estratégias, planos e ideias totalmente únicos e originais, é improvável que inexista algum tipo de concorrência. É importante que você leia outros e-books disponíveis em sua área e avalie o que eles contêm, compreenda como os demais autores organizaram suas ideias e se mantenha atualizado. Preste atenção aos preços praticados: se cobrar o dobro em relação àqueles que oferecem ajuda para que seus leitores ganhem dinheiro como designers de moda, montem sua própria comunidade de vendas on-line, como a Etsy,* uma campeã de vendas, ou economizem muito dinheiro construindo sua própria cozinha, então terá de mostrar que o seu e-book contém algo que vale

---

* A Etsy é uma plataforma de comércio eletrônico para artigos de artesanato, suprimentos para itens feitos a mão ou materiais de brechó (roupas, acessórios etc.). (N.T.)

duas vezes mais. Caso contrário, seu público-alvo optará pelos benefícios oferecidos pelo seu concorrente e pagará a metade do preço.

Embora a concorrência possa limitar, pelo menos em parte, sua liberdade de definir preços, ela também facilitará a escolha de um número. (E não se esqueça de que terá de ceder uma boa parte da renda aos seus vendedores afiliados.) Portanto, quando estiver pensando em comercializar seu conhecimento por meio de um e-book, certifique-se de que ele tenha pelo menos 50 páginas. Ele precisará conter informações práticas e sólidas que resultem em benefícios reais. Escolha um preço que esteja de acordo com o praticado pela concorrência, sem confiar apenas no valor percebido do que ele poderá eventualmente produzir. Fazendo isso, você terá o suficiente para criar um produto de informação simples e capaz de gerar entradas constantes.

CRIANDO CORPO – OS LIVROS IMPRESSOS

Quando se pode criar um e-book de apenas 60 páginas, cobrar 77 dólares por cada exemplar e vender milhares de cópias, tudo dentro de suas próprias condições, a seu próprio tempo e sem ter de pedir permissão a ninguém, por que afinal alguém optaria por um livro impresso?

Essa foi a pergunta que me ocorreu quando David Hancock, um ex-banqueiro de crédito hipotecário e atual diretor executivo da editora nova-iorquina Morgan James, sugeriu que eu transformasse meu e-book em uma obra impressa para que fosse publicada e distribuída por sua empresa nos formatos tradicionais, ou seja, capa dura e livro de bolso.

Havíamos nos encontrado em uma conferência e, apesar de nossa relação ter sido ótima desde o início e de eu ter me sentido lisonjeado com sua oferta, minha primeira reação foi cética. O e-book estava vendendo bem, de fato, bem melhor do que eu esperava. A produção de um livro impresso implicaria reorganizar o conteúdo e, ainda pior, limitaria o preço que poderia ser cobrado. Em geral, nos Estados Unidos livros não são comercializados por mais de 25 dólares, e o autor é o último da fila a receber sua parte. Depois que os distribuidores, a editora e a gráfica tiverem garantido suas respectivas fatias, o autor tradicional receberá apenas uma fração ínfima do preço impresso na capa.

Pode ser que autores como Stephen King e Dan Brown possam voar pelo mundo em seus jatos particulares, mas, para a maioria dos escritores cujos nomes são encontrados nas livrarias, escrever é apenas um segundo emprego. De acordo com Morris Rosenthal, autor de *Print on demand book publishing: a new approach to printing and marketing books for editors and self-publishing authors*, [Impressão sob demanda na publicação de livros: uma nova abordagem à impressão e comercialização de livros para editores e autores independentes], um livro que esteja na posição 5000 no ranking de vendas da Amazon* alcança uma comercialização semanal de 90 cópias pelo site. O total em vendas dessa empresa, considerando livros, músicas e DVDs, atingiu 5,35 bilhões de dólares em 2008 enquanto a Barnes & Noble** e a Borders,*** juntas, venderam mídias pelo valor de 8,35 bilhões. Considerando que cada venda na Amazon significa outras 2,5 em redes de livrarias, então um livro que consiga ficar entre os 5 mil mais comercializados na maior vendedora mundial de livros venderá em torno de 900 cópias por mês. Digamos que o livro custe 24,95 dólares, e os royalties do autor sejam de 15%, então o autor não receberá mais que 1.350 dólares mensais – uma bela renda adicional, mas nada que justifique largar o emprego principal. Sem falar que seu livro terá de estar entre os 5 mil mais vendidos do acervo de 4 milhões da Amazon.

É claro que todos esses cálculos são aproximados. O mundo editorial é terrivelmente complicado e os números podem variar bastante, geralmente para baixo, mas a minha experiência diz que esses cálculos servem como diretriz. Se você acabou de ver um e-book gerar 10 mil

---

* Empresa multinacional de comércio eletrônico. É a maior varejista on-line dos Estados Unidos e a maior vendedora de livros do mundo. (N.T.)

** Maior livraria varejista dos Estados Unidos, com sede em Nova York. (N.T.)

*** Rede de livrarias sediada em Michigan, Estados Unidos, que pediu concordata em fevereiro de 2011. (N.T.)

Ca$h!

dólares em dois dias, o sistema tradicional de publicação em papel não parece muito tentador.

Entretanto, os livros impressos têm duas vantagens em relação aos virtuais. A primeira é o sistema de distribuição. A Amazon pode ser a maior vendedora de livros do mundo, e é óbvio que se pode comercializar e-books e até mesmo seus próprios livros em Kindle diretamente por meio desse site, mas, ainda assim, trata-se apenas de uma loja. Segundo uma pesquisa da empresa IbisWorld, em 2008 existiam cerca de 34 mil livrarias nos Estados Unidos. Esse número está diminuindo, mas, de qualquer modo, ainda é um mercado enorme e inacessível para e-books.

O outro benefício do livro impresso em comparação ao eletrônico é ainda mais importante: o prestígio de ser um autor reconhecido. Tornar-se um autor à maneira tradicional é difícil. É preciso fazer uma proposta detalhada explicando o teor de sua obra, descrevendo a concorrência e atestando de que modo o seu material é diferente. Esse relatório terá de ser enviado a vários editores e agentes e então será preciso aguardar até que um deles se interesse em publicá-lo. Um editor de um site popular já dispõe de uma vantagem: seu site lhe oferece a plataforma para apresentá-lo e o público que aguarda a publicação. Ainda assim, terá de estar preparado para absorver muita rejeição.

Para as editoras, cada novo livro é como um investimento em um novo negócio. Elas querem ter certeza de que o valor gasto na impressão e na divulgação lhes será retornado. Em geral, a resposta mais segura é "não". Isso significa que os autores que foram aprovados no processo de seleção, que têm seu nome na capa de um livro e sua foto em banners pendurados nas livrarias, ostentam um nível imbatível de prestígio. Ora, se as editoras os consideram suficientemente especialistas em sua área para investir dinheiro em suas obras, então os leitores em potencial também deveriam confiar no que eles têm a dizer. Ser capaz de se apresentar como um leitor cujo livro já foi publicado, no sentido tradicional da palavra, imediatamente o coloca vários patamares acima de seus concorrentes. Isso também eleva o tráfego de seus sites,

$ 134

aumenta a venda de produtos afiliados, incentiva outros empresários a investir e fazer parcerias com o autor e pode até mesmo abrir caminho para que ele se torne um palestrante profissional.

Desse modo, mesmo que meu livro sobre o AdSense estivesse indo muito bem, sem jamais ter entrado em uma gráfica, eu não poderia ser totalmente avesso à ideia de lançar um livro tradicional. Contudo, o que realmente me deixou interessado nesse sentido foi o modelo de negócios da Morgan James (www.MorganJamesPublishing.com). Essa editora produz livros tradicionais, mas não é conservadora. Ela se concentra em produzir "livros empreendedores" que funcionam como uma ponte entre editores tradicionais, que assumem todos os riscos inerentes ao lançamento dos livros escolhidos repassando aos autores apenas uma pequena fatia das vendas, e as editoras por demanda, que transferem todo o lucro ao autor, juntamente com o gigantesco risco financeiro inerente ao possível fracasso comercial da obra. (Isso tudo sem garantir a eles qualquer prestígio.)

Como nas editoras por demanda, você terá de investir dinheiro do próprio bolso para publicar com a Morgan James. Será preciso pagar pelo design, pela edição e pela impressão do material (o que significa que manterá o controle sobre o livro, enquanto nas editoras tradicionais não terá nem mesmo a última palavra sobre o título da obra). Este serviço lhe custará mais ou menos 4 mil dólares. Todavia, diferentemente do que ocorre nessas editoras por demanda, a Morgan James não ganhará um centavo até que seus livros comecem a vender. Isso significa que ela não lhe entregará uma pilha de livros para que se vire sozinho. A Morgan James também o ajudará a comercializar a obra e, melhor ainda, o fará utilizando-se do Ingram Book Group, um atacadista e distribuidor – e o principal canal para qualquer livro que deseje chegar às livrarias mais importantes (Figura 4.2).

Há outros benefícios. Assumindo uma parte do risco, além de mais controle há recompensas maiores: os royalties da Morgan James alcançam 20% do preço de venda, ou seja, mais que o oferecido no mercado tradicional. E, acima de tudo, o autor mantém os direitos sobre o livro. Isso é muito importante. Significa que podemos disponibilizar o mesmo material em nosso site, no formato de e-book, e até transformá-lo em um curso sem receber cartas dos advogados da editora frisando as cláusulas do gigantesco contrato que assinamos, que nos proíbe de ganhar dinheiro com nosso próprio conhecimento de maneiras não autorizadas.

Entretanto, não se deve achar que a Morgan James esteja aberta a qualquer um que queira publicar um livro. A empresa recebe em torno de 4.500 manuscritos por ano, dos quais publica apenas 163. Em termos de rejeição, não é, portanto, muito diferente das editoras tradicionais. Mas, para os autores empreendedores – homens e mulheres de negócios que querem ajudar outros empresários a alcançar sucesso – que tiverem uma boa ideia e decidirem desenvolver e promover um livro com seriedade, ela pode oferecer grandes benefícios.

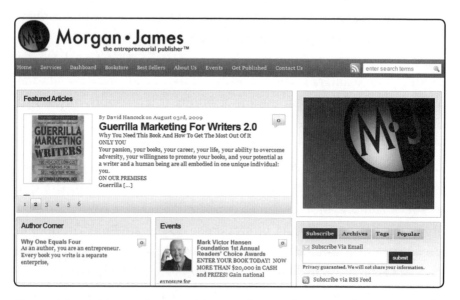

Figura 4.2 – A Morgan James publica seu livro, coloca-o nas livrarias e ainda ajuda o autor a comercializá-lo.

O livro impresso que concordei em publicar com David Hancock acabou se tornando um best-seller do New York Times, garantindo-me o prestígio e o perfil que não teria conseguido de outra maneira. A Morgan James pode oferecer aos empreendedores emergentes o impulso necessário para que alcancem um novo patamar. É como se você retirasse sua loja de um shopping center popular e, reinstalasse-a em plena Quinta Avenida, redecorando-a como uma refinada boutique. Você ainda estará fazendo dinheiro e lidando com pessoas, mas será visto com outros olhos.

A editora Morgan James é bastante seletiva e exige um investimento de seus autores; portanto, não é adequada para qualquer indivíduo que deseje publicar um livro. Existe, contudo, uma alternativa. A tecnologia da impressão avançou a tal ponto que já é possível imprimir uma única cópia de um livro e, ainda assim, mantê-lo financeiramente viável. Algumas das gráficas que fazem esse tipo de impressão estão conectadas aos principais sistemas de distribuição de livros, o que permite que você disponibilize seu trabalho na Amazon e até mesmo em livrarias sem abarrotar sua garagem com caixas de livros não vendidos. Dessa maneira, é possível não somente driblar as grandes editoras, que se colocam entre você e seu sonho de publicação, como também manter sua própria editora, produzindo seus livros sem ter quase nenhum custo antecipado.

Tive a oportunidade de entrevistar David Hancock a respeito do "modelo de publicação empreendedora". Você poderá baixar o áudio em formato mp3 em www.MadeEasyPublishing.com.

O livro logo estará pronto e você o promoverá em seu site por meio de redes de afiliados. Porém, ele não será impresso até que venha um pedido. De fato, há várias empresas que oferecem serviços como esse. Talvez a mais fácil seja a Lulu (www.lulu.com), com uma ampla variedade de livros diferentes, desde os mais simples formatos de bolso até edições com caixa e capa dura. Os custos de impressão variam de acordo com o tipo de obra que se deseja publicar e o número de páginas, a partir de

Ca$h!

5,30 dólares. Como quem define o preço é o autor, será possível garantir o lucro em cada venda. A Amazon também tem seu próprio departamento para autores independentes, com o CreateSpace (www.createspace. com). Caso prefira algo um pouco mais sofisticado, a Lightning Source (www.lightningsource.com) trabalha com algumas das maiores empresas do ramo editorial do mundo. É preciso se inscrever para participar do programa, que é um pouco seletivo, mas a empresa também está conectada ao Ingram content Group,* o que facilita a exposição da obra tanto em livrarias como na internet.

As vantagens da impressão por demanda devem ter ficado claras: não haverá riscos e você irá se manter no controle. A desvantagem está no fato de não ser um processo tão seletivo quanto a publicação tradicional, o que não garantirá tanto prestígio ao autor. Entretanto, o método poderá se mostrar uma boa alternativa ao e-book para leitores que ainda preferem segurar o livro nas mãos (Figura 4.3.)

Por fim, não devemos esquecer a publicação tradicional. Por se tratar de um sistema bastante seletivo, é melhor deixar para abordar as grandes editoras quando puder demonstrar a elas que seu e-book, ou seu livro independente, está vendendo bem e que seu blog tem um bom número de leitores e seguidores. Desse modo, o editor poderá se certificar de que seu conhecimento é valioso e que seu público-alvo estará disposto a pagar por ele, pois, nesse caso, você representará um risco bem menor.

TRANSFORME-SE EM UMA ESTRELA COM DVDs E WEBINÁRIOS

Para muitas das pessoas que pensam em ganhar dinheiro com seu conhecimento on-line, vender sua especialidade não é algo novo. Além de criarem sites nos quais ensinam a investir com sabedoria, escrever programas de computador ou construir jardins, também oferecem

---

* Empresa afiliada à Ingram Industries, provedora de uma grande variedade de serviços para o setor editorial. É uma das líderes de mercado no ramo nos Estados Unidos. A Lightning Source é uma subsidiária. (N.T.)

Figura 4.3 – Photopreneur (www.blogs.photopreneur.com), um blog que ajuda entusiasmados por fotografia a ganhar dinheiro com seu hobby e gera receita apresentando o livro independente sobre fotografia produzido por seu editor.

cursos. Pode ser que disponibilizem apenas oficinas de curta duração ou até aulas para público adulto em um centro educacional. Certamente, se você é capaz de garantir interessados em cursos desse tipo, poderá conseguir audiência on-line e lucrar com isso.

Uma vez que seu site esteja pronto e funcionando e a partir do momento em que haja leitores habituais usufruindo do seu conhecimento, você descobrirá que muitos desses leitores gostariam de ter aulas individuais. Eles não querem apenas ler os artigos que você publica no site; de fato, ele iriam preferir vê-lo apresentando as informações pessoalmente e investindo algum tempo nos detalhes; eles adorariam ter o direito de fazer perguntas enquanto você os ensina. Quando perguntei aos meus seguidores no Twitter o que deveria oferecer como prêmio para uma competição que estava promovendo, o item mais requisitado não foi um iPhone, um novo laptop ou suprimento vitalício de pizza, mas uma aula individualizada.

Mais uma vez, cursos individuais funcionam muito bem para qualquer assunto, pois, assim como é possível pagar por aulas que ensinam

Ca$h!

desde a montagem de arranjos florais até aspectos interessantes sobre zoologia, também é viável criar um produto de informação visual com base em seu próprio conhecimento e comercializá-lo on-line.

O jeito mais simples é gravar uma de suas aulas. Caso você seja realmente um professor, posicione uma câmera de vídeo no fundo da sala e deixe-a filmar. Sempre se pode editar depois. Se essa abordagem funciona para a C-Span,* por que não funcionaria para você? Caso não lecione regularmente, ofereça apenas uma aula, ou um seminário para as pessoas da sua região, e grave-o. Forneça um grande número de informações práticas e poderá gravá-lo em um DVD e vendê-lo on--line como produto de informação. Desse modo, será capaz de ganhar dinheiro não apenas com as pessoas que compareçam ao seminário, mas com a venda do DVD.

Há várias empresas no mercado especializadas em gravar DVDs que poderão ajudá-lo com questões relativas a direitos autorais e impressão. Os preços variam de acordo com o design da capa e o número de cópias, mas é bem provável que o custo fique abaixo de 5 dólares por DVD. Se a LearningGuitarNow.com (www.learningguitarnow. com) consegue vender um curso de *slide guitar*** em 6 DVDs por 99 dólares, você também poderá garantir um bom lucro com a venda de seus conhecimentos nesse tipo de mídia.

Filmar a si mesmo enquanto leciona e, posteriormente, gravar o conteúdo em DVD significa comercializar um produto físico. Isso lhe será bastante útil quando estiver ministrando palestras ou fazendo demonstrações, mas será desnecessário quando estiver vendendo seu material on-line. Você poderá criar também um webinário e cobrar pelas inscrições utilizando-se do sistema PayPal ou E-junkie. Vários softwares, como o Glance (www.glance.net) e o GoToWebinar (www.gotowebinar.com) tornam o

---

* Trata-se da Cable-Satellite Public Affairs Network, uma rede de televisão a cabo norte--americana. (N.T.)

** Uma técnica em que se utiliza um pequeno tubo oco de vidro ou metal (originalmente o gargalo de uma garrafa) para se alterar o tom proveniente das cordas da guitarra (ou do violão) ao deslizá-lo sobre elas. (N.T.)

processo de criação bem simples. A melhor maneira de aprender, contudo, é fazendo. Experimente, pratique e logo verá que criar webinários não exige nenhuma habilidade extraordinária.

Há um princípio que vale tanto para webinários como para info-produtos comercializados via DVD: eles têm de conter informações sólidas e práticas. Assista a outros webinários para ver o que os outros estão fazendo e então adapte a sua especialidade a esses modelos.

Uma boa estratégia consiste em usar a informação apresentada em um webinário não como o produto em si, mas como amostra grátis para promover a venda de outro produto. A postagem disponibilizada em meu blog que explicava as regras da FTC, por exemplo, teve grande sucesso. Nesse caso foi bem fácil, pois as regras eram terrivelmente complicadas, o que fazia com que os vendedores on-line cometessem erros que poderiam custar-lhes bem caro. Então meu advogado, Kevin Houchin, se reuniu com um grupo de outros juristas – pessoas especializadas em contratos e direitos comerciais – e, juntos, produziram uma verdadeira "caixa de ferramentas" contendo 230 páginas, na qual explicavam como funcionavam as novas regras. Os compradores também recebiam um arquivo com documentos legais editáveis e atualizações regulares conforme as regras entravam em vigor.

É óbvio que a criação desse produto de informações exigiu bastante conhecimento e enorme esforço. Contudo, os riscos envolvidos em se desrespeitar as diretrizes estabelecidas pela FTC – mesmo que acidentalmente – são bem grandes. Em contrapartida, para vender 230 páginas de consultoria jurídica a 97 dólares, eu tinha certeza de que eles precisariam de alguns servidores bastante potentes para dar conta da demanda. Para colaborar com meu amigo Kevin, ofereci um webinário gratuito de uma hora para atrair compradores (Figura 4.4). Esse webinário pode ser assistido em www.sitecompliant.com/webinar.php. Você perceberá que o usamos primariamente para coletar endereços de e-mail. Mas uma vez, gostaria de ressaltar que não vendemos esses endereços. Kevin os utiliza para enviar informações sobre os aspectos

Figura 4.4 – O webinário Site Compliance forneceu a Kevin informações sólidas que o ajudaram a comercializar sua "caixa de ferramentas" sobre a FTC.

legais dos negócios on-line a potenciais compradores. Quem não quiser recebê-las poderá simplesmente cancelar a assinatura. O desafio para Kevin está em manter as informações disponíveis tão interessantes que ninguém pense em cancelar o recebimento; ao mesmo tempo, o objetivo é fazer com que aqueles que não tenham adquirido o produto da primeira vez o façam no futuro.

O usuário então recebe uma confirmação por e-mail, contendo um link para o próprio webinário. Tentamos disponibilizar o máximo possível de informações vitais durante a seção, mas não acreditávamos que alguém estivesse disposto a permanecer mais de uma hora diante do monitor; portanto, para ter acesso ao restante do material, os interessados teriam de comprar o material preparado por Kevin, anunciado no final da página.

É perfeitamente possível gravar informações em DVDs e, então, comercializá-los on-line, como qualquer outro produto. Também é viável criar um webinário e vender o acesso ao público interessado ou simplesmente usá-lo como amostra grátis de informações, que estarão disponíveis em seu produto principal. Isso tudo é fácil? Mais ou menos. Como em qualquer outro campo, quando se sabe como fazê-lo tudo se torna mais simples. Criar DVDs e produzir webinários não requer habilidades extraordinárias. Você somente precisará se dispor a fazê-lo, mesmo que fique inseguro na primeira vez. Na segunda, certamente já se sentirá mais confortável. Contudo, quando o fizer pela terceira vez é provável que se pergunte a razão pela qual todos não fazem o mesmo.

PROGRAMAS DE TREINAMENTO ON-LINE

Um webinário dura cerca de uma hora; portanto, não é muito tempo, apenas o suficiente para se fazer uma introdução a um tema ou, até mesmo, para detalhar uma estratégia. Um curso em DVD, por sua vez, pode consistir em vários discos e conter seções que durem várias horas. Uma abordagem alternativa é criar um curso de treinamento completo on-line. Em vez de serem gravadas em discos, essas aulas acontecem diretamente na web e, assim como nos webinários, você cobrará pelo acesso.

Oferecer um curso não é tão difícil como pode parecer. A companhia de software Articulate (www.articulate.com), por exemplo, oferece uma variedade de programas e e-learning.* Eles não são baratos, mas vêm com um teste gratuito que demonstra o quanto os cursos são interessantes.

Não se trata de um produto que se adapte a qualquer editor ou a qualquer tópico. Entretanto, se o assunto puder ser transformado em um curso extensivo e se o seu site tiver audiência para gerar vendas suficientes, saber que o curso de design do programa principal da Articulate custa 399 dólares pode tornar o processo mais atraente.

Livros – digitais ou tradicionais –, DVDs, webinários e cursos on-line são apenas alguns modelos de infoprodutos. Os empreendedores da internet estão usando esses métodos; eu mesmo também já usei vários deles. Porém, o importante não é o formato, mas a informação.

---

* Modelo de ensino não presencial sustentado pelas novas tecnologias disponíveis. (N.T.)

Ca$h!

Acerte nisso e o formato será apenas um meio para transferir seu conhecimento aos compradores – e, é claro, de ganhar dinheiro.

Escrevendo bons textos promocionais

Uma vez que você já tenha criado o seu produto de informação – independentemente da forma escolhida –, o próximo passo é construir uma página de venda para promovê-lo. É claro que, a essa altura, você já dispõe de um site, mantém um público regular, ostenta confiabilidade e valor de mercado; portanto, não terá de fazer muito mais além de mencionar que escreveu um livro para que alguns dos seus leitores comprem imediatamente os primeiros exemplares. Esse é o resultado do processo de vendas on-line: conheça-me, goste de mim, confie em mim, pague por aquilo que eu puder lhe oferecer. Seus leitores habituais já terão passado pelos primeiros três estágios, e, portanto, estarão prontos para o último assim que o seu produto for lançado.

Porém, não queremos atingir apenas nossos leitores regulares, mas também os de outros sites – qualquer pessoa que porventura se interesse pelas informações contidas em nosso produto. Contudo, não teremos tempo de estabelecer todo o processo on-line com esses novos consumidores; teremos de convertê-las no ato, convencendo-as dos benefícios do produto assim que chegarem à página. Para tanto, é preciso preencher a página com texto publicitário eficiente – o que, geralmente, significa escrever uma carta comercial de aproximadamente uma página.

É provável que você já tenha visto esse tipo de carta on-line antes. Elas são exclusivas da internet. Se comparecer em uma conferência de vendas, receberá folhetos, flyers e toda espécie de material promocional impresso, mas nada se compara em termos de comprimento, detalhamento ou, até mesmo, de poder de persistência, a uma carta comercial de uma página on-line. Isso ocorre em função do alto custo do espaço off-line. Quanto mais conteúdo um empresário quiser colocar em seu material publicitário, mais terá de pagar pela impressão. Ao imprimir milhares de cópias de uma vez, essa diferença se faz vista. Na web, não importa quanto texto seja publicado em uma página. Entretanto, preenchê-la com vídeos e imagens poderá reduzir a velocidade de carregamento, mas não aumentará seus gastos com o servidor; em se tratando de uma carta comercial, o peso extra não fará nenhuma diferença.

Ao comercializar produtos on-line, é possível descrever todos os benefícios de seu produto livremente, sem quaisquer limites. Uma carta comercial na internet pode se estender por milhares de palavras e incluir testemunhos e quantos subtítulos você desejar. Elas são enormes e realmente funcionam. Em um teste conduzido pelo Marketing Experiments Journal, em 2004, as cartas comerciais longas obtiveram desempenho bastante superior aos textos publicitários curtos, alcançando, às vezes, até 400%. De acordo com minha própria experiência, já testemunhei *upsells** e ofertas especiais produzirem taxas de conversão de até 70%. Isso não acontece sempre. De fato, acontece raramente, mas nunca presenciei isso acontecer com outra técnica de vendas.

A razão pela qual as cartas comerciais longas e bem-escritas funcionam está no fato de elas cumprirem duas funções distintas. Em primeiro lugar, oferecem ao editor a liberdade de descrever cada argumento de venda e prevenir qualquer objeção que possivelmente algum leitor possa levantar. É justamente por isso que elas são tão longas. Em segundo, por esse motivo, dão ao leitor a impressão de que o produto em questão faz tudo o que se poderia desejar, e até mais. Elas levam o leitor à submissão. Uma das reações mais comuns a essas cartas é: "Ok, já entendi. Quanto custa e aonde devo clicar para comprar?". Quando um leitor fizer essa pergunta, você não terá qualquer problema em convertê-lo. Em contrapartida, ninguém de fato lê essas páginas comerciais tão longas. Ou, pelo menos, ninguém lê cada palavra ali contida. Nem seria preciso, afinal, essa é a vantagem. Diversos leitores terão objeções diferentes e serão persuadidos por benefícios distintos. Conforme cada leitor passa os olhos pela carta, a formatação da página – os subtítulos, o uso de negrito, do itálico, as caixas contendo

---

* Técnica de vendas que visa estimular o interessado a comprar mais ou investir em uma versão mais cara do produto, em relação ao que pretendia inicialmente. (N.T.)

testemunhos – o ajudará a perceber os pontos e argumentos que mais se encaixam em seu caso. Ele começará a ler pelo topo e, conforme for descendo, as partes que lhe parecerem mais importantes chamarão sua atenção. Os subtítulos e as caixas de testemunhos serão pontos estratégicos de entrada e saída.

A sobrecarga de informação oferece mais um benefício: Os detalhes deixam o leitor mais que satisfeito. Lembre-se: o que quer que seu produto faça, sempre haverá concorrência. Sature seus leitores com informações e eles ficarão menos propensos a procurar um produto similar em outro lugar. Se não comprarem de você, certamente não desejarão ler outra carta dessas novamente.

Cartas comerciais de uma página para promover infoprodutos não são sutis – aliás, nem deveriam ser. Mas são bastante eficientes e precisam ser bem-escritas.

Em geral, a melhor maneira de produzir uma carta comercial é contratando um profissional experiente para fazê-lo. Provedores de serviço autônomos, como a eLance (www.elance.com), podem ser uma boa opção; outra possibilidade é experimentar agências de escritores como a Scribat (www.scribat.com). Certifique-se de examinar amostras desse material, mas não espere que o escritor se comprometa a garantir resultados de conversão de compradores. Os clientes raramente os compartilham com os redatores que escrevem seus textos promocionais. Você mesmo terá de olhar e decidir se a carta é persuasiva, ou não.

Claro que você mesmo será capaz de escrever sua carta. Isso pode parecer difícil, mas, na verdade, as cartas comerciais seguem uma estrutura bastante rígida e usam uma variedade de pequenos truques para levar os leitores a acreditar que precisam do seu produto. Começam com um título cativante para chamar a atenção, então, descrevem o problema, indicam que você a partir de agora tem a solução definitiva para ele e descrevem os benefícios que essa solução lhe proporcionará.

Os subtítulos são usados para dividir a carta e salientar mais vantagens enquanto testemunhos ajudam a conquistar a confiança do leitor, tão necessária para o fechamento da venda. Você poderá conseguir esses testemunhos enviando amostras do seu produto para seus amigos e colegas e pedindo-lhes que digam algo favorável a respeito caso gostem do produto, é claro. Em todo caso, certifique-se de que tudo esteja de acordo com as regras estabelecidas pelo órgão responsável em seu país.

Caso você não queira escrever tudo desde o começo, há vários modelos disponíveis que poderão ser usados para ajudar a formatar suas cartas.. Entretanto, mesmo que preferira contratar um redator, esteja ciente do que uma carta comercial deve apresentar:

- um título cativante que ofereça a solução para um grande problema logo no início;
- os benefícios já na primeira parte visível da página, não as características do produto;
- subtítulos em vermelho para criar sensação de urgência no leitor;
- subtítulos em preto para descrever o conteúdo, de modo que o leitor seja capaz de encontrar os pontos que mais lhe interessam;
- vários testemunhos que promovam confiabilidade.

Michael Fortin, um amigo pessoal, oferece diferentes produtos em seu site, MichaelFortin.com, e usa um campo de e-mail para capturar os endereços das pessoas que não foram persuadidas da primeira vez. Ele provavelmente conseguirá uma taxa de conversão alta com uma carta comercial tão boa, mas não será capaz de transformar todos os leitores em compradores. Em adição às vendas imediatas, haverá muitas "quase vendas" que poderão ser convertidas no futuro por meio de malas diretas e ofertas especiais.

Uma vantagem de se usar um sistema de modelos como o de Michael é a liberdade de testar diferentes cartas, o que pode ser muito útil. É possível fazê-lo antes mesmo de começar a vender seu

Ca$h!

produto. Crie três tipos diferentes de cartas e, em vez de recolher pagamentos, apenas peça a seus leitores que deixem seus endereços de e-mail para que possa contatá-los quando o produto estiver pronto. Observe qual modelo resulta em mais endereços e, quando chegar o lançamento, já terá uma lista de pessoas interessadas às quais poderá contatar diretamente – e também saberá qual carta comercial funciona melhor.

Recrutando sua equipe de vendedores afiliados

A carta comercial funciona como um tipo de assistente de vendas. Ela fala com seus leitores, convence-os a comprar e até recebe seu dinheiro, ou seja, ela proporciona o ganho. Mas ainda é preciso conduzir os interessados para dentro de sua loja. Seu site funcionará como um portal; os mecanismos de busca também servirão ao mesmo propósito. Entretanto, isso não é suficiente: você deverá também recrutar outros editores na sua área como assistentes de vendas para seu produto, construindo assim uma equipe de afiliados. O comércio por meio de afiliados é uma das técnicas de maior sucesso na internet. É quase impossível lhes dizer quanto já ganhei como afiliado, simplesmente promovendo os produtos de outras pessoas em meu site; esta sempre foi uma das minhas maiores e mais confiáveis fontes de renda. No Capítulo 5, explicarei como você será capaz de fazer o mesmo. O princípio é muito simples. Outras pessoas da sua área recomendarão o seu produto a seus usuários. Em troca da credibilidade que eles lhe proporcionarão, você lhes pagará uma parcela do preço de venda. Tal parcela poderá ser bem elevada; ceder 50% do valor obtido não é incomum. Na verdade, existem casos em áreas bastante competitivas em que os afiliados receberam até 70% da renda total.

A melhor maneira de calcular quanto se deve pagar é pesquisando. Observe outros infoprodutos na sua área e verifique os programas de afiliados utilizados. Se as comissões para afiliados para produtos similares variam de 35% a 50%, não fará muito sentido tentar

$148

ganhar fatias de mercado oferecendo mais. Fazer isso poderá, inclusive, sinalizar que você acredita que o volume de vendas seja o único fim que atraia vendedores afiliados para o seu produto. Porém, os afiliados querem de fato produtos que vendam e dos quais os usuários gostem, mesmo que eles ofereçam comissões mais baixas. A Amazon, por exemplo, oferece os pagamentos mais baixos da web e comissões que chegam a um mínimo de 4%. Isso é possível porque a marca é extremamente forte; portanto, as pessoas não hesitam em comprar dessa empresa.

Para que não se perca de vista as quantias que deverão ser pagas aos afiliados, cada um deverá receber um código específico que será embutido no link usado para lhe enviar tráfego. Um programa de software rastreia esses códigos automaticamente, conectando as comissões certas às referências. Trata-se de uma ideia simples que ajuda empresas e indivíduos a ganhar milhões on-line, tanto como editores quanto como afiliados.

Há duas maneiras de colocar um produto nas mãos de vendedores afiliados. A primeira é criar seu próprio programa. Como sempre, há vários softwares disponíveis que tornam o processo relativamente indolor. (Uma vez que um sistema se mostre funcional na internet, tenha certeza de que logo aparecerão pessoas inteligentes inventando ferramentas para deixá-lo fácil de se usar.) O iDevAffiliate (www.idevdirect. com), por exemplo, é apenas um programa entre muitos disponíveis. Ele permite que você distribua códigos aos afiliados, rastreie as vendas e gerencie as comissões.

Esses softwares podem ser um pouco complicados, mas vale a pena investir algum tempo para trabalhar com eles e entender como funcionam – e como podem trabalhar para você. Considere isso como parte do seu treinamento em negócios on-line. Mesmo que decida por contratar primeiramente agências de afiliados terceirizadas, valerá a pena desenvolver seu próprio programa para que possa recrutar diretamente seus vendedores. Você logo perceberá que são essas conexões que trazem os melhores resultados.

Na verdade, recebo muitos e-mails, tweets e ligações de pessoas perguntando se eu estaria disposto a promover o produto delas em meu site. Eles costumar dizer que, com as comissões generosas que oferecem, ambos ganharemos uma fortuna, então o que eu teria a perder? A resposta é confiança, e é por isso que eu recuso praticamente todas essas ofertas. Não poderia recomendar um produto que não tivesse testado e aprovado ou que nem mesmo conheça. Isso não significa que eu nunca recomende um produto afiliado à minha lista de leitores. Como veremos no Capítulo 5, isso ocorre com frequência e ganho um bom dinheiro com isso. Mas sempre vêm de pessoas que eu conheço e nas quais confio, geralmente conhecidas em conferências. Por saber que esses produtos oferecem conteúdo de qualidade, quero que os usuários dos meus sites os conheçam também. Em troca, esses editores, que também me conhecem, falam dos meus produtos para os seus leitores, o que cria um relacionamento de afiliados.

Portanto, é preciso contar com o próprio sistema de gestão de afiliados e, ao mesmo tempo, procurar agências terceirizadas, que devem ser consideradas como "grandes armazéns atacadistas", nos quais produtores oferecem suas mercadorias aos varejistas. Esses, por sua vez, podem atentar para os detalhes do produto, observar como estão vendendo e qual é a comissão oferecida, e então decidir se querem promovê-lo em seus próprios sites. Existem vários sites oferecendo esses serviço, mas o líder de mercado é o ClickBank (www.clickbank.com). Custa 49,95 dólares para se cadastrar como vendedor, o que pode ser recuperado com apenas uma ou duas vendas; então o preço não deve ser o obstáculo (Figura 4.5). O problema será a concorrência, pois, como o ClickBank dispõe de uma coleção tão gigantesca de vendedores afiliados, e de uma variedade tão ampla de editores, é provável que o seu produto tenha de competir com muitos outros para ser simplesmente visualizado – mesmo que muitos deles sejam de qualidade inferior.

Figura 4.5 – O ClickBank leva a informação sobre o seu produto através da internet até as caixas registradoras.

Afiliados e compradores do ClickBank procuram produtos que estejam crescendo em popularidade; portanto, é importante gerar vendas com múltiplos afiliados para se destacar. Isso deixará seu produto acima dos outros e atrairá mais atenção. Use sua própria rede de afiliados, promova seu produto em seu site e utilize sua lista de e-mails, e verá que sucesso gera mais sucesso. Quanto mais vendas você mesmo promover, mais afiliados conseguirá por meio do ClickBank – e mais vendas esses parceiros farão para você.

Há mais um detalhe para melhorar as vendas por meio de afiliados: estimule seus vendedores, principalmente os grandes. A regra 80/20* se aplica às redes do mesmo modo como em todos os outros aspectos dos seus negócios: a maior parte das vendas virá de uma pequena fração da sua rede. (É provável que esses superafiliados sejam justamente aqueles que você recrutou pessoalmente após encontrá-los em um seminário, vê-los em uma conferência ou se comunicar com eles por algum tempo na rede. Ou seja, as pessoas que você conhece.)

---

* Regra na área de vendas segundo a qual os melhores 20% dos clientes são responsáveis por 80% das vendas totais. (N.T.)

Ca$h!

Mantenha contato com todos os seus afiliados por e-mail; ofereça-lhes informações sobre seus novos lançamentos e apresente-lhes os benefícios de promover os seus produtos. Pequenos presentes aos seus maiores afiliados também ajudam para demonstrar o quanto você aprecia o trabalho que eles fazem.

Adicionando um carrinho de compras ao seu site

Agora você já tem um produto, possui um texto de qualidade para publicar em sua página de vendas e sabe como recrutar um exército de vendedores motivados para gerar muitos clientes. Está quase na hora de ver o dinheiro chegar à sua conta-corrente. Resta apenas um pequeno problema: você ainda não tem nenhuma "caixa registradora".

Para vender seu produto de informação, você precisa de uma ferramenta para que os compradores possam escolher o que querem comprar e efetuar o pagamento. Como você já deve ter adivinhado, tudo isso já foi sistematizado e simplificado. Assim como já é possível atualmente ter um programa completo de gerenciamento de afiliados, fazendo pouco mais que pagar alguns dólares por um software, também é plenamente viável pagar uma empresa para processar os pagamentos que nos sejam efetuados.

Aqui também há uma variedade de alternativas, com diferentes empresas oferecendo seus serviços. Uma das melhores é E-junkie (www.e-junkie.com), que oferece todas as características mais úteis, incluindo botões que se pode simplesmente copiar e colar, a possibilidade de aceitar códigos de descontos (permitindo-lhe organizar promoções sazonais), sistema de cálculo de impostos, taxas e frete, e até mesmo um programa de gestão de afiliados (Figura 4.6).

Por uma pequena taxa a partir de 5 dólares mensais, você poderá carregar seus produtos nos servidores da E-junkie. A empresa lhe fornecerá um botão que poderá ser colado em seu site e na página de vendas. Quando o comprador clicar nesse botão, será conduzido pelo

$ 152

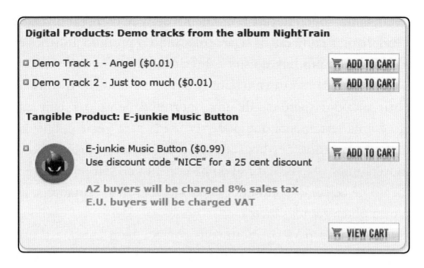

Figura 4.6 – A E-junkie (www.e-junkie.com) disponibiliza carrinhos de compras para que seus clientes possam enchê-los de mercadoria.

processo de pagamento que utilizará o PayPal, o Google Checkout e uma variedade de outros sistemas. Uma vez feito o pagamento, a E-junkie direcionará o cliente à página de download. O sistema poderá, inclusive, lidar com produtos físicos, como livros, CDs e DVDs.

Em termos de habilidades técnicas, não será necessário muito mais que pressionar as teclas corretas do seu teclado, ou seja, o Control-C (copiar) e o Control-V (colar), para começar a ganhar dinheiro.

O grande lançamento!

Criar um produto de informação demanda tempo e esforço. No caso de um livro completo, o processo poderá demorar vários meses – o mesmo se aplica a um livro eletrônico de 100 páginas. Escrever os textos promocionais também poderá consumir tempo e dinheiro. Depois disso, restará ainda a edição e a publicação de uma carta comercial e, finalmente, a construção de uma rede de afiliados.

Ca$h!

Entretanto, logo chegará o momento de você começar a vender.

Poderíamos começar devagar: colocando o produto à disposição, disponibilizando um link no site e direcionando os leitores para a página de vendas. Nesse caso, teríamos um lucro discreto e constante, mas isso seria o desperdício de uma oportunidade valiosa. Um lançamento é uma ferramenta que pode ser usada para gerar publicidade, estimular recomendações boca a boca e provocar o burburinho que promoverá mais vendas. Trata-se do nascimento do seu produto; é um momento de celebração em que portas são abertas e, portanto, a hora certa para obter grandes lucros.

A preparação para o lançamento começa bem antes, e a maior parte do trabalho acontecerá atrás dos bastidores. Contudo, deixar escapar pequenos detalhes sobre o que se está planejando ajudará a criar expectativa e curiosidade, fazendo com que os compradores estejam prontos para o grande acontecimento. Ao fazer um lançamento, não queremos apenas ver pessoas interessadas no que temos a oferecer; desejamos que elas "façam fila" e tenham sua carteira à mão.

Por exemplo: em novembro de 2009, lancei um novo programa de TV on-line. Obviamente, eu e minha equipe de produção havíamos trabalhado bastante para criar o conteúdo, filmar a ação e editar o material. Visando preparar as pessoas para o lançamento e também para garantir que começássemos com boa audiência, criamos um pequeno teaser* e o disponibilizamos no YouTube. Depois disso, postamos uma série de tweets para gerar ainda mais interesse. O primeiro deles, postado em 25 de outubro, dizia simplesmente:

> *"Vi a edição final do NOVO show do Joel Comm, que será lançado em meados de novembro. Vocês irão adorar!"*

---

* O *teaser*, cujo significado em inglês é "provocador", é uma técnica usada em marketing para atrair a atenção do público-alvo para uma campanha publicitária por meio de mensagens enigmáticas. (N.T.)

Note que nessa postagem não havia link nem informações adicionais. Queríamos que os seguidores perguntassem sobre o show e, para isso, mantivemos as informações em segredo e estimulamos sua curiosidade. Cinco dias mais tarde comecei a satisfazer os leitores, postando o seguinte:

> *"Não perca a estreia mundial do trailer do NOVO show do Joel Comm! Acesse http://TwitPWR.com/jcshow/ e divirta-se! Por favor, RT* este tweet! #joelcomm"*

Depois de algumas horas dei sequência a esse tweet, digitando:

> *"Gostaria de receber mais comentários sobre o trailer do NOVO show do Joel Comm. Acesse http://youtube.com/joelcomm — estreia em novembro!"*

Ainda estávamos a pelo menos duas semanas do lançamento, o que significa que meus seguidores ainda não podiam assistir a nenhum vídeo nem comprar nada. Mas, ao lhes oferecer um belo teaser de um minuto e pedir sua opinião, eu já os estava informando que algo estava prestes a acontecer. Fiz com que todos falassem sobre o assunto e criassem grande expectativa. Queria que, no momento do lançamento, as pessoas estivessem prontas. Esse tipo de preparação é vital para alcançar o melhor de um lançamento. Ela nos garante o tempo necessário para guiar os potenciais clientes ao longo dos quatro estágios do processo de vendas, que termina no carrinho de compras. Assim garantimos que, nas semanas que precedem o lançamento, nosso público-alvo esteja familiarizado conosco. Os potenciais compradores já terão conferido o site, nos seguido no Twitter e curtido nossa página no Facebook. Já estarão dispostos a confiar no que dizemos e desejarão tornar-se parte do nosso sucesso adquirindo nosso novo produto.

---

* RT significa: retransmita a mensagem para seus seguidores no Twitter. (N.T.)

Ca$h!

A preparação em si pode nos fazer ganhar dinheiro. Enquanto Darren Rowse, do ProBlogger, usava o Twitter e seu boletim informativo semanal para gerar interesse pelo seu novo e-book sobre fotografia, não recebeu apenas um valioso retorno em informações, mas 50 pedidos antecipados, ou seja, o suficiente para cobrir suas despesas. O dia do lançamento torna-se uma oportunidade, não para converter os potenciais compradores (estes já devem estar convencidos; falta apenas oferecer-lhes um meio de gastar seu dinheiro), mas para angariar novos. Alguns deles serão convertidos no ato pelo poder de persuasão da sua página de vendas. Outros estarão passando pelo processo dos 4 estágios, mas provavelmente comprarão no futuro.

O trabalho principal no dia do lançamento consiste em atrair atenção. Há diversas maneiras de fazê-lo, sendo que o oferecimento de brindes sempre funciona bem. Um bom exemplo ocorreu em julho de 2009, quando a Moonfruit, uma empresa de desenvolvimento de sites do grupo SiteMaker, estava celebrando seus dez anos de existência. Eles decidiram presentear seus visitantes com um MacBook Pro por dia, durante 10 dias. Para participar, os usuários do Twitter tinham de postar um tweet com a *hashtag** "#moonfruit." Os "twiteiros" podiam enviar quantos tweets quisessem, aumentando a cada postagem suas chances de ganhar o notebook da Apple (aplicativos terceirizados como o Twiveaway e o Tweetaway automatizam o processo aleatório de seleção e assumem até mesmo o trabalho de notificar o ganhador).

Os tweets começaram a surgir aos montes, alcançando a marca de 300 postagens por minuto. As mensagens contendo a *hashtag* estavam ocupando quase 3% de todas as comunicações do Twitter. Por vários dias, o termo #moonfruit foi o mais popular entre os usuários do site − e isso poderia ter continuado se a *hashtag* não houvesse

---

* Um tipo de etiqueta bastante usada no Twitter para classificar o tópico da mensagem em determinada categoria e facilitar o seguimento e a divulgação dos temas. As **hashtags** mais usadas ficam agrupadas no menu Trending Topics e podem ser encontradas na barra lateral do microblog. Uma **hashtag** é sempre precedida do símbolo "#". (N.T.)

sumido misteriosamente da lista de *trending topics**. O tráfego do site da Moonfruit cresceu oito vezes e as assinaturas aumentaram em 100%.

Isso não foi exatamente um lançamento (poderia até ser chamado de relançamento), tampouco a ideia foi original. Sua rival, a construtora de sites Squarespace, já havia tentado algo parecido, porém, sem sucesso – prometeram dar 30 iPhones em 30 dias, mas, em vez disso, ofereceram vales-presente. A Moonfruit se saiu melhor, simplesmente por entregar o que havia prometido. O princípio é o mesmo: uma empresa ganha uma quantidade absurda de marketing viral e publicidade positiva para marcar uma ocasião especial. Nesse caso, a Moonfruit conseguiu seu intento ofertando algo valioso em troca dos tweets.

Se você decidir usar um brinde para atrair atenção, saiba que a tentação de oferecer cópias do produto sempre será grande. Isso lhe permitiria controlar a entrega e os custos seriam mínimos. Não há nada de errado em fazê-lo, e eu o faço frequentemente. Mas o seu próprio produto será mais atraente como presente para as pessoas que já o conhecem e que já querem a informação que você comercializa. Isso estimula o seu mercado principal, mas deixará de lado as pessoas que não o conhecem. Por não entenderem o valor que suas informações lhes trarão, esses indivíduos não terão certeza de que desejam realmente investir seu tempo para participar da sua promoção; elas nem sabem se querem ler o seu livro.

Ofereça um brinde que todo mundo quer ganhar e atrairá a atenção de pessoas que não ainda não fazem parte de sua audiência cativa. Dispositivos eletrônicos, especialmente os produtos da Apple, sempre caem bem; eu consegui uma boa resposta oferecendo uma câmera de vídeo Flip Mino. Outra boa ideia é ofertar produtos que, de alguma maneira, estejam relacionados ao tópico do seu produto. Isso atrairá pessoas que talvez não o conheçam para a sua promoção, mas elas certamente estarão interessadas no assunto.

---

* Tópicos mais populares (N.T.)

Ca$h!

Uma das críticas à campanha da Moonfruit foi que, apesar de ter atraído a atenção para a empresa, nunca ficou claro quantos dos novos usuários estavam realmente interessados em construir um novo site. Como campanha publicitária foi poderosa, porém, inexata. Quando um editor oferece suporte para um produto de informação que ensina seus leitores, por exemplo, a consertar o próprio telhado ou ganhar dinheiro com fotografias de animais de estimação, e lhes oferece como brinde uma ferramenta específica usada no conserto de telhados ou a assinatura anual de uma revista ou site de armazenamento de fotos, tais brindes serão bem mais específicos. Eles aumentam sua audiência, mas também poderão ser usados para dar brilho ao próprio lançamento.

Certa vez organizei um "twiatona"* para marcar o lançamento de um produto, liberando vídeos ao vivo do meu escritório enquanto conversava com outros marketeiros e convidados especiais. Durante o evento, angariamos uma boa soma em dinheiro para a WaterIsLife, nos divertimos bastante e também despertamos bastante atenção da mídia. A imprensa adora notícias sobre empresas que praticam caridade, porque isso a faz sentir como se estivesse ajudando também. E o público gosta de tomar parte em eventos beneficentes, pois eles se revelam ótimas oportunidades para que todos deem algo de si. Entretanto, o melhor de tudo é o fato de que você está realmente ajudando as pessoas. Um bem-sucedido lançamento faz com que os envolvidos se sintam maravilhosos, mas a sensação de realmente promover o bem é ainda melhor.

Por último, a preparação do lançamento de praticamente qualquer produto envolve um comunicado de imprensa. Isso é algo tão tradicional como enfeitar a árvore de Natal e, geralmente, é muito eficiente. Contudo, embora a publicidade seja um aspecto valioso de um lançamento de produto, pouquíssimas pessoas entendem como funciona um comunicado de imprensa e, principalmente, como ele deve ser usado.

---

* Uma maratona no Twitter (termo não dicionarizado). (N.T.)

$ 158

Jornalistas não se interessam em dizer ao mundo que você está lançando um novo produto. Para isso existem os espaços publicitários de suas publicações. O que eles querem é contar aos leitores sobre o que irá afetar a vida de cada um deles. Quando for escrever um comunicado à imprensa, não anuncie simplesmente o lançamento do seu novo livro ou curso em DVD. Escreva sobre as mudanças que este novo produto irá causar na vida das pessoas. Se tiver criado um produto de informação que ensina sobre como implementar seu próprio home office, por exemplo, então seu comunicado deverá "vender a ideia" de que ninguém precisa mais pegar trânsito na hora do rush. Esse é o tipo de gancho que atrairá os repórteres. Citações do autor de um novo livro, e-book ou curso sobre home office comprovariam o que o repórter está dizendo – e dariam ao seu produto a publicidade da qual ele precisa.

Comunicados desse tipo à imprensa serão úteis e você estará dando o passo correto ao liberar alguns deles para apoiar seu lançamento. Entretanto, esta não é a única maneira de ganhar publicidade; não devemos, afinal, colocar todos os ovos em uma única cesta. Há muitos repórteres no Twitter procurando histórias e fontes. Manter-se conectado a esses profissionais poderá abrir caminhos para as páginas dos jornais ou, até mesmo, para a televisão (Figura 4.7).

O segredo está em não ser direto demais. Ninguém quer ser abordado descaradamente no Twitter; portanto, fazê-lo em público irá certamente afugentar os jornalistas. Em vez disso, nas semanas anteriores ao lançamento, comece a adicionar jornalistas à lista de pessoas que você segue e publique-a no seu site. Serviços como a Listorious (www.listorious.com) o ajudarão a encontrá-los. Eles têm listas de repórteres divididos por região e até mesmo por jornal. Entre em suas conversas e certifique-se de responder a qualquer pergunta que lhe façam. Repórteres também costumam pedir ajuda no Twitter quando buscam fontes confiáveis, oferecem oportunidades de entrevistas e até chances de construir relações duradouras. Ajude-os sempre que puder.

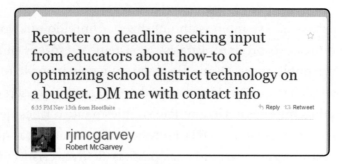

Figura 4.7 – O escritor autônomo Robert McGarvey procura ajuda no Twitter e oferece publicidade gratuita a empresas que tenham o conhecimento do qual ele precisa.

O verdadeiro segredo para ganhar bastante publicidade grátis é bem simples: seja bem-sucedido. Repórteres raramente são os primeiros a perceber quando algo novo acontece. Eles apenas percebem o comportamento das pessoas que já viram a novidade. Meu aplicativo iFart,* por exemplo, não causou repercussão na imprensa assim que foi lançado. Somente depois de ter vendido milhares de downloads, e de ter alcançado o topo nos rankings de aplicativos, a imprensa começou a prestar atenção. Quando queremos atrair a imprensa, o melhor, portanto, é atrair primeiro o nosso mercado.

Todos esses detalhes o ajudarão a preparar o terreno mesmo antes de o produto estar disponível, assegurando que os potenciais compradores já o conheçam, gostem de você, confiem no que diz e estejam prontos para pagá-lo assim que o produto sair. No dia do lançamento – e nos dias seguintes –, é preciso estar pronto para converter o maior número possível desses potenciais compradores. Talvez a estratégia mais eficiente para gerar vendas seja a oferta limitada. Mais uma vez, Darren Rowse demonstrou isso claramente. Em 2009, seu site-escola de fotografia digital lançou um e-book sobre fotografia de retratos. Apesar de Darren ser um blogueiro muito experiente, cujos sites lhe garantem uma bela renda, e a despeito de ser o autor de um livro sobre

---

* Trata-se de um aplicativo lançado para o iPad e iPod que emite o som (e o "doce perfume") de "pum" quando ativado. http://ifartmobile.com/ (N.E.)

blogs profissionais, essa foi a primeira vez que sua escola de fotografia lançou um produto. Em uma postagem em seu site ProBlogger.net, Darren explicou sua estratégia de lançamento, que consistiu em:

- um e-mail aos assinantes de seu boletim informativo;
- uma postagem no site do Digital Photography School;
- promoções para membros de seus fóruns;
- mais menções no Twitter, suplementando as que já haviam sido postadas anteriormente;
- uma mensagem à sua comunidade no Facebook;
- promoção por meio de afiliados, usando o serviço da E-junkie;
- solicitação a amigos e membros da sua rede para que mencionassem seu livro e lhe fornecessem um link.

Em apenas 12 horas, ele vendeu 950 cópias. O e-book custava 19,95 dólares, mas, nos primeiros 9 dias, podia ser comprado com 25% de desconto. Ao final do período de lançamento de 9 dias, quando o e-book voltou a custar o preço integral, ele já havia vendido 4.800 cópias, faturando um total de quase 72 mil dólares. Nem tudo foi lucro, é claro. A taxa do PayPal diminuiu um pouco a renda e tiveram de ser considerados os custos de produção com design, revisão e conteúdo agregado. Os afiliados também receberam sua parte. Mesmo assim, não há dúvida de que esses 9 dias foram extremamente rentáveis, com a ajuda, é claro, de uma oferta com data marcada para terminar. O prazo é o detalhe importante nesse caso, não o preço. As vendas mantiveram a mesma proporção ao final da promoção, impulsionadas pelo fôlego ganho durante o lançamento. O prazo da promoção leva os potenciais compradores a fechar o negócio imediatamente ao invés de postergar a decisão para mais tarde – ou nunca.

Entretanto, aqueles 9 dias poderiam ter sido ainda mais rentáveis. O gráfico que mostrava o nível de vendas no período de lançamento de 9 dias se parecia com um "V". Mais de 1000 cópias foram vendidas no dia oficial de lançamento, criando um pico imediato. Em seguida, contudo, as vendas caíram e somente voltaram a subir no final do período, quando Darren enviou um segundo e-mail alertando os leitores de que restavam somente 36 horas para comprar o livro com 25% de desconto. Esse e-mail gerou quase 1200 vendas.

Outros marketeiros já demonstraram que esse é um padrão típico, mas que pode ser melhorado. Jeff Walker, por exemplo, fez uma promoção em meio ao lançamento, transformando a forma em V do gráfico de vendas em um W, apenas adicionando alguns bônus na metade do caminho. Os potenciais compradores que viram o primeiro e-mail e decidiram pensar sobre o caso foram convertidos nessa ocasião, e um número menor de interessados se perdeu até o final da campanha.

Darren também concluiu que poderia ter investido mais esforço no estímulo de seus afiliados. Segundo ele, apenas 2 ou 3 venderam significantemente. Esse é um erro fácil de se cometer, especialmente para pessoas acostumadas a ganhar como afiliado. É fácil esquecer que nem todo mundo entende a importância de recomendar o produto, falar sobre ele e inserir um link afiliado não obstrutivo e fácil de encontrar. Vale a pena fazer o trabalho com os afiliados como parte dos preparativos, providenciando uma boa escolha de banners para que sejam usados pelos editores, mantendo-os bem informados sobre a campanha de lançamento, explicando-lhes o que podem fazer para aumentar as vendas – e recrutando o maior número possível de colaboradores. Isso tudo é bastante trabalhoso, mas, quando a recompensa é de quase 8 mil dólares ao dia, o esforço compensa.

Acabamos de discutir os infoprodutos, uma ferramenta para transmitir às pessoas seus conhecimentos sobre hobbies e ou profissão – e ser pago por isso. Os produtos em si podem vir em diferentes formatos e tamanhos; podem ser vendidos on-line, por meio de uma equipe de afiliados, ou entregues por meio de um sistema automatizado de carrinho de compras, facílimo de ser adicionado ao seu site. Faça um esforço. Embora seja possível ganhar dinheiro com um site em poucos dias, um bom produto de informação pode levar meses para ser confeccionado, sem contar o tempo para a criação de uma página de vendas sustentada por um time de afiliados. Entretanto, uma vez que tudo esteja pronto, você poderá relaxar, pois o dinheiro começará a chegar por conta própria, em um fluxo constante e de maneira inteiramente automatizada. Este será o momento de você relaxar e desfrutar do prazer de ver seus lucros aumentarem.

Capítulo 5

Ganhando dinheiro com programas de afiliados

No Capítulo 4, discutimos maneiras de comercializar o conhecimento por meio de infoprodutos. Ressaltamos ainda a importância de se estabelecer uma rede de afiliados para desenvolver o processo de marketing e garantir um bom posicionamento de mercado.

É importante lembrar, contudo, que esses afiliados não promoverão nossos produtos apenas por gostarem de nós. Eles deveriam gostar do que divulgam – e certamente não nos ajudariam se esse não fosse o caso –, mas não é isso o que fará com que "vendam nosso peixe", mas o fato de que serão pagos pelo trabalho. Daremos a eles uma parcela do preço de venda, transformando-os em representantes comerciais que trabalham inteiramente por comissão. É claro que, se perceberem que não estão ganhando o suficiente com isso, optarão por outro negócio. O fato de os afiliados continuarem a promover sua mercadoria demonstra que também estão lucrando com tal atividade.

A questão é a seguinte: se os afiliados podem lucrar vendendo nossos produtos à base de comissão, nós também podemos fazê-lo. Não se trata de escolher entre um e outro, ou seja, não é preciso optar entre ganhar dinheiro como afiliado ou criar produtos para que eles comercializem. Eu crio e comercializo infoprodutos, vendendo-os por meio de redes de afiliados, mas, ao mesmo tempo, também sou um afiliado e negocio produtos criados por outros editores. Na verdade, tais vendas geram altos rendimentos mensais para os meus sites. Afinal, quando se pretende lucrar com negócios na internet, a renda deve vir de todas as maneiras e formas possíveis.

Entretanto, ganhar dinheiro como afiliado requer estratégias diferentes das analisadas até agora. Quando buscamos lucrar com anúncios no site, estamos apenas negociando nossa especialidade. A princípio, nossos leitores acessarão nosso site unicamente para desfrutar do conhecimento gratuito que oferecemos. Contudo, ao posicionar de modo inteligente e adequado os anúncios disponibilizados por empresas como a Google e a Chitika, conseguiremos ganhar dinheiro sempre que os usuários clicarem neles e forem direcionados a outros sites cujos temas sejam similares aos nossos.

Em contrapartida, quando criamos um produto de informação, estamos comercializando nosso próprio conhecimento de modo direto. O formato escolhido é apenas uma maneira de transmitir tal conhecimento. A carta comercial, a rede de vendas, o carrinho de compras e a publicidade usada no lançamento são apenas ferramentas técnicas – o conjunto de métodos usado para vender o máximo de material possível ao maior número de pessoas – para que possamos lucrar o máximo. Assim como a qualidade da informação oferecida determinará quão popular um site se tornará, também a qualidade do conhecimento transmitido por meio dos infoprodutos influenciará quantos downloads serão feitos.

Ao vender como afiliado, a qualidade da informação continua sendo importante; contudo, não podemos influenciá-la – apenas escolhê-la. Se o produto que pensamos em promover não fornece informações boas o suficiente para ajudar nossos usuários, então o melhor é recusá-lo. A quantidade que ganharemos como afiliados independe da qualidade do nosso conhecimento, mas daquele de seu criador. Nesse caso, o que investimos no negócio é a nossa reputação.

$ 165

Ca$h!

Nosso site nos garante um público. Enquanto ele estiver aproveitando o conteúdo que apresentamos e nós estivermos disponibilizando um produto que ele não conhece e do qual provavelmente nunca teria ouvido falar sem nossa ajuda, talvez ele até o adquira se apenas dissermos que vale a pena. Esse produto poderia variar bastante em termos de preço. Se nossos leitores o vissem em uma loja, é provável que nem o notassem, mas, como somos nós que estamos lhes garantindo sua importância, muitos clicarão no link, irão ao carrinho de compras e enviarão seu dinheiro diretamente para o nosso bolso. Esse é o poder de um bom site, repleto de conteúdo confiável e de boa qualidade. Esse é o poder que a confiança dos nossos usuários pode nos outorgar.

Neste capítulo, explicarei como lucrar como afiliado. Começarei com uma pequena descrição do que isso significa exatamente e, então, mostrarei como encontrar comerciantes e se inscrever em seus programas. Por último, compartilharei detalhes das estratégias de sucesso que me permitem lucrar bastante com os anúncios afiliados que posiciono em meus sites e envio para as minhas listas de e-mails.

O que é exatamente um afiliado?

Os editores na internet se autodenominam afiliados; a Amazon os chama de associados; já as pessoas mais acostumadas a vender no mundo off-line tendem a usar um termo ainda mais simples: representantes comerciais.

Os sistemas de afiliados evoluíram muito desde o século XX. Independentemente de a Amazon ter sido uma das primeiras a oferecer um programa de afiliados, em 1996, o termo escolhido por ela é equivocado. No entanto, um afiliado também não é exatamente um representante comercial, pois este não tem qualquer influência sobre o produto que comercializa. A empresa em que trabalha lhe fornece uma pasta cheia de amostras e lhe diz que pode ficar com uma parte do que vender. Ele é empregado, mesmo que sua renda dependa inteiramente de suas habilidades como vendedores.

$ 166

Afiliados são, na realidade, empreendedores. Eles escolhem quais produtos querem vender, constroem seus próprios mercados e decidem qual será a melhor maneira de convencer as pessoas a comprar. Eles também não confiam apenas nessas vendas para ganhar dinheiro em seus mercados.

É importante ressaltar que esses afiliados são, na realidade, empresários independentes. Isso significa que o vendedor deve tratá-los com respeito – e pagar-lhes bem mais do que pagaria a um empregado. Também significa que o afiliado tem de assumir responsabilidades. Sua renda como afiliado dependerá em grande parte da sua conexão com o mercado e, também, de sua capacidade de levar seus leitores a comprar.

O conceito por trás do comércio via afiliados é bastante simples: ele escolhe um produto, apresenta-o no mercado e ganha uma parte do valor da venda quando um de seus usuários o adquire. (É possível encontrar alguns vendedores oferecendo pagamentos com base em custo por ação (CPA) ou custo por clique (CPC), mas 80% adotam o modelo de custo por venda (CPV), no qual se ganha uma comissão.) Ganhar muito vendendo como afiliado requer um pouco de habilidade; isso começa pela identificação do comerciante certo com o qual se irá trabalhar.

Escolhendo comerciantes que combinam com o seu mercado

Office Depot, Gap, Target, Toys "R" Us, Zappos.com,* Amazon.com etc. – se observarmos qualquer grande varejista que venda seus produtos on-line, no mundo real ou ambos, veremos que todos eles dispõem de uma rede de afiliados que os ajudam a movimentar seus estoques.

Mas, afinal, por que não contar com elas? Não há risco algum – o pagamento somente é feito quando alguém realmente vende algum produto –, mas, se a venda não ocorrer, um editor que trabalhe na

---

* Pela ordem: terceira maior rede varejista de equipamentos e suprimentos para escritório nos Estados Unidos; maior rede varejista de roupas nos Estados Unidos; segunda maior rede de lojas de departamento dos Estados Unidos; rede multinacional norte-americana especializada em brinquedos; maior rede varejista de calçados dos Estados Unidos e subsidiária da Amazon. (N.E.)

Ca$h!

mesma área logo colocará o anúncio de um concorrente em seu site. Varejistas, que não têm redes de afiliados, se arriscam a perder fatias de mercado. Isso significa que existem infinitas opções de representação, mas, ao mesmo tempo, que muitas delas serão ruins. Alguns produtos sempre venderão melhor que outros; e alguns vendedores sempre combinarão melhor com você e seus usuários.

Como afiliado, seu primeiro desafio será o de prever qual produto deverá oferecer ao seu público – e de qual vendedor. Em teoria, não é tão difícil quanto parece; contudo, é exatamente aí que muitos erram. Em uma pesquisa entre 450 afiliados, conduzida em 2009 pela AffStat. com,* como parte do Affiliate Summit,** pelo guru no campo de afiliações, Shawn Collins, 23% dos respondentes disseram escolher comerciantes afiliados com base em seus sistemas de gerenciamento. Um número similar faz suas escolhas de acordo com o nível dos pagamentos oferecidos pela empresa. Apenas 3% desse total escolhem representar um comerciante de acordo com a relevância do produto oferecido para o seu site. Isso talvez explique por que quase a metade desses afiliados estava ganhando menos de 500 dólares ao mês enquanto somente 4% amealhavam entre 10 e 20 mil e 17% afirmaram lucrar mais de 20 mil dólares todos os meses. Isso significa que, se você acertar no seu sistema de afiliação, poderá fazer seu negócio render muito. Mas é preciso acertar. O primeiro passo é escolher corretamente seus comerciantes.

Aqui se pode optar por dois caminhos. As redes de afiliados como a Commission Junction e a ClickBank funcionam como "câmaras de compensação" para comerciários. É possível escolher entre vários produtos, encontrar os que se ajustam melhor ao seu conteúdo e, então, adicioná-los ao seu site.

Essa abordagem funciona melhor se você tiver vários sites voltados para tópicos diferentes e estiver esperando que as afiliações lhe ofereçam

---

* Empresa que prepara e disponibiliza estatísticas anuais que avaliam e comparam produtos concorrentes (de acordo com os padrões vigentes). Tais avaliações são cruciais para o desenvolvimento de programas de afiliados. (N.E.)

** Conferência de cúpula de afiliados. (N.T.)

apenas uma pequena renda extra a cada mês. Do ponto de vista do publicador, o processo não poderia ser mais simples: inscreva-se, escolha um produto e coloque um anúncio em sua página. Qualquer venda que você faça significará um pequeno bônus. Este, aliás, poderá crescer se o anúncio for veiculado por uma grande rede de sites diferentes.

A alternativa é pegar os anúncios diretamente com o produtor ou por intermédio de alguém confiável. Já expliquei como criar sua própria rede de afiliados para promover seu produto, mas nem todos os produtores o fazem, especialmente se o produto for físico. Enquanto indivíduos que manufaturam brinquedos de madeira artesanais ficarão contentes em remeter seus produtos a eventuais compradores trazidos por afiliados, os grandes produtores preferem vender lotes inteiros para atacadistas ou gigantes do varejo. Eles confiam que esses intermediários encontrarão compradores.

Quando o objetivo é comercializar um produto de informação, é mais provável que o interessado se una ao programa de afiliados do próprio produtor. Se, em contrapartida, a ideia for oferecer produtos encontrados em lojas, provavelmente o indivíduo procurará os programas de afiliados dos grandes varejistas – e terá um pouco de dor de cabeça ao tentar avaliar os benefícios de cada um.

Seja qual for a abordagem escolhida – uma rede de afiliados ou os programas de diferentes varejistas –, você logo perceberá que existe uma gama de critérios que podem ser usados para avaliar esses programas. Diferentes comerciantes em programas de afiliados oferecerão porcentagens variadas para as vendas, tipos de anúncios e níveis de pagamentos mínimos distintos e serviços de atendimento ao cliente de qualidades variadas.

Todos esses fatores são importantes, mas nenhum deles se equipara à confiança dos seus clientes no comerciante em questão. Com comissões máximas de apenas 15%, a Amazon detém um dos sistemas de afiliados que paga menos (Figura 5.1); entretanto, o programa também é um dos mais populares, em parte por oferecer uma ampla variedade de produtos, mas, principalmente, porque as pessoas confiam na empresa. Todos que já compraram na Amazon sabem como o sistema funciona e têm certeza de que seus dados do cartão de crédito não serão usados para fins duvidosos.

Coloque um anúncio afiliado da Amazon em seu site e a confiabilidade do mercador não será motivo de preocupação. O único desafio remanescente será convencer seus usuários de que compensa comprar o produto anunciado.

É bem possível que tenha de investir muito tempo procurando o comerciante perfeito para o seu site em redes de afiliados. Você poderá perder horas comparando taxas de comissões, lendo avaliações de outros vendedores e tentando prever o atendimento que receberá do gerente de afiliados de uma empresa. Contudo, ao se valer de produtos

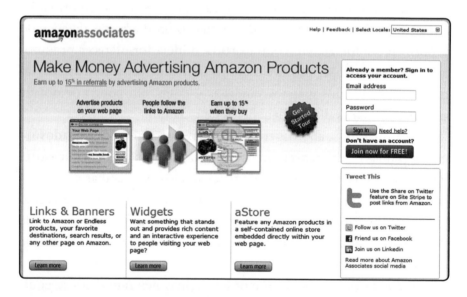

Figura 5.1 – O programa de associados da Amazon lhe permite oferecer qualquer dos produtos da empresa de várias maneiras diferentes, pagando uma comissão de até 15%. Na prática, contudo, essa comissão costuma ser bem mais baixa.

afiliados como um canal extra de complementação de renda, o fator mais importante será a facilidade com a qual conseguirá transformar seus usuários em compradores. Deve haver o mínimo possível de obstáculos entre o usuário e seu lucro. Isso significa que devemos escolher um comerciante que seja familiar aos nossos usuários e com o qual eles estejam acostumados a negociar.

Em geral, não há dúvidas quanto a isso. Se quiser, por exemplo, promover um livro sobre um tópico relacionado a um artigo que tenha escrito, é provável que a Amazon seja o parceiro mais indicado. Tudo começa a complicar um pouco caso existam várias opções de vendedores cujos programas sejam concorrentes entre si. Fotógrafos, por exemplo, têm agora a oportunidade de ganhar um pouco mais de dinheiro apresentando suas imgens em sites de armazenamento, que as licenciam para editores em troca de uma taxa. Cada um desses sites dispõe de um programa de afiliados que reflete o tipo de usuários dos quais mais precisa. O mais popular desses sites é o iStockphoto (www.istockphoto.com), que paga um prêmio único de 10 dólares por cada novo cliente, mas absolutamente nada por indicações. O BigStockPhoto (www.bigstockphoto.com) paga 5 dólares por novo fotógrafo e 35% do valor da primeira venda por novo comprador, enquanto o Dreamstime (www.dreamstime.com) é, potencialmente, o mais lucrativo de todos: paga aos afiliados 10% do que os fotógrafos indicados ganham e do que os clientes indicados gastam, por até 3 anos.

Pode até parecer que o programa de afiliados da Dreamstime oferece o melhor negócio; contudo, se os fotógrafos não acreditarem que a empresa venderá suas fotos, não se inscreverão. E, se os compradores não sentirem que a empresa lhes oferece uma variedade suficientemente grande de fotos, não comprarão nenhuma. Quando isso acontece, o afiliado ganha 10% sobre 0. De modo similar, um site com conteúdo direcionado a fotógrafos que disponibilize poucas fotos para compradores não teria muito lucro promovendo o iStockPhoto, já que essa empresa não paga nada por novo fotógrafo.

Ca$h!

Esse tipo de escolha aparece em todas as áreas. O programa de associados da Amazon é bem diferente do oferecido pela Borders ou pela Barnes & Noble. Enquanto a primeira paga de acordo com uma escala de desempenho, que chega a 8,5%, a última paga um fixo de 6%. A Amazon, com sua oferta máxima de 15%, torna a escolha ainda mais difícil, pois oferece dois programas de afiliados distintos: um com base em desempenho, no qual, apesar de alguns produtos pagarem até 15%, é improvável que muitos "associados" alcancem esse nível; e a estrutura clássica, que paga uma taxa fixa de 4%, o que é significantemente menos do que se você tivesse fechado com a Barnes & Noble.

Entretanto, o afiliado da Barnes & Noble pode encontrar dificuldades em conseguir vendas. Eles recebem comissão somente por vendas efetuadas on-line, que ocorrem com maior frequência na Amazon.

É relativamente fácil comparar os detalhes dos diferentes programas; contudo, sem conhecer as proporções de cliques desses sites e o tipo de público que os gerou, é muito complicado saber qual deles se adapta melhor ao seu próprio site. Por sorte, existem algumas maneiras de "tropeçar" em direção à melhor opção. A primeira é testar as alternativas. Isso leva tempo, mas é o único meio de saber com certeza qual delas garante os melhores resultados na prática.

A segunda é se beneficiar da experiência de outros editores da sua área. Lee Torrens, por exemplo, é um fotógrafo de banco de imagens cujo blog Microstock Diaries* (www.microstockdiaries.com) oferece conselhos a outros fotógrafos que estejam tentando incrementar suas vendas. Além disso, ele disponibiliza avaliações e perspectivas sobre os programas de afiliados do site, de modo que outros profissionais da área que possuam sites possam se beneficiar tanto com as orientações quanto com a venda de fotos. Seu site se tornou referência importante para fotógrafos esperançosos de ganhar algum dinheiro, pois os ajuda a escolher os melhores programas de afiliados para os seus sites, encurtando o tempo investido em testes. Você perceberá que esse tipo de

---

* Diários de bancos de imagens (N.T.)

informação colaborativa existe em diversas áreas; porém, se este não for o caso para o seu campo específico, já sabe sobre o que escrever em seu próximo blog.

Escolhendo o produto que as pessoas querem

Enquanto a tarefa de testar comerciantes e comparar programas pode causar alguma confusão, definir um produto é bem fácil. A regra é: escolha um produto que você conheça.

Já vimos como a confiança é vital para o sucesso de um programa de afiliados. Quando você confia que seus usuários terão um benefício real utilizando o produto anunciado, eles se sentirão contagiados por seu entusiasmo. Eles também saberão que, sempre que você estiver oferecendo um produto, não o estará fazendo apenas para ganhar dinheiro; acreditarão que você mesmo já utiliza o produto e que o adora, portanto, eles também gostarão.

Esse é um dos melhores aspectos em se adicionar links afiliados ao seu site. Você não somente poderá recompensar o criador de um produto do qual gosta, mas também levará um benefício real aos seus próprios leitores – e ainda ganhará dinheiro com isso. Talvez o melhor lugar para encontrar produtos para recomendar sejam sua própria estante e mesa de trabalho. Se você comprou algo e gostou, a recomendação do produto é o próximo passo. Contudo, como acontece com todas as regras, essa também tende a ser quebrada.

Há inúmeros sites ganhando muito dinheiro com links afiliados que anunciam produtos que o próprio editor nunca viu. Meu próprio site, o DealofDay.com, está repleto de links afiliados para produtos que eu nunca testei. Mas, nesse caso, o site não é pessoal e a gama de produtos ofertados deixa claro que não se trata de recomendações. O site apresenta oportunidades e os usuários são livres para decidir se querem aproveitá-las ou não (Figura 5.2).

Ca$h!

Figura 5.2 – Meu site DealofDay.com lista ofertas de milhares de varejistas. Não se trata de recomendação pessoal, mas de oportunidades para compradores que estejam à procura de promoções – isso me garante muitas oportunidades de lucrar com afiliados.

Esse procedimento gera um novo tipo de oportunidade para os editores. Se você escreve sobre produtos, independentemente de sua abrangência, ainda poderá ganhar dinheiro com links afiliados. A estratégia aqui muda de marketing de nicho para marketing de massa. Em vez de promover um produto cuidadosamente escolhido para indivíduos que certamente gostarão dele, oferece muitas opções diferentes a uma grande variedade de pessoas, na esperança de que o número de alternativas agrade a todos – ou, ao menos, o número suficiente para lhe garantir um bom número de vendas.

Sites como esse não são fáceis de fazer, nem os produtos de se comercializar. Quando se tem uma ampla variedade de produtos, tudo o que se pode fazer é deixá-los à disposição. Não se pode empurrá-los aos compradores, pois ninguém jamais acreditará que você tenha usado e aprovado cada um deles. Até mesmo sites de resenhas, que são ótimos para adicionar muitos produtos afiliados, podem encontrar dificuldades nesse campo. Se você escrever uma crítica negativa, ninguém comprará o produto. Desse modo, você terá aniquilado suas próprias chances de ganhar comissão. Contudo, se escrever apenas boas críticas, poderá prejudicar a credibilidade do site, o que é ainda mais sério. Isso não significa que não possa ser feito. Sites de resenhas focados em um nicho específico podem gerar uma boa renda e muitas oportunidades para oferecer tanto conteúdo útil quanto anúncios rentáveis.

O AppCraver (www.appcraver.com), por exemplo, é um site que publica resenhas curtas de aplicativos para iPhone. Cada crítica vem com um link afiliado que direciona o usuário à loja da Apple onde ele poderá efetuar a compra. (A Apple paga 5% de comissão por venda.) Mas essa não é a única maneira pela qual o site monetiza as resenhas. Na verdade, é bem provável que a maioria dos usuários compre diretamente de seus iPhones, em vez de baixar o aplicativo para o iTunes e então carregá-lo em seu dispositivo móvel. Por isso, o AppCraver oferece um caminho alternativo para transformar usuários em dinheiro vivo. Além dos links para os aplicativos, o site mantém uma loja que vende acessórios para iPhones. A loja opera a partir de um site separado, mas os anúncios para diversos produtos estão posicionados na mesma página, bem ao lado das resenhas (Figura 5.3).

Em relação à escolha de produtos, você perceberá que ser seletivo e recomendar itens que já tenha testado e aprovado poderá lhe proporcionar bons retornos. Também é possível construir um site de resenhas que ofereça links afiliados para vários produtos diferentes. Apenas tenha o cuidado de não depender inteiramente desses afiliados para garantir toda a sua renda.

Estratégias para garantir o sucesso com afiliações

Quando se está ganhando dinheiro com anúncios CPC, a estratégia é simples. Escreva bom conteúdo e atraia leitores. Coloque os anúncios em lugares interessantes e de fácil visualização e otimize-os para que

Figura 5.3 – O AppCraver publica resenhas de aplicativos para iPhone, gerando inúmeras possibilidades para o posicionamento de anúncios afiliados. Um deles aparece no alto de cada crítica, enquanto os anúncios gráficos são alinhados ao lado direito da página. O lado esquerdo aponta para acessórios disponíveis na loja afiliada ao site.

pareçam conteúdo. Consiga um bom tráfego, sente e espere o dinheiro entrar. É algo impressionante.

Trabalhando com base em CPM, a estratégia é ainda mais simples. Basta atrair o máximo possível de usuários e direcionar seus esforços para a geração de tráfego. Os anúncios CPM adicionarão um valor extra à sua renda mensal sem grande esforço.

Contudo, quando se deseja aumentar a receita e adicionar renda com afiliados, a estratégia se torna um pouco mais complexa. O sucesso dependerá dos fatores descritos a seguir.

A escolha certa de produto e comerciante

Já falamos sobre a importância deste fator. O comerciante deve ser confiável para tornar o caminho do leitor até seus lucros suave e livre de obstáculos. Os melhores nessa área sabem que a sua reputação tem valor e frequentemente se aproveitam disso, oferecendo comissões menores. Se você acredita que seus usuários pensariam duas vezes antes de comprar de um fornecedor que não conhecem, então vale a pena receber um pouco menos por cada venda, mas, ao mesmo tempo, ser compensado com um volume maior.

Ao escolher o produto, a melhor opção será sempre promover artigos que conhece e nos quais acredita, pois poderá oferecê-los aos seus leitores com a sensação de estar lhes oferecendo algo valioso. Isso não tem preço. A alternativa é oferecer uma categoria de produtos específica, como: aplicativos para iPhone, ferramentas de jardinagem ou jogos para computador. Se desenvolver um site que lhe permita falar sobre diferentes modelos em uma mesma categoria, poderá usar os anúncios afiliados como alternativas lucrativas e adicionais aos seus anúncios CPC. Essa estratégia pode ser muito útil, especialmente para sites de resenhas.

É claro que, não importa a estratégia utilizada, os produtos oferecidos precisarão combinar com o seu público. Não há sentido em apresentar um anúncio afiliado de um produto caro e de comissão alta a indivíduos que não estejam dispostos a comprá-lo.

Faça recomendações

Sites que dependem muito de links afiliados, como os de resenhas, tendem a ser mais difíceis de se construir. Eles precisam ser deliberadamente planejados, pois você precisa saber sobre quais produtos irá escrever, como irá fazê-lo e de que fonte receberá os links afiliados. Em geral, você irá preferir manter o processo o mais fácil possível, usando um número mínimo de fornecedores. Isso deixará a implementação mais simples e o rastreamento das estatísticas mais claro; também é provável que sua renda em comissões seja mais alta, porque venderá mais produtos para os seus parceiros.

Posicionar eventuais links afiliados para produtos que você mesmo tenha usado sempre será mais fácil, pois você não precisará criar um site específico nem terá dificuldades em escrever sobre produtos que já conhece. Sempre que utilizar um produto e considerar que seus leitores também irão gostar dele, poderá escrever sobre isso em seu site. Não será nem mesmo necessário criar um artigo específico sobre o produto. Simplesmente mencioná-lo em uma postagem no blog, que teria sido escrita de qualquer modo, também poderá gerar vendas.

Esse tipo de abordagem casual muitas vezes parece mais natural, o que aumenta ainda mais a confiabilidade. Aliás, uma boa ideia é tornar isso uma prática regular. Se perceber, por exemplo, que cada vez que recomenda um produto você ganha em torno de 500 dólares em comissões, então o processo de incluir uma recomendação similar em seu blog uma vez ao mês poderá integrar suas práticas no sentido de gerar renda. Contudo, não exagere, pois recomendações em excesso farão sua taxa de conversão cair – os usuários têm um orçamento limitado; uma ou duas vezes ao mês deve ser o suficiente para gerar uma fonte adicional de renda confiável. A recomendação é a chave do negócio.

O marketing de afiliados é diferente, porque os anunciantes não se incomodam se você promover seus produtos. Pelo contrário, por estarem cientes de que somente precisarão pagá-lo se os seus usuários de fato lhes renderem dinheiro, o incentivarão a fazê-lo. Os grandes comerciantes mantêm até gerentes especiais para os afiliados, cuja tarefas é aconselhar seus afiliados sobre o melhor modo de promovê-los. Seria um desperdício não usar um sistema de monetização que garante tamanha independência e influência.

No geral, quanto mais intensamente você recomendar um produto afiliado, mais alta será a taxa de conversão. Essas recomendações podem tomar inúmeras formas. A mais eficiente é dizer: "Eu usei este produto e sei que ele é maravilhoso; portanto, você também deveria usá-lo." Contudo, ao se valer de tal abordagem, certifique-se de que ela ganhe vida. Conte o que o levou a usar o produto, descreva seus efeitos e aponte várias características que o impressionaram. Veja um exemplo de uma postagem curta para um produto afiliado recomendado que poderá lhe servir de modelo:

Agora eu sei onde estou

Eu sempre tento ser pontual. Calculo cuidadosamente o tempo que levarei para chegar ao meu destino. Costumo sair cedo, reservando tempo suficiente para enfrentar eventuais engarrafamentos. Não me importo de interromper o que estou fazendo — mesmo quando estou concentrado — para assegurar que não me atrasarei.

Entretanto, devo confessar que não tenho o mínimo senso de direção. Não interessa quantas vezes eu confira o mapa, pode ter certeza de que errarei pelo menos uma saída. Na semana passada, por exemplo, eu tinha de levar um pacote ao correio. (Minha irmã acaba de ter um bebê, e minha esposa queria enviar-lhe um novo edredom.) Desde que nos mudamos para meu endereço atual, eu já devo ter ido até lá uma centena de vezes, mas, como previsto, peguei a saída errada e acabei na direção contrária da estrada.

Gostaria de poder dizer que eu sempre me atraso pelo menos 10 minutos por causa de minha esposa, mas a verdade é que eu me atraso porque nunca sei onde estou. Na semana passada finalmente me cansei de cometer esses erros, admiti que não tenho cura e comprei um equipamento GPS. É ótimo. Escolhi o Magellan RoadMate 1470. Até agora ele está funcionando perfeitamente. Os gráficos são muito mais fáceis de ler do que eu esperava. A voz é clara e bem menos irritante do que as crianças perguntando: "falta muito para chegamos?" E, até o momento, ele nunca me direcionou para dentro de um rio. Se você sofre de desorientação geográfica crônica, como eu, também deveria adquirir um GPS Magellan RoadMate 1470. Com ele, talvez você finalmente chegue na hora certa.

Há alguns pontos a se observar antes de se escrever uma postagem de suporte a afiliados como essa. Em primeiro lugar, ela tem caráter pessoal: está repleta de pequenos detalhes que fornecem informações sobre o autor. O artigo não conta apenas que o autor foi à agência dos correios, mas explica a razão e até o que havia no pacote. Isso transporta o leitor para dentro de sua vida e constrói uma conexão pessoal. Isso não é simplesmente um anúncio; é um amigo dizendo a outro amigo o que lhe aconteceu recentemente. Esse é exatamente o estilo de comunicação que promove vendas.

Além disso, o artigo é leve. Ele não descreve todas as características do produto nem mesmo diz que é o melhor sistema de GPS do mercado. Uma resenha pode fazer isso, mas, ao recomendar um produto que funcionou bem para você, não necessariamente saberá se ele é de fato o melhor do mercado ou, até mesmo, bom o bastante. Falar sobre sua própria experiência é tudo o que você pode fazer, pois é ela que lhe diz que o produto é bom o suficiente para você. Essa é a sua vantagem, que pode ser aproveitada ao máximo com um post como este.

Caso pretenda usar esse modelo para gerar uma renda constante com afiliados em seu site, comece criando contexto. Explique o que o levou a comprar determinado produto para que a solução oferecida se torne clara. Faça alguns comentários positivos acerca do produto. Não exagere (a não ser que você realmente creia que se trata da melhor invenção da internet desde o bloqueador de spam). Apenas diga o que você mais gosta no produto. Por último, sugira que pessoas como você – o que deve se aplicar à maioria de seus leitores – lucrariam bastante adquirindo um igual.

Trata-se de uma abordagem sutil e descomplicada, que não deixa seus leitores com a impressão de alguém está simplesmente tentando empurrar-lhes algo difícil de vender. Provavelmente, essa técnica não irá transformá-lo em milionário instantaneamente, mas deve lhe render taxas de conversão de pelo menos 1% a 2%. Isso pode não parecer muito – significa que 99 entre 100 leitores não comprarão –, mas um produto como um GPS custa nos Estados Unidos em torno de 135 dólares. Na Amazon, isso daria ao afiliado uma comissão de 5,40 dólares por cada venda. Para ganhar 540 dólares adicionais por mês, teria de efetuar 100 vendas; contudo, considerando uma taxa de conversão modesta de 1%, precisaria de 10 mil leitores por mês. Se você estiver gerando esse tipo de tráfego – e um site que já está no ar por algum tempo deveria gerá-lo –, então esse é o tipo de incremento de renda que poderá esperar de um mero post recomendando um produto afiliado.

Você deve caracterizar uma postagem como esta como "recomendação com base em experiência." Ela diz: "eu utilizei este produto e gostei. Você também irá gostar." Nem sempre você poderá dizer isso de qualquer produto que ofereça, simplesmente porque não conseguirá testar todos eles. (Se bem que, ganhando 500 dólares por mês com uma recomendação ocasional, gastar 130 dólares em um gadget que poderá ser recomendado posteriormente até parece um bom negócio. Estará lucrando 370 dólares e ainda terá adquirido um novo brinquedo a cada mês.)

Uma abordagem alternativa consiste em recomendar o produtor. Isso é algo que eu faço costumeiramente. Se profissionais com Yanik Silver, Shawn Collins e alguns outros marqueteiros que costumo encontrar em conferências estiverem lançando um novo produto, certamente será algo de boa qualidade. Afinal, eu já os vi em ação, conheço sua capacidade e estou ciente de que aquilo o que eles produzem não é lixo. Embora não possa dizer o que cada um de seus produtos já fez por mim, caso ainda não os tenha usado, serei plenamente capaz de descrever o que o produto faz e dizer a meus leitores tudo o que o profissional que estou recomendando já realizou em sua trajetória. Isso é fácil de lembrar, pois essas pessoas ainda não lançaram nenhum produto que fosse ruim. Mais uma vez, é uma questão de confiança.

No caso dos posts de "experiência", as vendas dependerão da profundidade da conexão que existir entre o editor e seu público. Se os leitores se identificam com o editor e gostam dele, terão certeza de que apreciarão os mesmos produtos. Ele confiarão em seu julgamento. Por exemplo, se eu lhes disser que um editor específico tem boa informação e que todos deveriam escutá-lo, muitos o farão simplesmente por confiarem em mim. Claro que tal confiança somente irá durar enquanto se provar verdadeira. Se, no final da contas, o produto for pobre

Ca$h!

ou minha confiança no produtor recomendado mostrar-se equivocada, certamente minhas taxas de conversão despencarão. Vale lembrar que, ao se perder a confiança, perde-se também a renda.

Portanto, embora tais recomendações sejam fáceis de se fazer, também contêm um elemento de risco. Escolha-as cuidadosamente e jamais promova um produto apenas para ajudar um amigo. Um amigo de verdade entenderá que você terá de recusar seu pedido caso não esteja totalmente seguro de que o produto de fato cumpre o que promete.

Um terceiro tipo de "recomendação" é aquele que simplesmente informa sobre a existência de um produto às pessoas, classificando-o como interessante. Essas são provavelmente as recomendações mais populares, talvez por serem as mais simples. Se você vê um livro, um celular ou uma ferramenta que gostaria de adquirir, poderá simplesmente escrever um artigo contando às pessoas sobre isso. Inclua um link afiliado e algumas pessoas o comprarão. Nesse caso, a taxa de conversão certamente será mais baixa do que para um produto recomendado pessoalmente ou que tenha sido criado por alguém que você conhece, mas, ainda assim, será possível fazer algumas vendas que lhe garantirão uma pequena renda extra. O número de vendas será afetado também pelo posicionamento, assunto sobre o qual discutiremos a seguir.

Posicionamento

A primeira vez que eu realmente percebi o grande potencial da internet foi quando me dei conta de que o simples ato de mover meus anúncios de um lugar da página para outro aumentava drasticamente minha taxa de cliques. O conteúdo é importante, claro, mas a maneira usada para implementar os anúncios tem um efeito imediato sobre o retorno. Não surpreende, portanto, que posicionamento e implementação tenham grande influência também sobre a renda com afiliações.

Quando se está trabalhando com unidades de anúncios, há muito para se experimentar. Pode-se trabalhar com esquemas de cores e fontes ou testar diferentes palavras-chave para ver quais delas atraem os melhores anúncios. Também é possível tentar diferentes tamanhos para saber quais têm mais chances de atrair os olhares dos leitores. Isso faz parte de um processo, e, apesar de existirem diretrizes que encurtam a fase de testes, ainda é preciso investir algumas semanas testando diferentes estratégias até se ter certeza sobre o que funciona melhor para o site em questão.

No caso dos links afiliados, isso é bem mais simples. Os links de texto funcionam melhor que anúncios em banners, e os integrados ao conteúdo têm um desempenho ainda melhor que aqueles colocados na seção de navegação. A diferença é extraordinária e prova que a simplicidade é a melhor escolha. Pelo menos um blogueiro já atestou que o fato de simplesmente trocar seu banner afiliado por um link de texto aumentou sua proporção de cliques em 60%. Outros viram resultados ainda mais dramáticos com mudanças igualmente simples.

Grandes lojas como a Amazon oferecem uma gigantesca gama de unidades de anúncios diferentes (incluindo versões contextuais, que tentam ler o conteúdo da sua página e servir produtos que combinem com ele, bem ao estilo AdSense). São todos muito bonitos e descolados, mas raramente seu desempenho é tão bom quanto o de um simples link para o produto (Figura 5.4).

As razões para isso são bastante claras: em primeiro lugar, um link de texto parece algo mais natural do que um anúncio em banner que, embora mais visível, lembre mais um anúncio e, portanto, ofereça menor probabilidade de ser clicado. Os usuários sabem que podem ignorar anúncios sem maiores problemas, mas também estão cientes de que, quando o editor se dá ao trabalho de fornecer um link direto para outro site, pode estar recomendando o conteúdo ou acrescentando a ele informações adicionais que merecem ser lidas.

O texto em torno do link também leva o usuário a clicar nele, pois integra o produto ao contexto e acaba despertando curiosidade. Tendo lido sobre o produto, o visitante fica tentado a vê-lo. Além disso, links

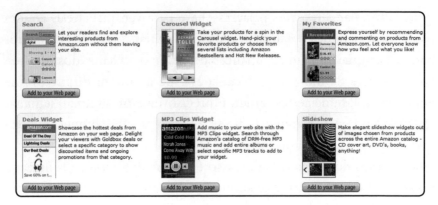

Figura 5.4 – A Amazon oferece uma variedade gigantesca de links para produtos, banners e widgets com o intuito de atrair usuários e fechar vendas. Entretanto, o que funciona melhor são os links de texto.

de texto deixam a página web mais limpa, enquanto as abarrotadas de imagens chamativas tendem a afugentar os leitores que, em geral, preferem sites concebidos primariamente para disponibilizar conteúdo.

Isso não significa que anúncios afiliados com imagens nunca valham a pena. A verdade é que, apesar de os links de texto geralmente funcionarem melhor que outros anúncios, a melhor estratégia para aumentar as taxas de cliques e, consequentemente, as vendas, consiste em combinar vários métodos. Na amostra que utilizei como exemplo, eu esperaria que a maior parte da comercialização viesse do link de texto que contém meu código de afiliado. Contudo, também usaria uma imagem afiliada do produto para ilustrar a postagem. A presença de elementos gráficos na página é fundamental para atrair os olhares; portanto, usar um anúncio afiliado da Amazon, ou mesmo linkar uma imagem com o código de afiliado, oferecerá mais oportunidades para que os leitores aprendam sobre o produto – e mais chances de o dono do site lucrar.

Outra possibilidade está em posicionar unidades de anúncios afiliados na página. Não se deve, entretanto, esperar que eles gerem mais cliques que os anúncios convencionais com base em CPC, pois o lucro virá apenas daqueles que gerarem vendas, o que, em geral, é mais provável de acontecer em sites como o AppCraver, que discutem produtos. A posição na página também não é tão importante quanto possa parecer. Ao usar o Kontera, é preciso investir algum esforço para assegurar que os anúncios não sejam publicados no final da página, onde ninguém os verá. O problema é que a Kontera não lhe garante nenhum controle direto sobre quais termos serão linkados. Em contrapartida, quando estiver inserindo seus próprios links afiliados, você mesmo poderá escolher onde colocá-los e, mais importante, o texto que ficará ao redor deles. Com anúncios afiliados, você detém o controle absoluto. É claro que posicionar o link afiliado na última palavra da página nunca será uma boa ideia, mas, fora isso, não importará muito se ele aparecer nos primeiro, segundo ou quinto parágrafos desde que o texto precedente cuide de despertar o interesse e o entusiasmo necessários para persuadir os leitores a clicar nele.

Envie e-mails afiliados

Grandes danos têm sido causados pelo spam. Segundo o Ferris Research (ferris.com), o custo global em perda de produtividade causado pelo envio de e-mails não solicitados e indesejados foi de incríveis 130 bilhões de dólares em 2009. Todo o tempo perdido em vasculhar pastas atrás desse "lixo eletrônico" – repleto de ofertas de pílulas de ervas e imitações baratas de relógios caríssimos – e apagá-lo acabou gerando grande impacto sobre o marketing legítimo de mala direta.

Nos Estados Unidos, a comparação dos números produzidos a cada ano pela Direct Marketing Association (DMA)* revela que entre 2006 e 2009, quando o volume de spam que circulava na internet continuava a bater recordes, o retorno sobre investimento com e-mails promocionais caiu cerca de 25%. Isso fez parecer que essa estratégia de marketing estivesse em perigo, pelo menos até que os números fossem

---

* Trata-se da Associação de Marketing Direto, sediada em Nova York, Estados Unidos. (N.T.)

Ca$h!

avaliados mais de perto. Em 2006, de acordo com a DMA, cada dólar gasto com a criação e o envio de e-mails com uma oferta promocional gerava 57,25 dólares de retorno. Em 2009, esse retorno havia caído para 43,62 dólares. Vale ressaltar, contudo, que ele ainda representa o dobro do valor alcançado com anúncios com base em pesquisa. (Para efeito de comparação, o retorno sobre investimento dos catálogos enviados pelo correio tradicional foi estimado em apenas 7,32 dólares.) A razão pela qual spammers* continuam enviando bilhões de e-mails indesejados a cada ano é o fato de até mesmo sua abordagem irritante e agressiva garantir lucros. Anunciar via e-mail funciona melhor que qualquer outra forma de marketing na web.

Entretanto, o spam tornou as pessoas mais desconfiadas. Segundo a DMA, em 2009, marqueteiros gastaram 600 milhões de dólares em malas diretas por e-mail. E isso é apenas uma parte dos 11,2 bilhões gastos em marketing com base em pesquisa, mesmo considerando o fato de os lucros terem caído pela metade. Isso significa que os profissionais que sabem como usar o marketing via e-mail, ou seja, aqueles que sabem o que fazer para transmitir informações a respeito de produtos de qualidade a pessoas que realmente escolheram recebê-las, conseguem aproveitar ao máximo essa grande oportunidade.

Não é difícil fazer marketing de qualidade via e-mail. Nos Estados Unidos, até mesmo as leis garantem uma pequena ajuda. O CAN-SPAM Act,** de 2003, ameaça o anunciante com multas de 11 mil dólares por cada e-mail não solicitado enviado a cada destinatário. Considerando o número de destinatários em cada campanha de spam, isso é uma grande ameaça. A aplicação ocasional de gigantescas multas pelas autoridades acabou coletando pilhas de dinheiro e confiscando Porsches de desafortunados artistas na área de spam. Entretanto, a maioria dos

---

* Termo usado em inglês cujo significado é "indivíduo que envia spams". (N.E.)

** A CAN-SPAM Act, uma abreviação para **Controlling the Assault of Non-Solicited Pornography and Marketing Act** [Lei de controle de propagandas e anúncios pornográficos não solicitados], é uma lei federal norte-americana que proíbe o envio de e-mails comerciais não requisitados. No Brasil também já existe legislação: http://www2.camara. gov.br/documentos-e-pesquisa/publicacoes/estnottec/tema4/pdf/305590.pdf. (N.E.)

spammers acredita que nunca será pega em flagrante, então, continua enviando suas mensagens. O ato pode não ser muito eficaz para reduzir o spam, mas disponibiliza boas diretrizes que podem ser facilmente compreendidas e seguidas por qualquer um que deseje fazer marketing via e-mail. Pode-se pensar nelas como regras para a realização de bons negócios via e-mail. Elas cobrem 3 áreas:

1. *Possibilidade de cancelamento.* Todo e-mail de marketing enviado deve, necessariamente, oferecer um meio para que o destinatário possa suspender o recebimento; esse pedido deve ser honrados dentro de 10 dias. Isso geralmente é feito por meio de um link de cancelamento ao final do e-mail.

2. *Conformidade de conteúdo.* As linhas de "remetente" e "assunto" devem ser relevantes; além disso, é preciso que o anunciante inclua seu endereço físico na mensagem, não apenas o de e-mail.

3. *Conformidade de comportamento no envio.* Esse procedimento visa evitar comportamento enganoso por parte do anunciante o spammer. Ele proíbe o envio de e-mails por meio de relays* abertos para endereços que tenham sido coletados usando-se uma chamada falsa. Esse é o tipo de procedimento que somente um verdadeiro spammer utilizaria, e não afeta os marqueteiros legítimos.

Essas condições são mínimas, e não há restrições quanto ao envio de e-mails a clientes existentes ou a pessoas que tenham solicitado informações sobre produtos. O CAN-SPAM chama isso de "mensagem de relacionamento" e considera o ato perfeitamente legítimo. Na prática, os verdadeiros marqueteiros vão além das regras do CAN-SPAM e utilizam listas de "dupla subscrição". Os assinantes precisam clicar em um botão para aceitar receber e-mails de um anunciante. Posteriormente, eles receberão outra mensagem de confirmação na qual terão de

---

* Trata-se de um dispositivo eletrônico de transmissão de sinais. (N.T.)

Ca$h!

clicar novamente antes de serem adicionados à lista. Isso impossibilita que endereços sejam adicionados de modo inescrupuloso e, ao mesmo tempo, impede que alguém possa alegar que não deveria estar na lista. Se isso parece uma pilha de obstáculos entre você e seus potenciais clientes, entenda que essa prática beneficia tanto os marqueteiros como os destinatários. Ela assegura que os endereços de e-mail da sua lista sejam funcionais e precisos, o que reduz a proporção de falhas quando suas mensagens são enviadas. Além disso, o sistema não requer grande genialidade na área de programação, afinal, serviços de e-mails em massa muitas vezes oferecem roteiros gratuitos para seus clientes. A SendBlaster (www.sendblaster.com), por exemplo, disponibiliza um script PHP simples, que você mesmo pode baixar em seu servidor, juntamente com uma explicação em 5 passos de como usá-lo (Figura 5.5). É muito simples, e a maioria dos bons sistemas de envio de mala direta eletrônica disponibiliza uma caixa de ferramentas para os seus clientes. Eles querem que o seu marketing por e-mail seja fácil justamente para que você se torne um assinante, o que é um bom negócio. É claro que você ainda terá de montar sua lista, mas uma parte da sua estratégia de negócios pela internet deveria consistir na angariação de endereços de e-mail. Desse modo, você poderá distribuir uma boa quantidade de amostras grátis, relatórios e *white papers** para atrair as pessoas para seu site e divulgar seu nome pela web. Em troca, deve sempre receber um endereço de e-mail que lhe permita enviar-lhes informações sobre produtos que possam desejar adquirir no futuro.

Milhares de pessoas passarão por seu site todos os meses. Faça com que elas deixem um gancho pelo qual poderá trazê-los de volta no futuro. Isso também lhe dará a oportunidade de lhes oferecer outros produtos. Alguém que tenha demonstrado interesse suficiente nas informações disponibilizadas em seu site a ponto de ceder seu e-mail

---

* A tradução literal é "papel branco". Trata-se de uma expressão surgida no Reino Unido e aplicada aos documentos governamentais, informes e anúncios políticos. Desde o começo da década de 1990, refere-se também aos documentos originais usados por empreendimentos como ferramenta de marketing ou de vendas. (N.T.)

Figura 5.5 – A SendBlaster o ajudará a construir um sistema de dupla subscrição em apenas alguns segundos.

poderá também se interessar por outras informações gratuitas. As pessoas que se inscrevem para receber a cópia gratuita do meu e-book sobre o AdSense, por exemplo, são solicitadas a deixar seu endereço de e-mail e, então, direcionadas a uma página de agradecimento na qual as alerto para que confiram seu filtro de spam e chequem o recebimento da mensagem de confirmação. A metade de baixo da página é o anúncio de um teste grátis do meu boletim informativo Top One Report.* Os usuários que se inscrevem para receber o relatório são suficientes para cobrir os custos dos livros que oferto gratuitamente. Portanto, utilizo um produto de informação para aumentar a minha lista de e-mails e, ao mesmo tempo, angario assinantes que pagam por uma publicação on-line.

De fato, não é preciso muito esforço para criar um produto de informação gratuito, disponibilizá-lo on-line e capturar endereços de e-mail das pessoas que querem aproveitá-lo. Conforme incrementar sua lista de e-mails, ou melhor, suas listas, certifique-se de que todas estejam bem organizadas. Afinal, quanto mais produtos tiver, mais listas possuirá. Elas provavelmente estarão relacionadas a produtos com

---

* Trata-se de um boletim em inglês (ou guia on-line) que auxilia as pessoas a utilizar a internet para expandir seus negócios. (N.T.)

Ca$h!

características similares — alguém, por exemplo, que baixe uma lista contendo sugestões de reparos domésticos de baixo custo provavelmente se interessará por um e-book sobre carpintaria doméstica —; portanto, você sempre poderá enviar informações sobre produtos similares a diferentes listas. Contudo, ao deparar com esse tipo de sobreposição, assegure-se de que não está enviando a mesma informação a um mesmo destinatário em duplicidade. Isso é fácil de ocorrer e reduz o tamanho das listas, já que muitas pessoas optarão pelo cancelamento.

Então, o que deve ser enviado às pessoas em suas listas? É importante ressaltar que o marketing de afiliados por e-mail é diferente do on-line. Seus visitantes acompanharão seu site somente depois de optarem por fazê-lo. Em contrapartida, um e-mail é enviado a alguém que não veio até você; foi você quem se aproximou do cliente em potencial oferecendo-lhe um produto que acredita que lhe será valioso. Essa é a mesma diferença que existe entre vendedores de lojas que perguntam ao comprador se podem ajudá-lo e o indivíduo que distribui panfletos na rua. Pessoas que entram em lojas estão dispostas a ouvir; passantes — mesmo que estejam olhando pela vitrine da loja — lhe cederão apenas um segundo de seu tempo; portanto, é preciso ser rápido para mantê-los interessados e guiá-los até o interior da loja.

Isso significa que mensagens por e-mail contendo links afiliados tendem a ser mais comerciais que o conteúdo de um site.

Certamente existe o risco de que um assinante que receba uma mensagem comercial vá diretamente ao link de cancelamento ao final da mensagem. Não há problema nisso, afinal, se um assinante decide que não quer ser incomodado com mensagens de vendas nem está interessado nos produtos que escolhi para lhe oferecer, não há razão para continuar enviando tais e-mails. Esses indivíduos não irão comprar, portanto, não devo incomodá-los. É preferível enviar e-mails para 100 pessoas interessadas em comprar do que a 1000 que não demonstrem o mínimo interesse. Sendo assim, cada vez que envio um e-mail à minha lista de assinantes, já me preparo para receber um

$ 190

número de pedidos de cancelamento. Esses números tendem a ser menores do que as pessoas imaginam – esse é o benefício da subscrição dupla e de oferecer bons produtos.

Particularmente, gosto de rastrear esses números.

Se uma oferta específica resulta em um número elevado de cancelamentos, opto por não mais oferecer esse tipo de produto, pois percebo que meus assinantes não estão interessados em vê-lo, muito menos em comprá-lo. As respostas que recebo me dizem algo sobre meus assinantes e sobre as informações que estão procurando. Infelizmente, grande parte dessa informação nos apresenta um feedback negativo. Vamos supor, por exemplo, que um conhecido marqueteiro me apresente um kit que permita a editores de sites criar automaticamente páginas de "termos e condições". Suponhamos que, por conhecer o editor e considerar que o produto possa ser de qualidade e atender às necessidades dos meus assinantes, eu decida transmitir-lhes essa informação por meio de um e-mail com um link afiliado. Existem somente duas alternativas neste caso: se o produto gerar um número de vendas abaixo da média, é improvável que eu volte a oferecer algo semelhante por algum tempo, pois entenderei que meus assinantes encontraram outras maneiras para lidar com esse tipo de problemas e não tentarei lhes oferecer soluções diferentes.

Todavia, o produto poderá alcançar uma taxa de conversão razoável de 1% a 2%. Nesse caso, se eu enviar o e-mail a 20 mil assinantes e 1% o adquirir por, digamos, 197 dólares, a renda total será de 39.400 dólares. Se considerar que minha parte é de um terço, terei ganhado pouco mais de 13 mil dólares. Esse dinheiro estará disponível em dois ou três dias após o envio do e-mail e todo o processo terá se mostrado bastante lucrativo. Uma vez que seu empreendimento on-line já esteja estabelecido, suas listas tenham alcançado um nível satisfatório e você já tenha firmado relações com outros editores que ofertem bons produtos, tais processos se tornarão parte integrante da sua vida profissional. Qual será, então, o próximo passo?

Se já reconheci que meus assinantes tinham de fato um problema com a construção das páginas legais de seus sites, mas resolvi esse problema, não posso oferecer outro produto similar, nem mesmo na esperança de alcançar os outros 99% que não se interessaram da primeira vez. Afinal, se eles não acharam o primeiro e-mail interessante, nada provocará mais cancelamentos que insistir no mesmo assunto. Eu poderia até oferecer outros produtos relacionados a leis, mas é improvável que eles apareçam com frequência.

Resumindo, é impossível saber qual será a resposta de seus visitantes cada vez que se envia um e-mail de marketing de afiliados. Entretanto, é importante observar as mensagens anteriores, pois elas o ajudarão a se manter longe dos fracassos mais irritantes. É obvio que escrever bons textos promocionais irão assegurar que todos os interessados comprem. Esses textos são vitais. Veja a seguir um exemplo de e-mail de marketing que enviei à minha lista de assinantes:

Olá, John,

Gostaria de lhe contar sobre um novo curso que, além de não ser caro, promete revolucionar o campo de treinamentos em design de sites.

O produto chama-se "O guia completo de construção de sites" e foi desenvolvido por Paul Smithson, um grande amigo. Ele é também o responsável pelo XSitePro, o respeitado e premiado software de design de sites.

O novo curso é fantástico. É simplesmente FABULOSO!

São MAIS DE 30 HORAS que ensinarão você a ir bem além da construção de sites. Nele, você encontrará tudo de que precisa saber, desde como realizar pesquisas em seu nicho a preparar listas e adicionar sistemas de pagamento ao seu site, além de MUITO mais. São 26 módulos que oferecem:

- demonstrações implícitas conduzidas passo a passo;
- ilustrações interativas que o ajudarão a expandir seus conhecimentos na área;
- lições ao estilo de "sala de aula" que podem ser vistas repetidas vezes;

- testes de conhecimento;
- lição de casa.

Acesse: www.complete-guide-to-site-building.com/go/page.html

Este curso cobre tudo sobre o assunto, e um pouco mais :-)

É realmente o MÁXIMO!

Seu conteúdo é direcionado a iniciantes no design de sites, ou seja, às pessoas que talvez já tenham:

- *tentado criar sites com outros produtos, como o FrontPage, o Dreamweaver, o ExpressionWeb ou o Site Build It! apenas para se frustrarem e acabarem desistindo;*
- *terceirizado o design de seu site até agora;*
- *nunca nem mesmo tentado construir um site.*

A promessa por trás do projeto é tão grandiosa quanto o próprio curso. Segundo Paul Smithson, ele *pessoalmente irá garantir* que o material ensine TODAS as habilidades necessárias para a construção de sites de qualidade profissional. Caso isso não ocorra, você contará com a garantia de receber seu dinheiro de volta por um período de 365 dias.

Até aqui tudo bem, mas e quanto ao preço?

Você encontrará no mercado muitos cursos similares que custam caríssimo. A razão para isso é bem simples: planejar e desenvolver projetos como este leva muitos meses e a criação realmente não é barata. Entretanto, inexplicavelmente Paul Smithson cobrará apenas 197 dólares para os primeiros mil interessados que se inscreverem. Depois disso, o preço subirá para 297 dólares. Não perca tempo!

Lembre-se de que esta é a primeira vez que este curso está sendo oferecido. Depois que a demanda for estabelecida, acredito que Paul Smithson irá repensar esses valores, pois este curso definitivamente vale muito mais!

Acesse o link a seguir para maiores informações:

www.complete-guide-to-site-building.com/go/page.html

Ca$h!

Se deseja começar agora mesmo o seu império on-line e fazê-lo com o pé direito, dominando a arte da construção de sites, clique agora mesmo no link a seguir e confira. Estou certo de que ficará BASTANTE impressionado. Afinal, Paul jamais faz qualquer coisa pela metade.

Garanta o seu sucesso,
Joel Comm

Acesse: www.complete-guide-to-site-building.com/go/page.html
InfoMedia, Inc., 1151 Eagle Dr. Ste. 325, Loveland, CO 80537, EUA
Para cancelar sua assinatura ou modificar suas opções, visite:
www.aweber.com/z/r/?TOxMbMystCwMLMyMbGwctEa0rKycTMwsnA

Há alguns pontos importantes a se ressaltar aqui. O e-mail está endereçado ao destinatário pelo primeiro nome. Você poderá capturar essa informação na hora do registro, e o programa de e-mails em massa que irá utilizar deverá adicioná-lo automaticamente. Isso funciona bem melhor do que escrever "Caro assinante" ou apenas "Olá".

Mais uma vez, esta é uma questão de confiança. Os assinantes comprarão de você se sentirem que ambas as partes mantêm um bom relacionamento. Afinal, em que tipo de relação as pessoas desconhecem o nome umas das outras? É justamente por isso que o e-mail tem um toque pessoal. Ele está endereçado a cada cliente específico e começa na primeira pessoa ("eu"). Use sempre a forma singular. Isso se justifica pelo fato de que cada e-mail e cada artigo que escrever será lido por uma pessoa de cada vez, então dirija-se aos leitores individualmente.

Nessa mensagem, descrevo uma conversa pessoal que tive com o idealizador do programa. Não se trata de um anúncio nem de uma carta comercial longa. É uma mensagem pessoal, informando cada indivíduo sobre uma excelente oportunidade. Ela fornece características e aponta vários indícios de que o produto foi feito especificamente para cada leitor. Ela também identifica a proposta única de valor do produto, seu tamanho e sua clareza, e menciona questões importantes como preço e garantia.

Por último, ela cria um senso de urgência que sugere o aumento do preço para pessoas que postergarem sua adesão. O link aparece de maneira isolada e é fácil de se localizar. Perceba o endereço de minha empresa no final do e-mail (acima do link de cancelamento). Ninguém nos procurou pessoalmente depois de ler um desses e-mails, mas a lei CAN-SPAM nos obriga a apresentá-lo.

Certamente você também perceberá que o link de cancelamento leva o solicitante até a AWeber (www.aweber.com). Essa é a empresa que utilizo para operar minhas campanhas marketing via e--mail. Aliás, ela é usada pela maioria dos principais marqueteiros (Figura 5.6). Apesar de haver muitas empresas oferecendo serviços similares, a AWeber pode ser considerada a Microsoft das empresas de software para marketing por meio de mensagens eletrônicas. Ela é a opção número um nessa área e oferece serviços que são ao mesmo tempo confiáveis e flexíveis, capazes de dar conta de qualquer campanha. O marketing via e-mail pode ter ficado com a reputação abalada, mas isso não é totalmente justo. Mensagens com base em listas de dupla subscrição precisam fazer parte do seu negócio na internet e de sua estratégia de afiliados.

Acerte no timing

Sempre na época das férias, a Google lança um novo conjunto de unidades do AdSense. Elas mantêm os mesmos formatos e tamanhos usuais, mas são decoradas com pequenas imagens que fazem lembrar a estação. As unidades de Páscoa podem ser ilustradas com pequenos coelhos e ovos de chocolate; as de Natal poderão apresentar imagens do Papai Noel ou de árvores lindamente enfeitadas. Em parte, a Google faz isso porque gosta de parecer inovadora e divertir seus clientes. Aliás, a empresa usa qualquer desculpa para modificar seu logotipo na página

Figura 5.6 – O AWeber, de fato, poderá ajudá-lo com seu marketing via e-mail. Os preços variam de 10 dólares ao mês para 2500 assinantes a 130 dólares para 25000 assinantes. Não é um serviço gratuito, mas os e-mails são eficientes e valem o dinheiro investido.

inicial do mecanismo de pesquisa, mas também o faz porque entende perfeitamente o valor do "momento certo".

Na época de Natal, os leitores se sentirão atraídos por uma figurinha do Papai Noel. Elas estarão atentas à ilustração contida no anúncio e, em vez de ignorá-lo, pararão para observá-lo melhor. E, enquanto olham, pode ser que cliquem sobre ele. A diferença não é grande, mas muitos editores relataram taxas de cliques mais elevadas depois de usar anúncios sazonais. (Contudo, o mais importante continuará sendo a implementação desses anúncios.)

O fator "timing" é algo muitas vezes negligenciado pelos afiliados. É como se não soubessem que estão ganhando dinheiro com varejistas e se esquecessem completamente do valor de combinar produtos e campanhas às estações. Esse é um dos problemas de passar muitas horas na frente do computador: você não somente esquece que dia é, mas também em que época do ano está! Isso é uma pena, porque esse tipo de informação é importante. O dia de maior movimento na Amazon, por exemplo, cai exatamente dez dias antes do Natal.

A maioria dos seus ganhos afiliados decorrerá do conteúdo que escrever recomendando os produtos e inserindo anúncios de texto nas palavras. Basta colocar o conteúdo on-line e observar a porcentagem dos seus usuários que clica e compra. Ocasionalmente, vale a pena preparar e combinar sua campanha de afiliados com a estação do ano.

Sabendo, por exemplo, que um grande número de pessoas fará suas compras de Natal na Amazon no dia 15 de dezembro, você poderia fazer uma postagem em seu blog exatamente naquele dia e inserir um link para um presente valioso. Você também poderia dar suporte a esse post enviando e-mails com esse link para sua lista. Melhor ainda, você poderia falar com um comerciante que você conheça e em quem confia e negociar com ele um código de desconto. Isso lhe permitiria inclusive fazer uma oferta limitada, ou seja, exatamente o tipo de atitude que estimula as vendas ao máximo. Desse modo, em vez de dizer: "Esse produto é ótimo e você deveria comprá-lo", você poderia publicar: "Esse produto é ótimo e você deveria comprá-lo; portanto, consegui um desconto para você. Insira esse código nos próximos 2 dias e economize 10% em sua compra." Como estará investindo seus esforços exatamente no período em que sabe que as pessoas estão se preparando para comprar, poderá vender bastante caso seu produto seja de qualidade, é claro.

Peça mais dinheiro!

Um dos resultados mais interessantes com o qual Shawn Collins deparou em sua pesquisa de afiliados revelou uma estratégia particularmente eficaz para aumentar os lucros com afiliações: pedir uma comissão mais alta ao comerciante.

Segundo uma pesquisa realizada por Shawn Collins, 58% dos respondentes obtiveram sucesso ao pedir aos seus gerentes de afiliados que aumentassem suas comissões. Presumidamente, muitos dos 42% que disseram não ter obtido sucesso não solicitaram aumento. Um simples contato com o gerente de afiliados, sugerindo que você deveria ganhar mais, pode aumentar seus ganhos. Suspeito, contudo, que seja necessário um pouco mais que apenas pedir "por favor". Gerentes de afiliados tendem a ser generosos desde que você consiga mostrar quanto dinheiro está gerando para eles – e quanto poderia estar fazendo por um concorrente cujo programa seja ligeiramente melhor que o atual. Não peça esmolas, apenas demonstre que o programa que ele oferece não é mais tão competitivo e que manter você a bordo será recompensador.

O que as diretrizes da FTC significam para os afiliados

Em 1º de dezembro de 2009, as novas diretrizes da Comissão Federal de Comércio, para endossos e testemunhos no marketing, entraram em vigor nos Estados Unidos. Elas estavam sendo esperadas há um bom tempo, pois as regras já não eram atualizadas há quase 30 anos. Desde 1980, muito já havia mudado no mundo do marketing. Além disso, levou um bom tempo até que as novas diretrizes ficassem prontas, em parte tendo como base o feedback das associações de propaganda e marketing e das organizações de consumidores. Elas não são difíceis de ler e oferecem inúmeros exemplos que esclarecem tudo o que pode e o que não pode ser feito nessa área. Como costumo fazer com todos os documentos legais que me afetam, pedi a meu advogado, Kevin Houchin, que as examinasse e me fornecesse sua opinião. O que ele me disse foi ao mesmo tempo fascinante e importante. As diretrizes dizem respeito à maneira que endossos e testemunhos devem ser usados em propaganda; elas pretendem assegurar que a propaganda não se torne enganosa ou desonesta, e isso é ótimo. Existem 16 novas regras, mas Kevin identificou duas delas que terão o maior efeito sobre os marqueteiros, especialmente os vendedores afiliados.

Desempenho normalmente esperado

A primeira regra do FTC se refere ao desempenho normalmente esperado.

Esse é um dos principais motivos pelo qual são colocados testemunhos em cartas comerciais. Queremos que os potenciais compradores entendam que eles também poderão aproveitar o sucesso que outros clientes tiveram ao utilizar o produto. É por isso que sempre que alguém me envia um e-mail informando que seus ganhos aumentaram depois de ler o meu livro *The AdSense code*, ou que seu número de seguidores cresceu depois de aplicar minhas estratégias no Twitter, sei perfeitamente que este é um ativo valioso que poderá me ajudar a construir confiança. Isso me possibilita colocar esses testemunhos em meu material de vendas e provar que meus produtos de fato funcionam. A mensagem é: outras pessoas usaram e aqui estão os resultados. Se você utilizar o mesmo produto, também lucrará.

Mas é aí que o problema começa. Testemunhos devem ser inspiradores. Eles precisam mostrar aos potenciais compradores o que é possível atingir com os produtos anunciados. Os mais poderosos vêm de usuários atípicos; de indivíduos que colocaram cada uma de suas estratégias em ação; dos que pensaram no que estavam fazendo e não economizaram esforços para serem bem-sucedidos. Porém, essas pessoas não são a maioria. Sei que quando comercializo um produto – e mesmo quando apenas o recomendo a meus leitores – nem todos os compradores irão utilizar integralmente todas as características que o produto oferece. Alguns o farão e alcançarão ótimos resultados; muitos implementarão algumas das estratégias e terão bons resultados; um terceiro grupo, contudo, não fará absolutamente nada. O livro ficará sobre a mesa, coberto de pó, apenas contribuindo para aumentar a bagunça em seu escritório.

Ao incluir testemunhos, não posso escolher resultados medianos, pois eles serão rebaixados pelas pessoas que nada fizeram para construir seu sucesso. Eu preciso dos melhores testemunhos, aqueles que

Ca$h!

dizem às pessoas o que é possível realizar desde que estejam preparadas para investir o esforço necessário. São relatos de indivíduos que descrevem como a compra do meu produto pode contribuir para mudar sua vida. Os resultados podem não ser típicos, mas são possíveis.

Contudo, nos Estados Unidos, as novas diretrizes da FTC não permitem que o façamos. Segundo elas, o endosso deve descrever o que os usuários "normalmente alcançam". No passado, seriamos capazes de contornar tal problema nos valendo de um "testemunho ideal" e apenas acrescentando uma linha dizendo: "resultados não típicos". Mas isso já não é mais possível, pois a FTC afirma expressamente que esse tipo de ressalva não é forte o suficiente para superar a impressão criada de que o resultado seja típico.

Em outras palavras, se você vender um produto de informação que ensine aos entusiastas do tricô como vender suas criações e alguém lhe responder que, após ter adquirido e lido seu livro, foi capaz de construir uma ótima renda mensal, deixar o emprego e viver a vida que sempre sonhou, você simplesmente não pode usá-lo. Isso nos parece um terrível desperdício; portanto, Kevin Houchin imaginou algumas opções. Uma delas é pagar para ver. A FTC é obrigada a provar que a sua propaganda é enganosa, e isso não é fácil. Antes que os advogados dessa comissão se deem ao trabalho de levar o caso ao tribunal, eles lhe enviarão advertências para que altere o texto do anúncio. Essa é uma opção, mas não é a melhor.

Como alternativa, você poderá fazer o que a FTC exige e utilizar testemunhos que reflitam os resultados típicos e passíveis de comprovação.

Antes do lançamento do produto, uma boa saída é distribuir amostras a um número significativo de pessoas, pedir-lhes que o utilizem e lhe contem os resultados obtidos. Pegue os testemunhos de todos os participantes e use somente as respostas que refletem os resultados da média. Também é possível contratar uma empresa de pesquisa de mercado para fazer isso por você. Essa é uma estratégia que compensa, pois você terá acesso a conhecimentos valiosos sobre a efetividade do seu

$ 200

produto. Contudo, trata-se de um processo lento e que pode sair caro (especialmente se optar por usar uma empresa de pesquisa de mercado). Ainda assim, usar os melhores testemunhos continuará sendo uma tarefa difícil, pois eles não serão típicos. A FTC declara:

> Se o anunciante não tiver provas substanciais de que a experiência do endossante é representativa daquilo que os consumidores normalmente alcançarão, então a propaganda deverá revelar, de maneira clara e conspícua, o desempenho normalmente esperado nas circunstâncias apresentadas, e o anunciante deverá possuir evidências adequadas para tal demonstração.

Ou seja: você até poderia usar aquele testemunho ideal, mas depois teria de explicar o que a maioria das pessoas realmente alcançará, tendo em mãos as evidências para comprová-lo. Considere o testemunho a seguir:

> Desde a leitura de "Faça dinheiro com tricô", minha venda de agasalhos de lã cresceu bastante! Agora tenho um ganho mensal de 12 mil dólares, comercializando meus produtos feitos à mão. Desisti do meu emprego de professora e passo o dia tricotando no deck de minha casa de praia em Cancun.
> —**Jane Smith, Proprietária da Knitwear Inc.**

Se usasse esse testemunho, teria de acrescentar a seguinte informação:

> "A maioria dos tricoteiros que usaram as estratégias sugeridas obteve um aumento de renda de pelo menos 12%."

Esse quadro não é absolutamente negativo. Além disso, a adição da expressão "pelo menos" permite mostrar que há espaço para mais, deixando claro, contudo, que o "caso ideal" não é o que o usuário típico deverá esperar.

Kevin teve uma ótima ideia, que permite ao marqueteiro usar tanto o seu melhor testemunho como os resultados típicos que a FTC exige. Em vez de apresentar os melhores resultados como um testemunho, poderá utilizá-los como exemplo do que é possível, explicando exatamente o que o cliente em questão fez para alcançar tais resultados. Se o relato deixar claro que os resultados são excepcionais, não típicos, isso não lhe causará problemas junto a FTC. Desse modo, no lugar de usar o testemunho de Jane Smith de modo literal, e então adicionar a ressalva necessária (p. ex.: "A maioria dos tricoteiros que usaram as estratégias sugeridas obteve um aumento de renda de pelo menos 12%."), você poderia optar por algo assim:

A história de Jane Smith

Em setembro de 2009, Jane Smith estava quase perdendo as esperanças. Ela já produzia artigos em tricô há quase vinte anos; vendia seus suéteres, cachecóis e luvas on-line há cerca de dois anos, mas nunca chegou a garantir mais que 120 dólares de renda ao mês. "Eu estava pronta para desistir", diz ela.

Entretanto, depois de usar as estratégias sugeridas em "Faça dinheiro com tricô", no espaço de apenas 6 meses sua renda disparou e alcançou 12 mil dólares ao mês. Desde então, ela vendeu seu apartamento e vive em sua casa de praia em Cancun, onde passa o dia tricotando sentada em sua varanda.

O que Jane fez para ter a vida de seus sonhos? Implementou 3 ações que aumentaram a sua renda exponencialmente:

- criou uma coleção inteiramente nova de produtos tricotados (explicamos como fazê-lo no Capítulo 3 – "Criando novidades no mundo do tricô.");
- desenvolveu uma página exclusiva para seus itens mais vendidos (Capítulo 6 – "Construindo uma página comercial que promove vendas.");
- contou com a ajuda de seus amigos e familiares e das redes sociais para criar uma marca e conseguiu posicionar seus produtos em lojas em todo o país.

Todas essas ações, juntamente com sua dedicação, trabalho duro e seus desenhos incríveis, permitiram que Jane alavancasse seu negócio, transformando sua paixão pelo tricô em uma renda fabulosa.

Quanto à FTC, os detalhes da própria descrição devem ser suficientes para demonstrar que os resultados são específicos para Jane, e não para os clientes em geral. É a mesma diferença que existe entre um testemunho que diz: "Perdi 50 quilos depois de tomar 2 compostos para perda de peso por dia durante 6 meses, seguir uma dieta e praticar exercícios" e outro que declara: "Todos os dias eu ingeria 2 compostos WeightAway, comia somente vegetais crus e me exercitava vigorosamente por 6 horas na academia. Ao final de 6 meses eu já havia baixado de 115 quilos para 65 quilos". O segundo relato é exatamente o tipo de testemunho considerado justo pela FTC. Aliás, uma descrição como esta última não apenas satisfaz as exigências da FTC, mas também dá vida ao que seu produto pode fazer. Dessa maneira, seus testemunhos tornam-se mais humanos, e isso não é nada mal.

Na prática, acredito que os marqueteiros lidem com a FTC de diferentes maneiras. Alguns, sem dúvida, ignorarão as novas diretrizes e continuar como sempre, pelo menos até receberem uma carta sugerindo que estejam em maus lençóis. Com certeza ainda existe um grande número de velhas cartas comerciais na web que não foram devidamente atualizadas. Muitos, em contrapartida, farão o que a FTC deseja e apresentarão seus melhores testemunhos, adicionando uma cláusula que aponta os resultados típicos. Outros – talvez os mais espertos – transformarão seus melhores testemunhos em histórias detalhadas.

Transparência

A outra questão realçada por Kevin diz respeito à transparência.

A posição da FTC é clara: se você está recomendando um produto e ganhando dinheiro com sua comercialização, os compradores precisam saber que você tem um interesse por trás dessa recomendação.

Isso parece razoável, mas na prática é difícil imaginar que os compradores já não estejam cientes das conexões afiliadas. Links afiliados não se parecem com links HTML padrão: eles contêm o código de

Ca$h!

afiliado, que é bastante revelador. Duvido que alguém que receba meus e-mails com anúncios não esteja inteiramente consciente de que, além desses produtos serem cuidadosamente escolhidos e recomendados por mim, eu tenho uma relação de afiliado com o vendedor. Quando considero um produto bom, é óbvio que tentarei ganhar dinheiro com ele. Em contrapartida, se eu achar que um produto não é bom, preferirei me manter longe dele. Alguns editores vão até mais longe e acrescentam um "aff" (abreviação de afiliado) depois do link, para que todos saibam que eles ganham com a compra. Isso tem sido prática comum há anos, e pode ser que tenhamos que nos acostumar a fazê--lo, mesmo que isso afaste aquele comprador mais bizarro, cujos olhos se fixam no termo entre parênteses em vez de se concentrar no link.

É importante lembrar que as regras da FTC são diretrizes difíceis de serem impostas. A melhor estratégia é demonstrar que você está fazendo o possível para se manter dentro do estabelecido e agir de maneira justa. Vender como afiliado se tornou uma parte tradicional do marketing na internet. É possível ganhar gigantescas somas com esse processo, além de acrescentar uma agradável renda extra a um site que já está gerando receita de várias outras maneiras. Usado com cuidado em um site que ostente bastante tráfego e boa conexão entre leitores e editores, este pode ser um caminho simples e tremendamente valioso para se ganhar dinheiro.

Capítulo 6

Sites para membros – transformando seu negócio na internet em uma máquina para gerar receita de maneira passiva

Um dos maiores desafios na área de marketing está na necessidade de ser uma ação contínua. Lucrar significa efetuar muitas vendas; o problema é que, ao final de cada uma delas, é preciso retornar ao mercado e encontrar mais um comprador.

É claro que existem meios para se trazer de volta os antigos compradores: o uso de boletins informativos e do marketing eletrônico, e a manutenção de um fluxo constante de bons produtos, continuarão atraindo aqueles compradores e "clicadores de anúncios". Mas, cada vez que você envia um desses e-mails comerciais ou publica um novo post, terá de persuadir usuários a comprar um produto ou clicar em um anúncio. O marketing na internet é um processo constante de atração de novos clientes, transformá-los em assíduos e efetuar vendas.

Não seria ótimo se, cada vez que você convertesse um potencial comprador em cliente, ele concordasse em pagar novamente uma, duas, três vezes, sem falta, todos os meses? Nesse caso, em vez de ficar na dúvida sobre a sua renda mensal, saberia que seus assinantes lhe garantiriam uma quantia fixa mensalmente. Seus negócios teriam uma sólida base financeira, o que lhe permitiria direcionar seus esforços

Ca$h!

para a criação de novos produtos e, ao mesmo tempo, contar com a entrada de um enorme fluxo financeiro. Crie um sistema pelo qual os produtos que seus assinantes adquirem sejam criados e distribuídos por colaboradores e/ou freelancers e terá um fluxo de receita altamente lucrativo e passivo.

É exatamente isso o que este capítulo o ensinará a fazer. Nele explicarei a você o que são sites afiliados, o que eles devem oferecer e como precificar as inscrições. Esclarecerei o que é preciso fazer para manter seus assinantes e como montar todo esse projeto sem ficar com enxaqueca.

O que é um site para membros?

Programas de continuidade são tão antigos quanto assinaturas de jornais – provavelmente até mais. Os membros se inscrevem para ter acesso a determinado produto ou serviço e recebem uma conta em intervalos regulares, durante o tempo em que estiverem dispostos a aproveitar os benefícios do referido produto ou serviço. Esse é o modelo que permite às mídias impressas se manterem firmes como empreendimentos. É isso o que possibilita que os programas de televisão continuem a ser transmitidos pela TV a cabo; que lhe assegura a conexão à internet; que lhe permite falar ao celular; e que, inclusive, tornou possível aos clubes do livro e a outras empresas do ramo criar e entregar mensalmente em sua casa romances que nunca terá a oportunidade de ler.

Programas como esse se comprovaram bem-sucedidos também na internet. Apesar de os jornais e de outros sites de conteúdo terem sofrido bastante para convencer seus leitores a pagar para ter acesso a determinados produtos, os sites que oferecem serviços se tornaram uma indústria multimilionária. Avalia-se que atualmente o setor de sites de relacionamento, por exemplo, vale em torno de 932 milhões de dólares somente nos Estados Unidos. Na Europa, onde o crescimento tem sido ainda mais consistente, esses sites alcançarão no mesmo ano cerca de 549 milhões

$ 206

de euros. Isso representa uma receita incrível, e vale lembrar que praticamente toda ela entra mensalmente, de maneira estável.

Os membros desses sites se inscrevem, concordam em pagar uma mensalidade, informam os dados do seu cartão de crédito e, em troca, recebem acesso a partes do site que são reservadas exclusivamente para assinantes. Enquanto os não membros deparam com uma solicitação de pagamento ao tentarem acessá-las, os assinantes são convidados a entrar após informarem seu nome de usuário e senha. Depois disso, esses indivíduos poderão ver os perfis completos de potenciais candidatos para encontros, enviar e receber mensagens e até conversar on-line. A associação os faz sentir como parte de um clube exclusivo e os permite desfrutar dos benefícios garantidos somente para os membros do clube.

Existem equipes que trabalham duro nesses sites para assegurar que apenas um número mínimo de membros cancele a assinatura (pelo menos até encontrarem sua cara-metade) e também para se certificar de que seus membros recebam os benefícios pelos quais estão pagando.

O princípio aqui não é complicado e é provável que lhe garanta benefícios todos os dias. Enquanto os usuários estiverem sentindo as vantagens – independentemente de isso envolver informação, entretenimento ou relacionamentos estratégicos –, os fundos continuarão fluindo até o vendedor. O segredo, portanto, está em entender quais são os benefícios pelos quais os usuários da internet estão dispostos a pagar.

O que os sites para membros têm a nos oferecer?

Pode parecer surpreendente que sites como Match.com e eHarmony estejam prosperando tanto. Afinal, embora esses sites possuam milhões de membros, existem também muitos outros, cujos serviços são gratuitos, que ganham dinheiro apenas com anúncios. Neles, qualquer um pode participar, acessar os perfis, enviar e receber mensagens e vasculhar as páginas à procura de potenciais encontros. Alguns deles estão funcionando bem, mas nenhum representa uma ameaça para os líderes de mercado que cobram uma taxa mensal.

Ca$h!

Entretanto, isso não vale para outros setores. No momento, apenas alguns sites de conteúdo conseguiram fazer com que seus leitores pagassem para ler seus artigos e, em geral, eles fazem parte do setor financeiro. O Wall Street Journal cobra apenas 100 dólares por uma assinatura anual, disponibilizando apenas pequenos resumos aos não assinantes (contudo, os assinantes dessa publicação podem enviar artigos a seus amigos, o que permite que o site aproveite o marketing viral). O The Economist cobra algo em torno de 90 dólares.

Esses dois tipos de sites – os de encontros, que exigem uma taxa de associação, e os de notícias, que cobram pela assinatura – oferecem algo pelo qual os usuários estão dispostos a pagar. No caso dos primeiros, é a exclusividade. Embora possam contar com o mesmo serviço de graça, os membros veem a solicitação de pagamento como um filtro que mantém os engraçadinhos do lado e fora. Afinal, alguém que esteja disposto a tirar dinheiro do bolso para pagar uma assinatura que custa 25 dólares mensais sinaliza intenções sérias. A probabilidade de que essa pessoa esteja procurando apenas relações superficiais é menor. Porém, é mais provável que ela participe ativamente do site e esteja preparada para entrar em um relacionamento com alguém que encontre on-line. Além disso, indica que ela goze de alguma estabilidade financeira e tenha condições de pagar pela assinatura – o que sinaliza um bom partido!

Já para os leitores da edição on-line do Wall Street Journal o retorno é valor. Os assinantes sabem que o conteúdo do site faz mais que apenas satisfazer sua curiosidade; ele lhes fornece informações de cunho profissional que justificam o valor pelo qual estão sendo cobradas. O conhecimento que obtêm com a leitura diária dessas reportagens lhes garante um melhor entendimento do que está acontecendo no mercado de ações e as ajuda a investir de modo mais inteligente, o que, por sua vez, lhes proporcionará ganhos mais elevados que compensam o gasto com a assinatura.

Portanto, crie um site que ofereça um senso de exclusividade similar ao encontrado no Match ou no eHarmony, ou ofereça um conteúdo valioso como o disponibilizado pelo *Wall Street Journal* de maneira constante e estável, e talvez seja capaz de persuadir seus usuários e/ou leitores a pagar todo mês pelo serviço.

Esses são os princípios que fizeram com que meu próprio site de membros crescesse e prosperasse. O Profit Vault [Cofre de lucros] (www.TheProfitVault.com) é um site para membros que oferece valiosos treinamentos e conteúdo para os assinantes ao longo de um período de 13 semanas. Para aqueles que querem aprender estratégias práticas para ganhar dinheiro on-line, organizamos o conteúdo de modo didático, estabelecemos objetivos semanais, oferecemos instruções e direcionamos ações para que os usuários possam perseguir seus objetivos na internet. Membros pagam 47 dólares por mês para acessar esse conteúdo (Figura 6.1).

Figura 6.1 – O Profit Vault é um exemplo de site para membros que fornece um produto pelo qual as pessoas estão dispostas a pagar regularmente. Enquanto você estiver fornecendo valor, seus clientes ficarão felizes em manter a assinatura.

O Profit Vault é um exemplo de site para membros ou de programa de continuidade on-line. Isso não significa que ele não possa veicular produtos materiais e receber pagamentos recorrentes de clientes. Um dos nossos produtos off-line mais populares é o Top One Report (www.TopOneReport.com). Essa publicação em formato de revista oferece aos leitores conteúdo novo e original escrito por mim e por membros da minha equipe. Nós abordamos todo o tipo de assuntos relacionados a negócios, mas, em geral, nos concentramos nos empreendimentos on-line. Entretanto, diferentemente de uma típica assinatura de revista, o Top One Report ostenta o preço de produto premium, ou seja, 29,25 dólares. Assim como as pessoas estão dispostas a pagar mais por um e-book que ofereça gratificação instantânea e conteúdo valioso, também se dispõem a pagar mais pelo nosso relatório em função da qualidade da informação que ele fornece. Lembre-se: o importante é oferecer valor. Se as pessoas conseguirem perceber nessa compra um investimento maior que o próprio custo pago pelo produto, certamente estarão dispostas a assinar (Figura 6.2).

Figura 6.2 - Modelos de assinaturas não são novidade e, às vezes, agir à moda antiga é a melhor opção. O Top One Report é uma revista mensal impressa, repleta de conselhos e artigos sobre empreendedorismo na internet.

Isso pode soar paradoxal: uma publicação que explica como fazer dinheiro na internet sendo produzida em papel e tinta, enviada e depositada na caixa de correio da casa de cada assinante. É claro que eu poderia disponibilizar todo o conteúdo dessa publicação on-line, postando-o em um site ou distribuindo-o em PDF. Porém, há algumas razões para que não o faça: a primeira é privacidade. Esse conteúdo é exclusivo — as pessoas pagaram por ele e eu prefiro que isso continue assim. Se eu publicá-lo on-line e cobrar pelo acesso, certamente algumas cópias serão distribuídas por e-mail e compartilhadas; consequentemente, alguns indivíduos não terão de pagar por ele. A distribuição impressa diminui esse problema.

Além disso, uma publicação impressa oferece algo ainda mais importante que proteção da privacidade: ela chega às mãos dos leitores com um alto valor percebido.

Leitores esperam que conteúdo on-line seja grátis e, via de regra, não querem pagar por ele. Contudo, não teriam problemas em pagar por revistas, pois assumem que as informações ali contidas foram cuidadosamente escolhidas e bem pesquisadas. Pelo fato de qualquer um poder criar um site e publicar conteúdo, os novos visitantes nunca saberão se estão prestes a receber algo verdadeiramente valioso ou artigos escritos sem nenhum cuidado. Assim como os livros, revistas impressas custam caro para ser produzidas; portanto, se alguém decidiu investir em uma determinada publicação, esse é um bom sinal de que ela contenha informações que outros leitores também considerarão valiosas.

Como veremos, não é muito difícil produzir uma revista impressa. Além disso, é possível fazê-lo sem correr nenhum risco. A questão é: colocar uma revista impressa nas mãos das pessoas faz com que seu conteúdo se destaque daquilo que foi disponibilizado on-line, o que aumenta a probabilidade de que as pessoas o leiam e o levem a sério.

Ca$h!

Precificando uma associação: quanto é "demais"?

Fixar o preço de um produto geralmente significa encontrar um número específico que, ao mesmo tempo, seja o mais alto possível e atraia o maior número de compradores. A filosofia é radicalmente distinta quando se procura definir o preço para que um candidato se associe a um clube, pois, neste caso, queremos um preço que afaste as pessoas que não forem interessantes.

Obviamente, não queremos afastar todos os interessados. Um site de membros vazio não lhe proporcionará receita suficiente; contudo, é importante encontrar um preço alto o bastante para afastar indivíduos que não sejam suficientemente sérios.

Esse valor pode variar. Segundo a Forbes, quando o Sebonack Golf Club* foi inaugurado em 2006, a taxa inicial de 650 mil dólares para se tornar um novo membro foi considerada recorde. Hoje, há rumores de que ela tenha alcançado a casa de um milhão de dólares. Esses preços garantem que a pessoa de pé ao seu lado no décimo oitavo buraco seja igualmente importante, bem-sucedida, interessante e igualmente rica. Se você é do tipo que precisa perguntar quanto custa o título, então provavelmente não se tornará um membro.

Outros clubes de golfe talvez não exijam que seus membros desembolsem cheques milionários, mas a maioria tem preços que visam ao equilíbrio entre atrair novos membros e afastar pessoas que poderiam assustar os já existentes.

Todavia, até uma taxa pequena pode ser bastante eficaz. O Elance cobra uma taxa de serviço entre 4% e 6% de cada serviço terceirizado por meio do site. Com os 235 milhões de dólares já faturados pelos provedores, mesmo a 5%, a empresa já lucrou 12 milhões. Porém, também é cobrada uma assinatura mensal dos provedores, que varia de 9,95 dólares para indivíduos a 39,95 dólares para empresas.

---

* Clube de golfe localizado em Nova York. (N.E.)

É claro que seria do interesse da Elance ter o máximo de provedores possível. Quanto mais deles estiverem oferecendo seus serviços no site, maior o número de opções para os clientes.

E é aí justamente que reside o problema. Os compradores não querem escolher entre centenas de candidatos para o serviço de que precisam, mas preferem optar entre alguns poucos profissionais experientes e altamente qualificados. O interesse dos provedores é evidenciar que todos os nomes listados por eles levam seu trabalho a sério. A taxa cobrada afasta indivíduos que não tenham a qualificação necessária, mas acham que não têm nada a perder se oferecendo. Ela também ajuda a manter a qualidade dos provedores da Elance – além de garantir ao site uma receita adicional dos provedores que estão ocupados demais para se oferecerem regularmente e também daqueles que raramente ganham uma concorrência para um serviço.

Como, então, é possível precificar um site de membros? Há um número de fatores a se considerar. Como sempre, a concorrência será um deles, mas, por enquanto, estamos falando de uma oportunidade ainda pouco explorada. A não ser que esteja criando um clube para solteiros – e, nesse caso, terá bastante companhia –, há uma boa chance de que o seu site seja o único do gênero em sua área. Isso significa que precisará pensar em termos de valor, assim como nos serviços que pretende oferecer. O mais importante, entretanto, é definir o retorno que seus usuários terão pela sua assinatura mensal. Vale ressaltar que eles não precisarão receber o mesmo retorno todo mês – nem é preciso cobrar mensalmente, se você não quiser. Jornais e revistas costumam cobrar anualmente. Considerando que o entusiasmo dos assinantes é sempre maior no começo, se tiverem de dispor de dinheiro todo mês sempre poderão pensar em cancelamento. Isso se torna menos provável ao longo do ano. Essa medida também garante maior probabilidade de que renovem a assinatura.

Contudo, se o seu site oferece informações, contatos ou serviços que valem, digamos, 1000 dólares, cobrar uma assinatura mensal de 20 dólares poderá parecer um roubo. É claro que nunca é muito fácil medir esses retornos; portanto, fique atento aos infoprodutos disponíveis em sua área. Pense no seu site como uma oferta equivalente a um e-book relevante por mês e tente cobrar uma taxa similar àquela que cobraria por um livro eletrônico.

Não há uma fórmula científica preestabelecida, mas, se os compradores em seu setor já estiverem acostumados a pagar 70 dólares por um e-book, que consideram oferecer um bom retorno, haverá uma boa chance de pagarem um valor similar para se associar a um clube que forneça o mesmo tipo de informações e cujos resultados prometem ser parecidos. Se considerar que o preço está alto demais, sempre poderá baixá-lo. Nesse caso, declare que está oferecendo uma redução no preço por tempo limitado e será capaz não somente de reajustar o valor da assinatura, mas também de criar aquele tipo de oferta limitada que garante resultados rápidos.

O modo mais fácil de criar um site para membros

Sites por assinatura parecem complexos, já que estão repletos de detalhes valiosos: páginas de conteúdo, perfis de usuários, grupos de discussão, serviço interno de mensagens e todo o tipo de ferramentas que ajudam os membros a se relacionar e aprender. Alguns contêm, inclusive, material multimídia e vídeos de treinamento.

Considerando todos esses aspectos, devem ser difíceis de projetar, certo? Além disso, é bem possível que se revelem um verdadeiro desafio em termos de lançamento e coordenação, não é mesmo? Isso tudo sem contar que devem ser extremamente caros, não é? De modo algum.

No início deste livro, mencionei que a internet atingiu um ponto em seu desenvolvimento no qual praticamente todos os processos que lhe garantirão o ganho de receita se tornaram automatizados. Isso significa que a publicação de um site pode ser feita registrando-se um domínio, escolhendo-se um template e preenchendo-se os espaços com seus próprios textos e imagens.

Fazer um blog é ainda mais fácil. Programas automáticos transformam-no rapidamente de leitor em editor ao permitir que seu primeiro post seja colocado no ar em menos de 5 minutos. No dia seguinte, uma vez que a Google tenha aprovado sua inscrição no AdSense, você já poderá testemunhar seu primeiro ganho com anúncios. Criar um site de membros hoje em dia é tão fácil quanto publicar um blog. Há vários programas disponíveis na web e você não precisa saber nada sobre programação, design ou planejamento para lançar o seu site. Não precisa nem mesmo contratar um programador ou um designer para fazer o trabalho pesado. É fácil, e você mesmo será capaz de fazê-lo.

Um desses programas é o SubHub.com (Figura 6.3), criado por Miles Galliford, um especialista em conteúdo digital. O site oferece inúmeras ferramentas interessantes, que ajudam os editores a cobrar por assinaturas e até mesmo a oferecer vídeos pay-per-view. Segundo a página do próprio Miles no Squidoo,* um site de assinaturas deve incluir:

- conteúdo seguro e de qualidade premium;
- um banco de dados pesquisável com informações sobre os usuários;
- controle de senhas, incluindo a possibilidade para desabilitá-las ao final do período da assinatura, a notificação sobre quando uma senha é usada por mais de um usuário e memória automática para usuários que estiverem retornando ao site;
- integração de pagamento, incluindo o envio regular de faturas;
- um sistema de resposta automática, que envia mensagens de confirmação de inscrição, lembrete de renovação etc.;
- um painel de controle de fácil entendimento.

Não surpreendente observar que a sua própria plataforma ofereça todas essas ferramentas, assim como a otimização do mecanismo de busca, a possibilidade de incluir unidades do AdSense e links afiliados,

---

* Comunidade on-line que permite aos usuários criar páginas para assuntos de interesse. Em outubro de 2010, contava com 1,5 milhão de páginas. (N.T.)

Figura 6.3 – O SubHub (www.subhub.com) lhe permite construir e gerenciar um site com base em assinaturas a partir de um único lugar. Pense nele como uma combinação entre a simplicidade dos blogs e a facilidade na geração de receita propiciada por sites pagos.

uma maneira de vender infoprodutos a partir do próprio site e uma variedade de templates para que o usuário escolha a que lhe parecer mais conveniente.

O SubHub não é o único serviço que oferece a possibilidade de se criar facilmente sites para membros. O WildApricot (www.wildapricot.com) está direcionado a ajudar organizações sem fins lucrativos e clubes a construir sites para membros, mas também pode ser utilizado para criar sites com base em assinaturas. Com taxas a partir de 25 dólares ao mês (apesar de a versão de 50 dólares oferecer um número maior de características úteis), ele não é muito caro, mas pode não garantir ao site uma aparência sofisticada. A opção por uma mensalidade de 97 dólares mensais – que praticamente dobra o preço do SubHub – fornece ferramentas que fazem com que os sites criados pareçam profissionais – elas valem o seu preço.

O GrowingforMarket.com (www.growingformarket.com), por exemplo, foi feito utilizando-se o SubHub. O site, que publica conteúdo para agricultores, oferece 3 níveis de assinaturas. Os assinante on-line estão habilitados a baixar PDFs de cada nova edição da revista; os "membros com pleno acesso" também têm acesso aos arquivos; já os de "acesso pleno plus" ganham o direito a receber uma cópia impressa da revista todo mês.

Note que não há atributos de comunidade nesse site. O SubHub simplesmente permite que a publicação restrinja o acesso ao seu conteúdo e cobre uma taxa a partir de 30 dólares anuais. Assumindo que o site pague uma taxa anual com desconto para usar o SubHub, ele não precisaria vender mais de 33 assinaturas para cobrir os custos de hospedagem, construção e manutenção. Quando se veiculam informações importantes para um nicho de mercado específico, é possível valer-se apenas de conteúdo de qualidade. Existem ainda muitas outras opções, como o MemberWing (www.memberwing.com), um plug-in* do WordPress que permite aos editores esconder a melhor parte do seu conteúdo atrás de uma paywall.**

É claro que também é possível criar tudo isso sozinho. Nesse caso, as principal vantagem está em não se ter de escolher entre os templates disponibilizados pela plataforma, o que lhe daria flexibilidade total em relação à aparência e à disposição do site. Se você for competente no uso do Dreamweaver e souber utilizar o PHP,*** então provavelmente não levará muito tempo em seu projeto. Entretanto, se tiver o capital necessário e preferir contratar alguém para fazê-lo por você, não será difícil encontrar um programador de PHP confiável e capaz de dar conta da tarefa.

---

* São extensões do browser fornecidas pelo fabricante ou por empresas parceiras que fornecem recursos adicionais de multimídia que facilitam a visualização de textos, som, vídeo etc. (N.E.)

** Termo utilizado em inglês cuja tradução literal é "muro de pagamento". Este recurso é utilizado para restringir o acesso de visitantes a áreas de um site acessíveis apenas a membros pagantes. (N.T.)

*** Sigla para hypertext preprocessor. Trata-se de um script inserido nas plataformas utilizadas pelo editor para criar páginas dinâmicas na web. (N.E.)

Ca$h!

Uma plataforma como a SubHub lhe fornecerá o site completo, com proteção de conteúdo, fóruns para membros e todas as demais características das quais precisará para convencer os visitantes a se inscrever e pagar pelo serviço oferecido. Mas e se você optar por uma revista impressa como aquela que envio aos assinantes do meu Top One Report? Uma opção é seguir o exemplo do GrowingforMarket e criar uma versão em PDF da revista protegida atrás de um paywall. É simples e, como não haverá custos de produção ou distribuição, poderá cobrar barato por ela.

Nesse caso, você efetivamente estará criando uma variação do blog cujo formato e layout sejam de uma revista tradicional, mas que não ostente proteção de privacidade. Documentos em PDF já dispõem de certo nível de segurança, mas sempre poderão ser compartilhados, enviados por e-mail e passados adiante. Além disso, não ostentam a percepção de valor intrínseco a uma publicação impressa nem são tão fáceis de ler – é justamente por isso que até mesmo a GrowingforMarket cobra mais pelo envio de uma cópia da publicação para a casa de cada um de seus assinantes.

Criar uma publicação impressa não precisa necessariamente ser uma tarefa difícil ou cara. É claro que sempre há a possibilidade de se trabalhar com uma gráfica local, mas isso pode sair caro, especialmente para edições com um número reduzido de cópias. A distribuição mensal da publicação poderá consumir tempo e o responsável ainda terá de lidar com mudanças em sua lista de assinantes – o que acontece com frequência, especialmente quando a lista começa a crescer. Se tiver sorte, poderá embutir o custo adicional no preço da assinatura, e é possível que a gráfica escolhida assuma o trabalho de embalagem e postagem. Isso poderá salvá-lo – ou a seus assistentes – de algum trabalho desagradável.

Mais uma vez, podemos dizer que grande parte das dificuldades já foi simplificada por sistemas on-line automatizados. Uma opção é usar o MagCloud (www.magcloud.com), um serviço criado e dirigido pela

Hewlett Packard. Com ele, é possível criar sua própria revista usando o programa de design da sua escolha, carregá-la no site e receber uma cópia de teste para revisão. Uma vez aprovada, a revista será então adicionada à loja da MagCloud e estará disponível para venda pelo sistema de impressão sob demanda. O custo para editores é de 20 centavos de dólar por página, mas são eles que decidem o preço de venda; portanto, qualquer valor acima de 20 centavos será lucro.

Entretanto, não espere muitas vendas avulsas apenas por oferecer a revista em um site. Promover a loja da MagCloud não é a melhor forma de comercializar sua publicação. Utilize o recurso de pedidos em massa do site, enviando-lhes sua lista de assinantes, e será capaz de mandar a revista a todos eles de uma só vez. Assim que o número de cópias solicitadas alcançar 20, o preço cairá em 20%. Você receberá a conta contendo os custos de impressão, mas, se estiver coletando as taxas das assinaturas automaticamente, isso não será problema, pois você terá o dinheiro. O resultado será uma revista de aproximadamente 24 páginas que custa 3,60 dólares para ser produzida, mais os custos de envio.

Esses são apenas os custos de impressão e produção. O verdadeiro trabalho começa com a preparação do conteúdo, a produção do design e o layout. Apesar de o blog e a publicação impressa serem apenas duas maneiras de se passar informações, o formato no qual esta última é apresentada é bastante diferente. Leitores têm menos paciência on-line, então é mais provável que eles optem por postagens curtas, de mil palavras ou até menos. Revistas costumam ostentar 3 seções diferentes, cada qual com conteúdo de comprimentos distintos.

A parte inicial pode conter uma apresentação do editor e um resumo das notícias, descrevendo os últimos eventos na sua área. Ela serve para cativar os leitores e despertar seu interesse mesmo antes de eles alcançarem o conteúdo principal. A parte central é o "filé" da revista, o lugar onde os assinantes realmente sentirão que estão tendo acesso àquilo pelo que pagaram. Os artigos dessa seção podem ser mais longos do que seriam em um site e provavelmente mais detalhados. Talvez

Ca$h!

eles incluam entrevistas ou instruções detalhadas para se alcançar um objetivo. Seu modelo, portanto, será exatamente o tipo de artigo publicado em revistas comercializadas nas bancas, não os encontrados em sites. Por último, a seção final pode incluir colunas ou resenhas – conteúdo adicional, que os assinantes possam considerar interessante.

Claro que essas são apenas diretrizes gerais. Sempre é possível misturar todas essas informações e decidir por si mesmo como quer a sua publicação. Com respeito ao conteúdo escrito – a parte mais importante ao se fazer uma revista –, criá-lo inteiramente sozinho pode ser bastante difícil e consumir tempo em demasia. Você terá, portanto, de delegar parte do trabalho aos membros de sua equipe, a escritores profissionais autônomos ou até a colaboradores convidados, que sejam especialistas em sua área. Você logo perceberá que muita gente estará disposta a contribuir de maneira gratuita a fim de colocar seu próprio nome e sua reputação como especialista em evidência perante os leitores. No entanto, não é difícil descobrir quanto eventualmente terá de pagar por contribuições regulares por meio de artigos ou colunas. Lembre-se de que o melhor é manter a gestão de sua publicação nas mãos de alguém de sua equipe interna.

Criar uma revista que realmente contenha o valor que promete oferecer demanda bastante trabalho. Contudo, nem mesmo isso será tão trabalhoso quanto atrair assinantes para que subscrevam uma revista ou um site para membros. Como parte do valor oferecido por sites desse tipo reside na comunidade e nas oportunidades de relacionamento estratégico, ele precisará alcançar uma massa crítica de membros antes de os assinantes começarem a perceber que o investimento está de fato valendo a pena. A melhor opção é focar primeiro na construção da comunidade, por meio do seu blog, do Twitter e de outras mídias sociais; somente depois que seu tráfego alcançar um nível razoavelmente alto será aconselhável que você abra a versão reservada de sua comunidade, acessível por meio de assinatura.

$ 220

Sua revista será particularmente útil no sentido de promover conversões futuras. A tática padrão para atrair assinantes é criar uma versão experimental de baixo custo, que se transforma automaticamente na versão integral da assinatura caso não ocorra o cancelamento por parte do leitor. Eu costumo oferecer um teste do Top One Report por um dólar, publicando esta oferta em vários lugares. Ela aparece ao final do meu boletim informativo por e-mail; ocasionalmente a divulgo no Twitter; há um botão gigante no meu site que direciona à página de assinatura do Top One Report; e, como vimos, eu também falo sobre ele sempre que ofereço um produto de informação grátis para ajudar a construir minha lista de mala direta.

O site da comunidade tende a ser mais atraente para as pessoas que encontro e com as quais falo em conferências. Elas gostam da ideia de continuar dialogando e trocando informações, mesmo depois do encerramento do evento. Muito, portanto, depende de como se está fazendo o marketing e para quem.

Sites para membros podem ser grandes geradores de receita. Se for possível fixar uma taxa mensal e atrair um bom número de associados pagantes, você de repente se verá comandando um clube que lhe fornecerá dezenas de milhares de dólares todos os meses e uma bela receita somente com as assinaturas. Apesar de o mecanismo de criação de sites desse tipo não ser mais tão complexo, ainda será necessário trabalho duro e investimento para construí-lo e mantê-lo.

Assinantes que pagam em intervalos regulares esperam receber o valor total por seu investimento todos os meses. Caso isso não ocorra, você verá o número de assinaturas cair rapidamente. Embora seja possível terceirizar a autoria do conteúdo, e a edição e impressão do material, um site de membros não oferecerá uma receita passiva igual àquela alcançada com uma página de conteúdo com links afiliados ou um produto de informação localizado no ClickBank que esteja sendo promovido por afiliados. Conteúdo novo tem de ser comissionado,

Ca$h!

criado, editado e publicado regularmente. E, como o tempo necessário para escrever, imprimir e distribuir artigos impressos é bem mais longo que o processo on-line, a publicação em papel exigirá um planejamento em longo prazo e um *lead time** de pelo menos alguns meses.

Até mesmo a manutenção do site de assinaturas, feita em sua maioria pelos próprios membros da equipe, precisará ser bastante cuidadosa. No entanto, estar à frente de uma comunidade de membros pagantes pode ser, ao mesmo tempo, incrivelmente compensador e gratificante.

---

* Termo usado normalmente em inglês que significa "prazo de entrega" ou "tempo de aprovisionamento". Em geral é usado para estabelecer o período entre produção e entrega de um material. (N.T.)

Capítulo 7

Programas de *coaching*

Logo no começo deste livro, eu fiz uma confissão: disse que o sucesso que obtive on-line não foi um mérito exclusivamente meu. Claro que gostaria de poder dizer que, embora não tenha inventado a internet, cabe a mim a invenção do marketing realizado na web, mas isso também não seria verdade.

Meu crescimento como empreendedor é decorrente de trabalho duro e da capacidade de enxergar oportunidades, de testar diferentes estratégias para descobrir o que garante os melhores resultados e de uma implementação cuidadosa e determinada.

Contudo, ele também foi obtido junto a outras pessoas por meio de todo o aprendizado que elas me proporcionaram. Bem no início, contratei um *coach* de negócios que me ajudou a encontrar o melhor modo de trabalhar. Desde então, já tive vários outros *coaches* que me oferecem conselhos valiosíssimos, além do benefício de sua experiência. Todos foram incrivelmente importantes sempre que adentrei uma área na qual nunca havia operado antes. Certamente meu retorno foi maior que aquilo que paguei a eles por suas sugestões.

É por isso que, uma vez que alguns aspectos do marketing na internet se tornaram fáceis para mim, senti o desejo e a necessidade

Ca$h!

de compartilhar meus conhecimentos com outros empreendedores. Meus e-books, meus infoprodutos e meu site já faziam exatamente isso. Contudo, sempre há um ganho especial em se encontrar com um *coach*, fazer perguntas e receber respostas direcionadas a seus problemas e objetivos específicos. Aliás, isso é especial tanto para aquele que recebe a informação como para o próprio *coach*. Falando agora como um profissional dessa área, tenho enorme satisfação em interagir pessoalmente com meu público. Isso difere consideravelmente de apenas despejar meu conhecimento em uma página e esperar que ele atenda às necessidade dos leitores. É claro que, além da satisfação, a receita que esse processo proporciona também é excelente.

Os honorários para um programa de *coaching* variam bastante. Pode ser que você não tenha de pagar absolutamente nada e consiga obter informações importantes em diálogos informais. Nesse caso, o "papo certo" poderá gerar ganhos gigantescos. Em contrapartida, talvez tenha de investir alguns milhares de dólares por apenas alguns dias de trabalho. O fato é que o *coaching* é uma das maneiras mais lucrativas para um empreendedor transformar seu conhecimento em dinheiro.

Neste capítulo, eu ensinarei você a adentrar o setor de *coaching*, depois, é claro, de já ter criado um negócio on-line bem-sucedido. Primeiro explicarei o que é *coaching*; depois, discutirei estratégias para gerir a sua marca, afinal, "quem você é" será quase tão importante quanto "o conhecimento que detém".

Em seguida, falarei sobre o uso de relações públicas para produzir um forte impacto em seus eventos de *coaching* e explicarei como desenvolver um programa barato antes de se aventurar nos mais caros.

É importante ressaltar que o *coaching* não é para qualquer um. Se você está feliz tocando sua empresa sozinho, criando conteúdo, comercializando produtos e firmando joint ventures, ótimo. Essa é uma bela maneira de se construir um negócio rentável. Entretanto, se quiser retribuir um pouco mais, o *coaching* pode ser um meio rentável e gratificante de ajudar os outros em sua trajetória rumo ao sucesso e, ao mesmo tempo, de lucrar com seu próprio conhecimento.

O que é *coaching*?

Um dos princípios deste livro estabelece que seu conhecimento é bastante valioso. Seja ele de cunho profissional, adquirido ao longo de vários anos de formação e experiência no trabalho ou aquele acumulado ao fazer aquilo de que mais gosta, tal domínio prático ou teórico é um ativo pelo qual as pessoas definitivamente pagarão. Blogs, infoprodutos e sites para membros são alguns dos diferentes canais pelos quais é possível difundi-lo e acumular receita.

Uma vez que tenha construído um empreendimento on-line de sucesso, terá criado ativos adicionais que também poderão ser comercializados: o conhecimento de como criar um negócio bem-sucedido na internet em sua área.

O *coaching* é mais uma maneira de se transmitir essa informação. Trata-se de um recurso ao mesmo tempo valioso e de baixo custo. Para o cliente, ele pode proporcionar resultados bem objetivos, além de garantir a obtenção de conhecimento de maneira rápida e intensa que qualquer outro método.

Se as pessoas escutarem a uma gravação em que você explica como ganhar dinheiro disponibilizando clips de vídeo no YouTube, um pouco da informação fornecida sempre será perdida. Se a escutarem enquanto dirigem para o trabalho pela manhã, perderão constantemente a concentração. Alguém que tenha adquirido seu e-book o consultará de vez em quanto, escolhendo as partes que considere importantes e deixando de lado outras seções igualmente fundamentais. Para o leitor de um blog, é inevitável que perca algumas postagens. Isso sem considerar que o blog não é a melhor plataforma para um curso. Eles brindam o leitor com "pepitas" de informação, mas dificilmente proverão um guia claro que descreva do começo ao fim o melhor caminho para o sucesso.

O *coaching* oferece aos indivíduos que desejam adquirir seu conhecimento um acesso direto à fonte. É a maneira mais poderosa de ajudar as pessoas a atingir seus objetivos usando o conhecimento que

Ca$h!

você conseguiu acumular. O *coaching* propriamente dito pode ser apresentado de muitas maneiras. Nós já vimos que ele pode ser veiculado on-line, seja por meio de softwares específicos, de vídeos que podem ser protegidos por um *paywall*, ou de gravações em DVD. Contudo, o melhor *coaching* é sempre oferecido de modo individual, durante um período preestabelecido ou para um grupo de interessados no formato de *workshop*.

Os efeitos do *coaching* são particularmente poderosos, assim como é grande a importância dos 4 passos do processo de vendas mencionados anteriormente – conheça-me, goste de mim, confie em mim e pague por aquilo que eu puder lhe oferecer.

Não é necessário conhecer uma pessoa muito bem para começar a ler seu blog, mas é preciso gostar do conteúdo para retornar. Na verdade, mesmo que uma vez ou outra possamos nos chatear, esse não será um problema sério desde que o editor não esteja lhe pedindo mais do que simplesmente folhear o conteúdo e, ocasionalmente, sugerindo que clique em um anúncio. É preciso gostar e confiar suficientemente em uma pessoa antes de comprar um de seus produtos afiliados on--line, mas, para que alguém a contrate como *coach*, tudo precisa estar na mais perfeita ordem.

Lembre-se de que você terá de dizer às pessoas o que elas estão fazendo de errado; precisará fornecer conselhos diretamente relacionados à sua vida pessoal, incluindo, talvez, a aspectos de sua vida pessoal, já que esta é capaz de influenciar o sucesso profissional. Esses indivíduos irão confiar a você informações pessoais – suas dúvidas, seus medos e seus sonhos para o futuro – e você terá de persuadi-los de que, para alcançar esses objetivos, terão de agir de maneiras diferentes das quais estão acostumados. Afinal, se já conhecessem esses métodos, provavelmente já teriam alcançado sucesso.

Antes que alguém pense em contrar você como *coach*, precisará sentir que o conhece, gostar de você e absolutamente confiar no que diz. E isso somente acontecerá se você já tiver usado seu próprio site para se apresentar. Essa identidade é sua marca pessoal.

Estratégias para a gestão de sua marca

Como você descreveria a si mesmo? Se tivesse de escolher 3 palavras que melhor descrevem sua personalidade, quais seriam?

Você poderá dizer que é "leal, divertido e prático" ou talvez "aventureiro, criativo e afetuoso", ou ainda "extrovertido, energético e atencioso".

É possível que você acredite possuir todas as qualidades acima e, que se tivesse de se descrever completamente, preferisse usar todos os adjetivos mencionados. As pessoas que o conhecem podem concordar, mas é provável que enfatizem um ou dois em particular. Seus amigos, por exemplo, podem considerá-lo muito engraçado. Ou, talvez, gostem de você porque é o tipo de pessoa que sabe escutar ou oferecer bons conselhos. Quando elas pensam em você, tendem a associá-lo primeiramente às características mais óbvias. Sua esperteza, seu grande coração, sua gigantesca inteligência − sua característica primária o ajuda a se diferenciar dos que estão à sua volta.

Você pode pensar nessas características como uma marca natural − e cada indivíduo tem sua própria. Pode ser algo pelo qual tenha trabalhado arduamente, ou até mesmo um aspecto que lhe seja inato. Enfim, trata-se simplesmente do que você é, e é desse modo que as outras pessoas o veem e o distinguem de todos os outros que conhecem.

Quando se está construindo um empreendimento relacionado a *coaching*, sua marca deverá ser planejada e construída de modo deliberado. Lembre-se: você não será o único a oferecer serviços de *coaching* em sua área e certamente não será o único oferecendo informações em seu blog e por meio de seus produtos. Sua marca pessoal o ajudará a se diferenciar de seus concorrentes e a construir um relacionamento de confiança com seu público. Além disso, ela servirá para mostrar instantaneamente o que se pode esperar ao ingressar em sua comunidade.

Ca$h!

No passado, a gestão de marcas estava praticamente restrita a grandes corporações e a produtos específicos. Confrontado com uma prateleira repleta de bebidas efervescentes desconhecidas, todas prometendo igualmente matar a sede e refrescar nossa garganta com suas bolhas, a poderosa marca Coca-Cola assegurava que seus clientes soubessem exatamente o que a bebida faria por eles. Aquela bebida não apenas os refrescaria ou lhes proporcionaria uma overdose de açúcar e uma sensação de ardência na língua. Afinal, se "Coca-Cola é vida", então bebê-la lhe provocará um surto instantâneo de alegria, energia e excitação. Ao escolher entre 3 produtos de nomes parecidos e reconhecer apenas um deles, optará pelo mais conhecido. Por considerá-lo familiar, você confiará em sua promessa de cumprir o que está escrito na garrafa.

A gestão de marcas ajuda consumidores que se sintam confusos pela grande variedade de opções a tomar boas decisões de compra. Especialmente na internet, onde a próxima opção está a apenas um clique de distância, ela se tornou um fator essencial não apenas na conversão de potenciais interessados em clientes, mas na criação de uma comunidade com laços estreitos, cujos membros não apenas retornam, mas também "evangelizam" outros possíveis interessados em seu nome.

Nos últimos anos, o conceito de gestão de marca mudou bastante. O processo tornou-se individualizado. Agora é possível – e até mesmo essencial – que cada pessoa tenha sua própria marca. Vários fatores levaram a esse desenvolvimento. É provável que um melhor entendimento sobre o funcionamento desse sistema tenha muito a ver com isso. Reconhecemos a importância das marcas em nossas vidas, independentemente de o logotipo da Apple estar em nosso celular ou o da Nike enfeitar nossos tênis, ou aos grandes outdoors que se seguem uns aos outros em nossas estradas. As marcas não apenas estão espalhadas em todos os lugares, mas se tornaram amplamente reconhecidas. Nós já sabemos o que elas fazem pelas empresas;

$228

portanto, agora nos perguntamos se o seu poder também é capaz de atuar em nosso favor.

A importância de se criar uma marca pessoal também tem muito a ver com nossas chances no mercado de trabalho. No passado, era possível entrar em uma empresa e ter certeza de que permaneceríamos nela até a aposentadoria. As pessoas recebiam aumentos regulares, bonificações e, quando finalmente saíam, ganhavam um belo relógio de ouro e uma boa aposentadoria. Esses dias chegaram ao fim. As empresas não pensam mais duas vezes antes de cortar funcionários — e os colaboradores não pensam duas vezes antes de mudar para outra empresa ou abrir empreendimentos próprios.

Isso significa que somos responsáveis pela imagem que apresentamos aos "compradores", independentemente de esses indivíduos serem empregadores ou clientes. Implica o fato de precisarmos reconhecer as características que nos diferenciam e projetá-las para que sejamos instantaneamente reconhecidos e jamais esquecidos.

A construção de uma marca acontece em dois estágios: (1) o entendimento de quais elementos sua marca deverá conter e (2) a criação de uma estrutura para veicular essa imagem.

1 - Identificando a sua marca

Em seu livro *Me 2.0: Build a powerful brand to achieve career success* [Eu 2.0: Construa uma marca poderosa para alcançar o sucesso na carreira], o especialista em gestão de marcas Dan Schawbel fala sobre a importância de a marca pessoal estar embasada na mais pura autenticidade. Ele argumenta que ela precisa ser real e estar lastreada no verdadeiro caráter, na personalidade e nas perspectivas do indivíduo. "Por que é preciso ser real?", ele pergunta. "Porque todos os outros já conhecem, e réplicas não valem tanto quanto os originais."

Essas são duas boas razões, mas existe ainda uma terceira que igualmente persuasiva.

Ca$h!

Basear a sua marca no que você é verdadeiramente torna-se a opção mais fácil, pois não terá de fingir ser o que não é nem arriscar ser desmascarado quando falar com pessoas em conferências e *workshops*. Além disso, você não precisará fazer grande esforço mental imaginando como a pessoa que está tentando criar se comportaria no Twitter, no Facebook ou em seus e-books. Você poderá relaxar e ser simplesmente você mesmo e, assim, ganhar dinheiro.

Porém, não deverá ser muito difícil encontrar uma característica única que o defina como indivíduo. Talvez seja o seu senso de aventura, sua memória para estatísticas ou apenas seu sorriso vitorioso e sua atitude positiva. Não é preciso possuir mais que uma característica forte para construir a sua marca, e há grandes chances de que a primeira que lhe ocorra seja exatamente a ideal.

Psicólogos costumam perguntar às pessoas qual é a primeira coisa que lhes vem à mente quando olham para uma imagem. Eles nunca questionam qual seria a segunda nem dão muito tempo para que se pense a respeito, pois desejam obter a reação mais imediata – porque provavelmente será a mais honesta. Pergunte-se qual é a característica mais marcante de sua personalidade ou do modo como faz negócios e saberá qual é o ponto central de sua marca. Obviamente deverá ser algo positivo e inspirador – algo que outras pessoas também desejem possuir. Desde que seja otimista, divertido e excitante, esse traço certamente irá ajudá-lo a se distinguir no mercado.

2 - Veiculando a sua marca

Vale lembrar que difundir uma marca é ainda mais complicado que criá-la. E é justamente para isso que as grandes corporações pagam altas somas às agências de propaganda. Portanto, se você possuir o capital suficiente, mas não souber o que fazer com ele, poderá evitar essa pequena dor de cabeça e fazer o mesmo. Existem inúmeras pequenas empresas de marketing e gestão de marcas que ficarão felizes em ajudá-lo a promover e distinguir sua marca. Felizmente, considerando as vantagens de se escolher algo que esteja intimamente relacionado à sua verdadeira natureza, será mais fácil difundi-la você mesmo, sem gastar muito dinheiro. Como poderá perceber, as mídias sociais tornam essa empreitada ainda mais fácil. O motivo para isso é o fato de que sua marca consistirá em dois elementos: (1) uma imagem visual comunicada de maneira imediata e (2) um estilo, que permitirá que as pessoas sintam-se próximas a você como se o conhecessem por muito tempo.

Para criar uma imagem visual, você provavelmente precisará da ajuda de um fotógrafo profissional. Caberá a ele obter as imagens ideais, ou seja, que comuniquem as características que você deseja transmitir, que serão usadas na criação de seu material de marketing. Você terá de dizer ao fotógrafo o que exatamente essa imagem deverá comunicar. Encontre alguém talentoso e terá em mãos uma seleção de fotos excelentes com as quais conseguirá estabelecer a sua marca.

Figura 7.1 – Carrie Wilkerson, a "executiva descalça", é especialista em tudo relacionado ao marketing, mas seu conhecimento de gestão de marcas surgiu de maneira natural e combina muito bem com ela.

Ca$h!

Carrie Wilkerson, por exemplo, é uma consultora e estrategista especializada a ajudar empreendedores que trabalham em home-offices a construir seus empreendimentos (Figura 7.1). Observe a imagem que ela utiliza em seu site BlogBarefoot.com e perceberá que ela aparece sentada no chão, sorrindo, relaxada e descalça.

Essa é a sua marca, e é isso o que ela oferece às pessoas que a contratam como *coach* ou consultora. Ela os ajudará a ser profissionais, contudo, mantendo-se relaxados e livres de estresse. Essa não é apenas a mensagem que ela comunica por meio das fotos publicadas, mas a sensação sintetizada no título que usa para descrever a si mesma: "A executiva descalça". A mesma imagem também transparece claramente em seu Twitter (Figura 7.2) Seus tweets são inspiradores, positivos e profissionais, mas também são pessoais e ajudam-na comunicar sua marca e sua personalidade diretamente a seu público-alvo, construindo um relacionamento próximo com indivíduos que poderão se tornar futuros clientes.

Figura 7.2 – O nome da marca e a imagem de Carrie Wilkerson descalça fazem com que ela permaneça na mente das pessoas. Seus tweets ajudam a construir e a reforçar essa marca.

O Twitter é particularmente eficiente nesse caso. Aliás, essa é outra boa razão para se escolher uma marca que reflita sua verdadeira personalidade. É muito difícil criar uma timeline bem-sucedido que não mostre quem você é de fato. Quando a sua marca consiste em um aspecto positivo da sua personalidade – seu senso de diversão, seu amor pelo conhecimento, sua meticulosidade –, é isso que transparecerá naturalmente em seus tweets. Cada vez que você abrir sua timeline e disser às pessoas o que está fazendo ou pensando, estará dando outro "empurrãozinho" à sua marca, firmando-a mais profundamente nas mentes de seus seguidores.

Sua marca deixará você conhecido em meio ao seu público-alvo e ajudará a construir um sentimento de confiança junto a eles. Entretanto, comunicar confiança é um processo demorado e será preciso fazer com que seu público goste de você. Ao fazê-lo, conseguirá criar uma conexão poderosa com as pessoas e encorajá-las a se manter próximas e até mesmo a contratá-la como *coach*. Às vezes, será necessário utilizar uma ferramenta para acelerar essa comunicação, ampliá-la e torná-la mais poderosa.

Como usar relações públicas para gerar grande impacto

Ser capaz de oferecer *coaching* depende da sua imagem como especialista. As pessoas somente o contratarão, se inscreverão em suas palestras e comprarão seus vídeos de treinamento se tiverem certeza de que você sabe mais que elas e a maioria dos outros profissionais, e considerarem que você é capaz de compartilhar tal conhecimento. Essa "especialidade" será parte da sua marca, mas geralmente leva tempo para se construir uma "percepção de valor" sobre ela.

Isso acontece quando o seu blog já está on-line há muito tempo e abriga conteúdo de qualidade de modo consistente. Ocorre na medida em que seus infoprodutos são comprados, lidos, compartilhados e, sobretudo, respeitados. Torna-se realidade quando você verdadeiramente sabe do que está falando e o conteúdo apresentado comprova isso de maneira clara.

Contudo, há um atalho que poderá ajudar você a criar sua marca como especialista: divulgar o seu nome na imprensa. Quando um repórter é encarregado de uma história, começa imediatamente a procurar fontes para embasá-la. Ele deseja encontrar e conversar com pessoas que estejam diretamente envolvidas na história. Isso dará um toque humano ao artigo e mostrará ao leitor que o fato ocorrido exerce algum impacto na vida das pessoas. Contudo, esse profissional também procurará por especialistas no assunto, que possam explicar ao leitor o que está acontecendo, por que e qual é a importância disso. Não caberia ao próprio repórter fazê-lo, pois não é um especialista, apenas o indivíduo responsável por fazer as perguntas e transmitir as informações obtidas ao leitor. Ele não cria os fatos. No entanto, o leitor assume que o especialista entrevistado pelo repórter seja um *expert* em sua área, pois, se não o fosse, o jornalista teria entrevistado outro em seu lugar.

Se você conseguir colocar seu nome na imprensa, não somente ficará em evidência diante de um grande número de pessoas, mas elas o verão como especialista em sua área. Quando pensarem em construir um site, ganhar dinheiro com suas ilustrações ou construir seu próprio serviço de babás, você será a pessoa a quem pedirão ajuda.

Escrever comunicados à imprensa é muito fácil. Eles são curtos – mais ou menos uma página – e seguem uma fórmula rigorosa:

- título;
- parágrafo introdutório;
- citação;
- dois ou três parágrafos informativos ou uma série de pontos com marcadores;
- citação final;
- dizeres promocionais sobre o especialista.

Em teoria, isso é muito simples; porém, o mais difícil é escrever o tipo de comunicado que realmente atraia a atenção dos jornalistas, pois eles recebem dezenas deles todos os dias. Muitos vêm de empresas e agências de relações públicas que os profissionais já conhecem. Outros são enviados pelo próprio interessado, na vaga esperança de chamar a atenção do repórter. A maioria falha.

Em geral, a razão para esse fracasso é óbvia. Quando um empreendedor escreve um comunicado à imprensa, tende a se preocupar com o que o jornalista poderá fazer por ele, a imaginar o modo como será visto na reportagem e no efeito que a publicidade terá sobre seu negócio. Entretanto, ele deveria se preocupar com o que ele próprio poderia fazer pelo repórter e produzir comunicados que solucionem os problemas encontrados diariamente pelos jornalistas, ou seja, que lhes diga "o que escrever" e "como". O ideal é enviar-lhes uma boa ideia para uma história – algo que entretenha o público – e que já venha completa, inclusive com a opinião do especialista no assunto, citações e número para contato.

Pelo menos era assim que funcionava. Na época em que a melhor publicidade era obtida com um minúsculo espaço em um jornal impresso, era vital criar comunicados à imprensa que fossem excitantes e especiais. Eles precisavam atrair os olhares dos jornalistas e prometer uma história sólida para seus leitores.

Atualmente, fazer publicidade não significa necessariamente aparecer em uma página do *New York Times* ou se expor na estação de rádio local. Pode ser algo tão simples como uma resenha em um blog. Apesar de não garantir tanto prestígio quanto os principais canais da mídia, publicar suas ideias em um blog o ajudará a colocar seu nome em evidência e a torná-lo conhecido. Isso significa que existem agora dois tipos de comunicados à imprensa que chamam atenção do público-alvo.

O primeiro é aquele que inclui a informação básica que você deseja transmitir. A seguir, veremos um comunicado à imprensa que produzi quando lancei o AdSense Coaching Club.*

---

* Clube de *coaching* do AdSense (N.T.)

Ca$h!

Especialista em Google AdSense anuncia o Primeiro Clube de Coaching do setor

Edmond, OK (PRWEB*), 9 de maio de 2006

Com os editores da internet procurando maneiras de monetizar seus sites, a Google se tornou uma das empresas mais adoradas do mercado, em função do seu programa de anúncios contextualizados — o Google AdSense. Esse serviço de anúncios com base em texto gera altas rendas para inúmeros proprietários de sites. Com o aumento do interesse nesse programa revolucionário de geração de receita, os editores de sites têm procurado caminhos para aumentar ainda mais seus lucros com o sistema.

Foi anunciado hoje por Joel Comm o lançamento do Primeiro Clube de Coaching do AdSense, um site exclusivo para membros e projetado para ajudar donos de sites a ganhar mais dinheiro com o programa AdSense. Joel Comm é especialista na área e autor do e-book mais vendido da web sobre o assunto, What Google never told you about making money with AdSense (já em sua terceira edição), o que o qualifica a ensinar outros interessados a multiplicar sua receita com este programa.

Segundo Joel Comm, "uma vez que você entenda o básico sobre como ganhar mais dinheiro com o AdSense, testemunhará instantaneamente o crescimento de sua renda. Entretanto, muitas pessoas ainda estão perdendo dinheiro simplesmente por não darem os primeiros passos no sentido de arrecadar uma renda maior. Meu exclusivo clube de coaching é projetado para pessoas que querem de fato elevar sua captação de receita".

.O Premier AdSense Coaching Club disponibiliza inúmeros recursos aos assinantes, e todos estarão imediatamente acessíveis aos membros, 24 horas por dia. São eles:

- **Tutoriais em vídeo** — Narrados pelo próprio Joel Comm, esses vídeos apresentam estratégias que poderão ser usadas para garantir o aumento de sua receita. Eles são direcionados a qualquer indivíduo interessado, seja

---

* Empresa on-line de relações públicas nos EUA. (N.T.)

ele iniciante na área ou editor de site com conhecimentos avançados. Ao longo desse mês, os membros terão acesso aos tutoriais sobre o AdSense em blogs. A duração da gravação é de 30 minutos e ela oferece instruções fáceis que permitirão a qualquer um iniciar a criação de conteúdo por meio do programa Google AdSense em poucos minutos.

- **Telecurso mensal de duas horas** – o material inclui entrevistas com especialistas na área, que apresentarão novas oportunidades para maximizar sua renda com o AdSense. Entre os convidados já entrevistados estão o especialista em de relações públicas, Marc Harty, e o reconhecido guru na área de lançamentos de produtos, Jeff Walker.
- **Uma reportagem especial mensal** – matéria exclusiva para membros que revelará as mais novas estratégias de Joel para gerar riqueza on-line. A reportagem atual inclui um documento de 30 páginas intitulado "Começando com o AdSense em blogs" e "O guia rápido para o Yahoo! Publishing Network", ambos imediatamente disponíveis para download.
- **Acesso privilegiado ao AdSense Mastermind Group*** – local em que o membro terá a oportunidades de desenvolver relacionamentos estratégicos com outros membros premium e, até mesmo, criar joint ventures.
- **Estudos de casos reais** – vídeos narrados por Joel Coom contendo críticas sobre situações da vida real e a demonstração de estratégias que poderão ser imediatamente implementadas em qualquer site.
- **Bônus e surpresas para membros premium!**

A criação do Premier AdSense Coaching Club resultou da grande demanda demonstrada pelos leitores do Joel. Ele pode ser acessado on-line, por uma pequena taxa mensal, em www.joelcomm.com/coachingclub.html.

De acordo com Joel: "Estou bastante entusiasmado em poder oferecer informações, treinamento e recursos valiosíssimos para meus primeiros membros. Com mais de 1000 associados atualmente inscritos no clube, muitos já deixaram de apenas gastar dinheiro e passaram a testemunhar o aumento de seu saldo bancário!"

---

* Trata-se de uma área restrita do site em que os especialistas na área debatem questões relacionadas ao AdSense. (N.T.)

Ca$h!

Sobre Joel Comm

Joel Comm é autor, empreendedor e aficionado por tecnologia. Ele tem comercializado produtos e serviços on-line com sucesso desde 1995. É o fundador da InfoMedia, Inc., uma empresa que tem por objetivo oferecer entretenimento e outros recursos para a família, por meio de sites como o DealofDay.com, o WorldVillage.com, o FamilyFirst.com e o Freebitz.com. Joel é autor de muitos livros cujo foco é ensinar as pessoas a ganhar dinheiro on-line. Ele é frequentemente convidado para ministrar palestras e participar de conferências e seminários. Para entrevistas ou maiores informações, conte ate a InfoMedia, Inc. pelo telefone (405) 348-2800 ou acesse www.JoelComm.com.

Como pode perceber, esse texto contém todos os elementos básicos para um comunicado à imprensa: o título, a citação, uma lista com marcadores, outra citação ao final para arrematar e uma pequena apresentação que explica aos repórteres quem sou eu e o que faço.

Entretanto, essa não é uma história para a mídia local. Eu não posso esperar que o jornal da minha região se interesse e publique algo sobre isso, afinal, seus leitores não estão realmente interessados em saber se eu lancei um clube de *coaching* para AdSense. Nenhum deles me conhece e é provável que a maioria nem saiba o que é o AdSense.

Os únicos veículos que irão responder a um comunicado desse tipo são aqueles que já me conhecem e entendem o que é o AdSense. É uma história direcionada a um público específico – envolve marqueteiros da internet, que potencialmente se transformarão em clientes. É improvável que a notícia apareça em qualquer outro jornal regular, mas será notada em blogs e sites que lidam com o AdSense e com marketing na internet. Minha reputação como especialista não se tornará muito maior, mas algumas vendas deverão acontecer. Compare o comunicado apresentado ao que vem a seguir.

O "café da manhã" do guru do Google AdSense vai a leilão no eBay

Edmond, OK (PRWEB), 8 de junho de 2006

Ninguém se interessaria em adquirir as sobras de um "café da manhã" no eBay, a não ser que tal refeição tenha sido servida a uma celebridade da web que esteja oferecendo 30 minutos de consultoria individualizada ao sortudo arrematador das sobras!

Foi exatamente isso que uma participante da Superconferência de Marketing na Internet de Carl Galletti quis alcançar quando o especialista em Google AdSense Joel Comm subiu ao palco no sábado, 3 de junho, em Las Vegas, Nevada.

Durante sua apresentação, Joel Comm, conhecido por seu best-seller número um do Amazon.com, The AdSense Code, ofereceu aos participantes a possibilidade de compartilhar seu café da manhã. Lin Ennis, que estava sentada na primeira fila, imediatamente agarrou a oportunidade. Mal sabia Joel que parte de seu desjejum acabaria aparecendo no eBay, o maior site de leilões do mundo, com item disponível para arremate!

"Quando vi que parte do meu café da manhã indo a leilão, decidi oferecer ao ganhador a mesma vantagem que teria se realmente tivesse se sentado à mesa comigo", diz Joel Comm. "Desse modo, o vencedor do leilão também receberá 30 minutos de consultoria telefônica de graça e receberá informações sobre minhas melhores estratégias para lucrar na internet."

Ennis, que vive em Sedona, Arizona, prometeu doar os fundos obtidos durante o leilão aos "Jovens empreendedores da internet em Sedona". Ela também incluiu um jogo de brindes que serão úteis para todos que quiserem aprender a ganhar dinheiro na internet.

Para ler mais sobre Joel Comm ou a respeito de seu best-seller da Amazon, The AdSense Code, acesse www.joelcomm.com.

Sobre Joel Comm

Joel Comm é autor, empreendedor e aficionado por tecnologia. Ele tem comercializado produtos e serviços on-line com sucesso desde 1995. É o fundador da InfoMedia, Inc., uma empresa que tem por objetivo oferecer entretenimento e outros recursos para a família, por meio de sites como o DealofDay.com, o WorldVillage.com, o FamilyFirst.com e o Freebitz.com. Joel é autor de muitos livros cujo foco é ensinar as pessoas a ganhar dinheiro on-line. Ele é frequentemente convidado para ministrar palestras e participar de conferências e

Ca$h!

> *seminários. Para entrevistas ou maiores informações, contate a InfoMedia, Inc.*
> *pelo telefone (405) 348-2800 ou acesse www.JoelComm.com.*

Esse é um tipo de comunicado de imprensa direcionado a um público muito mais genérico. Ele é mais divertido do que algo focado em vendas e pode despertar o interesse de qualquer um. Qualquer publicação à procura de uma notícia engraçada poderia querer publicá-la. Ela aborda a internet, a variedade de coisas vendidas pelo eBay e, além disso, é ridícula.

Apesar de o conteúdo ser deliberadamente engraçado, veja o modo como sou retratado no comunicado. Eu ainda apareço como especialista. O comunicado me descreve como autor, palestrante e alguém de quem as pessoas comprariam 30 minutos de *coaching* em um leilão. A história é leve e chamativa, mas a impressão que fica é séria.

Essa é uma maneira diferente de escrever comunicados à imprensa. O formato continua o mesmo. Nele você encontrará citações que mostram aos jornalistas que eles estarão recebendo um conteúdo de qualidade; há um título e uma curta biografia no final para que os repórteres saibam sobre quem irão falar. Mas o assunto propriamente dito visa agradar a todos, não apenas as pessoas que já me conhecem ou as da minha área. Isso me ajudará a divulgar meu nome ainda mais e a firmar minha marca.

Você sempre poderá valer-se desses dois tipos de comunicados e escrever à imprensa quando quiser ganhar notoriedade. Poderá fazê-lo enviando informações básicas para blogs e sites em sua área ou optar por um comunicado mais genérico – que entretenha, informe e divirta os leitores – direcionado a um público mais amplo. Se acertar nos dois, poderá ganhar exposição em ambos os canais.

A distribuição desses comunicados também passou por mudanças. Antigamente, era preciso programar uma longa lista de números em um aparelho de fax. Atualmente é possível usar um programa de fax no computador para fazer o mesmo, pois muitos repórteres ainda

$ **240**

gostam de receber seus comunicados desse modo, mas também é perfeitamente apropriado enviá-los por e-mail se tiver os endereços corretos, é claro – ou, então, usar um serviço de distribuição. Eu gosto do PRWeb (www.prweb.com) e do Expert Click (www.ExpertClick.com). Os preços da PRWeb começam em 80 dólares por comunicado, mas a Expert Click lhe permite enviar 52 comunicados por 800 dólares. Ambas são bastante eficazes e fáceis de usar.

Comunicados à imprensa devem fazer parte da sua estratégia de negócios. Quanto mais você aparecer na imprensa, mais espalhará a ideia de que você é um expert em sua área. Depois disso, poderá adicionar o logotipo do meio de comunicação ao seu site, o que aumentará ainda mais sua credibilidade. Outros repórteres verão que você foi entrevistado, saberão quem você é e se sentirão à vontade para entrar em contato e solicitar entrevistas.

Sempre que lançar um novo produto, deve fazer um comunicado à imprensa. Sempre que fizer algo importante, deve informar os meios de comunicação e se valer da oportunidade para construir sua marca como especialista junto ao grande público (Figura 7.3).

O início: *coaching* de baixo custo

Ao observar um orador conhecido subindo ao palco, talvez pense que nunca será capaz de fazê-lo. Talvez você esteja certo. Nem todo mundo se sente confortável em compartilhar seu conhecimento no palco. Mas, se isso for algo que realmente queira realizar, então você conseguirá. *Coaches* – mesmo os mais famosos – não são indivíduos sobre-humanos, capazes de atravessar um palco de 15 metros com um único salto. São apenas empreendedores normais – como eu e você – que conquistaram seu conhecimento e desejam compartilhá-lo. Eles construíram sua marca e conseguiram difundi-la a tal ponto que agora são convidados a falar em conferências, ministrar palestras em *workshops* e direcionar outros empreendedores rumo a seus sonhos. Eles vendem pacotes de *coaching* que custam milhares de dólares e, se o assunto é consultoria pessoal, o céu é o limite.

Ainda assim, nenhum deles começou pelo topo. Todos os grandes *coaches* que você eventualmente conheça começaram por baixo, ensinando suas habilidades a pequenos grupos de pessoas ávidas por

Figura 7.3 – Este é o speaking.joelcomm.com, o site que uso para promover meu trabalho como palestrante. Note como utilizo minhas aparições na imprensa para construir minha marca e reforçar o fato de ser um especialista. Se a Fortune, a CNN e a BusinessWeek desejam falar comigo, então eu preciso saber do que estou falando, certo? Uma vez que tenha conseguido ganhar algumas publicidade por meio de comunicados de imprensa, sentirá que a mídia já o considera uma fonte confiável e que regularmente voltará a procurá-lo.

aprender. Trata-se de um processo que depende de seu próprio esforço e capacidade; portanto, você não terá de depender de um organizador de eventos para receber um convite, não ficará na dúvida sobre o comparecimento das pessoas nem temerá falar para uma sala vazia. Organizar seus próprios eventos de *coaching* e vender seus próprios serviços de consultoria pode significar trabalho duro. Isso poderá envolver um pequeno risco financeiro (mas não necessariamente); entretanto, o retorno poderá ser imediato e gigantesco, além de ser a melhor maneira de dar os primeiros passos e ganhar experiência. Todavia, você não irá querer que o público que participe de sua primeira sessão de *coaching* pague altas somas pelo privilégio de ser apenas uma cobaia, afinal, seus honorários não refletirão somente o valor do seu conhecimento, mas também a facilidade com a qual o transmite para os seus clientes.

Um programa de *coaching* de baixo custo – o melhor para alguém que está começando como *coach* – pode englobar vários diferentes pacotes. O mais básico é o *coaching* por telefone. O recurso principal do pacote serão alguns telefonemas mensais que poderão durar entre 30 minutos e 60 minutos e ter uma frequência de uma a 3 vezes por semana. Neste caso, você pode adicionar alguns infoprodutos valiosos, como um e-book que delineia suas ideias, uma avaliação gratuita do estado atual da empresa ou um plano de ação personalizado que servirá como guia para o desenvolvimento do cliente no decorrer do programa. Outra possibilidade será colocar-se disponível para contato por e-mail entre os contatos telefônicos.

As tarifas para um programa como esse podem chegar facilmente de 400 a 500 dólares mensais por um período mínimo de seis meses. Considerando que o tempo total durante o qual estará trabalhando diretamente com o cliente será de apenas uma hora ao telefone e outros 60 minutos preparando o telefonema, e, talvez, uns 10 minutos aqui e ali para escrever um e-mail, é fácil perceber que até mesmo essa fórmula simples poderá resultar em altos honorários.

Ca$h!

Você não precisaria de mais que meia dúzia de clientes telefônicos por mês para produzir um aumento significativo em sua renda e em seus negócios. Como alternativa, ou adicionalmente, você poderia oferecer *coaching* presencial. Isso também incluiria a avaliação, o plano de ação e todos os infoprodutos que quiser adicionar, mas consistiria principalmente em encontros no escritório do seu cliente uma vez por semana, ou algumas vezes ao mês. As reuniões seriam mais longas que os telefonemas e lhe proporcionariam uma melhor interação com o cliente. Os honorários para esse tipo de *coaching* podem alcançar 3 vezes os das consultas telefônicas. Será preciso levar em conta o tempo de ida e volta até o cliente, assim como o diferencial de ele ou ela poder contar com sua presença.

É claro que o *coaching* em pessoa inicialmente se limitará a indivíduos de sua região. Conforme o empreendimento cresce, poderão surgir convites de pessoas que estejam mais longe e que se mostrem dispostas a pagar pelas passagens e até mesmo pela estadia em hotéis. Contudo, quando se investe tanto esforço para oferecer *coaching* a alguém, seus honorários terão de refletir o trabalho envolvido. Considerando os longos voos e o tempo longe de casa, você terá de cobrar o suficiente para se sentir grato independentemente de o cliente aceitar seus termos ou recusá-los.

Esses são os dois modelos mais básicos, mas você ainda poderá segmentar o seu *coaching* para criar produtos para diferentes nichos. A *coach* de negócios Susanne Muusers, por exemplo, oferece serviços de consultoria de marketing, assim como consultas sobre sites e otimização de mecanismos de busca a partir de seu site ProsperityCoaching.biz (www.prosperitycoaching.biz). Isso lhe permite transmitir um conhecimento focado e personalizado para resolver um problema específico de cada vez para.

É possível comercializar o *coaching* de diversas maneiras. Ao lançar um novo programa, escreva um comunicado à imprensa e faça o mesmo quando um de seus clientes atingir seus objetivos. Nada é tão valorizado pela mídia quanto uma história de sucesso, principalmente se ela contiver lições que seus leitores também possam utilizar. E a sua marca certamente irá ganhar com isso.

Seu site principal será de grande valia caso coloque links que direcionem os visitantes para o seu site de *coaching* ou seu blog. Desse modo, logo perceberá um fluxo constante de leitores clicando nesses links em busca dos seus conselhos. Mais uma possibilidade está em criar *workshops*. Essa talvez sejam uma boa maneira de se tornar conhecido entre pessoas da sua área, que poderiam mais tarde se tornar clientes pessoais. Uma boa ideia é tornar o acesso a esse tipo de oficina gratuito e inserir basicamente uma introdução ao seu tópico de preferência e alguns conselhos que os presentes possam levar para casa. Promova o evento como se fosse uma aula sobre "como transformar seu hobby de fazer tricô em um negócio de sucesso", oferecida por um especialista nesse trabalho manual, ou como uma palestra sobre "por que muitas empresas iniciantes fracassam", fornecida por um empreendedor experiente; deixe claro que não estará vendendo nem cobrando nada e provavelmente conseguirá espaço de graça em livrarias ou centros comunitários.

Alguns dos interessados talvez se tornem clientes. É possível que outros optem por comprar os infoprodutos que você esteja comercializando no fundo da sala. De qualquer maneira, você terá a chance de divulgar seu nome para um público seleto a um custo baixo. Talvez uma boa ideia seja usar a palestra como introdução para um curso em grupo. Isso não seria tão personalizado como o *coaching* individualizado, mas, se conseguir manter um grupo pequeno e enfatizar que as vagas são limitadas, criará um senso de urgência que possivelmente incentivará as pessoas a se inscrever.

Uma alternativa seria oferecer as sessões de grupo on-line e a distância, o que lhe proporcionaria mais possibilidades em termos de marketing. A dra. Gina J Hiatt (www.academicladder.com), por exemplo, oferece *coaching* nas áreas de teses acadêmicas e vitaliciedade,

Ca$h!

ajudando estudantes a escrever suas dissertações e acadêmicos a avançar em suas carreiras. Ela oferece uma gama de serviços de *coaching*, que, entre outros, inclui: o "clube de redação acadêmica", que consiste de um curso on-line de 4 semanas; o *coaching* individual, com sessões telefônicas de 30 a 45 minutos; e o *coaching* em grupo, com teleconferências de 60 minutos e uma lista de participantes que interagem. Programas de software como o Group *Coaching* Manager (www.groupcoachingmanager.com) tornam o gerenciamento do trabalho em grupo bastante simples.

Claro que também é possível comercializar produtos de *coaching* como cursos on-line e DVDs. Eles não serão uma oferta tão personalizada como os *coachings* individuais ou em grupos, mas podem fazer parte das suas fontes de renda.

Um programa básico de *coaching* é relativamente fácil de se criar. Os pacotes, em geral, seguem uma fórmula tradicional e os honorários podem ser bastante elevados, resultando em ganhos bem altos – neste caso, você terá um lucro considerável. Seu sucesso dependerá principalmente da sua capacidade de construir uma reputação como especialista e de inspirar confiança em potenciais alunos para que se inscrevam. Você verá que isso acontecerá naturalmente conforme criar um bom conteúdo e construir uma comunidade.

Rumo ao topo: *coaching* de alto nível

E agora? Você já tem um número de clientes com os quais conversa ao telefone uma vez por semana. Ofereça uma sessão semanal em grupo usando o sistema de conferência telefônica, de modo que todos possam aprender com as experiências uns dos outros. Talvez você possa inclusive contar com aquele raro cliente para o qual fornece sessões individuais ao vivo.

Além disso, ainda continuará escrevendo conteúdo para o seu site, lucrando com anúncios e promovendo infoprodutos.

Todas essas iniciativas lhe proporcionarão um fluxo constante de renda e, se benfeitas, lhe garantirão uma receita surpreendente. Mas isso não é o suficiente.

O verdadeiro benefício de se publicar informações on-line e disponibilizá-las aos seus leitores não está no dinheiro que irá ganhar. Isso é ótimo e poderá mudar sua vida, mas não será a maior recompensa. O mais emocionante é quando você vê outras pessoas utilizando essas informações, colocando-as em prática e percebe que também estão alcançando sucesso. Eu sei que isso parece um pouco piegas e confesso que essa não era minha motivação quando comecei com o marketing on-line. No início, eu queria simplesmente ganhar dinheiro, mas, depois de consegui-lo e de vê-lo entrando de modo constante e abundante, realmente passei a considerar ainda mais gratificante a possibilidade de compartilhar meu conhecimento e ver outras pessoas alcançando o sucesso.

Todas as estratégias que apresentei até aqui o ajudarão a fazer isso, pelo menos até certo ponto. Entretanto, nada será tão eficiente como um programa de *coaching* de alto nível.

Veja que agora estamos galgando uma categoria acima dos programas normais. Os sistemas básicos de *coaching* lhe permitirão apresentar soluções personalizadas a outras pessoas; elas, por sua vez, terão de utilizar as soluções ofertadas e implementá-las por conta própria. Você lhes dirá o que terão de fazer e esperará que realmente ajam. O fato é que muitos o farão, mas outros não. Mesmo depois de pagar por um programa de *coaching*, eles escutarão o que você diz, assentirão com a cabeça e até agradecerão, mas, quando chegar a hora de arregaçar as mangas e enfrentar os problemas envolvidos na criação de um negócio, não seguirão em frente. Em vez disso, apenas se inscreverão no programa de outro *coach* e continuarão a se perguntar por que não estão alcançando o sucesso esperado. Entretanto, embora você esteja sendo pago e isso possa deixá-lo feliz, se eles não estiverem dispostos a investir seus esforços acabarão não ficando satisfeitos, e isso sempre será um problema.

Ca$h!

O *coaching* de alto nível é orientado para resultados. Ele consiste em ajudar pessoas que realmente têm intenções sérias a alcançar sucesso, ofertando-lhes o conhecimento e as ferramentas de que precisam para agir. Contudo, isso também significa ser seletivo em relação às pessoas com as quais irá trabalhar. Não se trata mais de tentar vender o maior número possível de produtos, mas de escolher os indivíduos que realmente deseja guiar em direção aos objetivos que possuam, pois, somente assim ficará satisfeito em testemunhar seu sucesso.

Claro que sempre haverá algo interessante também para você. Quando um indivíduo a quem você tenha oferecido *coaching* testemunha que se tornou milionário graças aos seus conselhos, sua reputação como especialista alcança as estrelas. Suas vendas aumentarão, seu site receberá mais atenção e as pessoas farão fila para participar de seus programas.

Pelo fato de ser mais seletivo e estar preparado para oferecer mais aos seus aprendizes – mais tempo, mais atenção e até mesmo uma garantia mais elevada (não é raro programas de *coaching* de alto nível prometerem um "ROI* de 5 mil dólares ou seu dinheiro de volta") –, você pode cobrar honorários bem mais elevados.

Neste caso, você poderá ser realmente ousado e estabelecer seu preço no retorno que acredita que seus educandos irão obter, não na receita que eventualmente possam alcançar caso se esforcem o suficiente para implementar suas ideias. Claro que um preço alto demais afastará as pessoas, mas a questão é que você de fato quer afastar indivíduos não comprometidos e trabalhar somente com aqueles que têm a confiança, a energia e o ímpeto necessários para obter sucesso. Elas não esperam que você faça o trabalho por elas, apenas que lhes diga o que precisam fazer para que possam alcançar seus objetivos. Elas realmente consideram que os 5 mil dólares que estão pagando (ou o que quer que você esteja cobrando) são um bom investimento.

---

* Sigla para *return on investment,* cujo significado é "retorno sobre investimento". (N.T.)

Existem alguns modelos para esse sofisticado tipo de *coaching*. O primeiro é uma versão incrementada e mais seletiva do seus programas regulares de *coaching* por telefone. Neste caso, as vagas são limitadas; você escolhe os candidatos com os quais quer trabalhar e oferece um número maior de contatos a cada semana. Essa foi a abordagem adotada por John Taylor (www.johntaylorsblog.com), um consultor de marketing e editor. John produziu vários infoprodutos e participa ativamente do WarriorForum* (www.warriorforum.com), um ponto de encontro para marqueteiros da internet. Certa vez, ele usou o fórum para anunciar um programa especial de *coaching* voltado para o marketing on-line. As vagas eram limitadas e a taxa era de 697 dólares. Em troca, ele oferecia duas ligações pelo Skype por semana e resposta para cinco perguntas que lhe fossem enviadas por e-mail diariamente.

Para ser aceito no programa, o candidato teria de passar por uma série de obstáculos, que incluíam até mesmo ter de declarar quanto tempo e dinheiro estariam dispostos a investir em seu sucesso semanalmente, descrever os objetivos que desejavam atingir e escrever um artigo de 200 palavras sobre seu melhor resultado na área de marketing na internet até então. (Figura 7.4).

Esse não é um programa de *coaching* direcionado a qualquer um, pois John não tem a intenção de vendê-lo em grande número. Ele está apenas anunciando seu programa em um site, onde sabe que irá encontrar estudantes dedicados, e filtrando todos os que não estão completamente convencidos de que alcançarão o sucesso desejado. Ainda assim, o formato continua bastante simples. Os alunos não terão de fazer nada além de participar de uma conversa pelo Skype duas vezes por semana enquanto John permanece em seu escritório na Escócia e atende estudantes em todo o mundo.

O segundo modelo consiste em tornar o seu *coaching* mais intensivo. Em vez de trabalhar com alguém por um período de um mês – ou vários, se quiser estender o programa –, você condensa todo o processo

---

* Tradução literal "Fórum de guerreiros". (N.T.)

Ca$h!

em apenas um fim de semana. Durante esse período, você terá de se dedicar plenamente. Será como organizar sua própria miniconferência. Além das instruções, os estudantes precisarão de alojamentos. É bem provável que você gaste mais tempo preparando o programa que levará ministrando-o. Entretanto, o retorno pode ser enorme. Paul Hartunian, um palestrante profissional e especialista em publicidade, costumava treinar outros potenciais oradores para que pudessem construir sua carreira no circuito de palestras. Suas oficinas de 3 dias aconteciam em sua fazenda em New Jérsei e custavam 4.995 dólares. As aulas eram limitadas a apenas 15 estudantes por vez, o que significa que em 3 dias de *coaching* ele arrecadaria um total de 74.925 dólares.

É certo que apenas uma pequena fração da comunidade que você construiu por meio do seu blog, de seus infoprodutos e de suas interações nas mídias sociais terá interesse e condições de pagar uma taxa tão proibitiva para passar alguns dias participando de uma de suas oficinas.

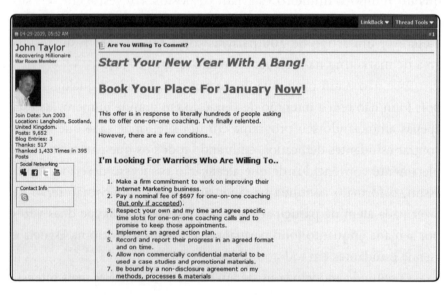

Figura 7.4 – John Taylor estabelece as regras no WarriorForum.

Contudo, essas são as pessoas mais dedicadas ao próprio sucesso; portanto, cobrar preços relativamente mais elevados poderá ampliar suas chances de testemunhar o sucesso de seus alunos.

Para promover esse tipo de programa, o valor estabelecido será o fator mais importante. Até mesmo o aluno mais ambicioso e confiante pensará duas vezes antes de investir alguns milhares de dólares. Eles não estão apostando apenas em sua própria capacidade de alcançar o sucesso, mas contando com o seu conhecimento e a sua capacidade de comunicação.

Não há prova maior para a sua marca do que a quantidade de confiança depositada em você por sua própria comunidade. Será possível tornar essa prova um pouco mais fácil se deixar bem claro que, além do conhecimento, os estudantes receberão vários outros prêmios cujo valor supera o *workshop*.

Paul Hartunian, por exemplo, publica em seu site (www.hartunian.com/speakers) todos os currículos dos oradores que passaram por seus cursos, fornecendo-lhes desse modo excelente propaganda. Ele também disponibiliza a seus alunos o contrato que ele utiliza para seus trabalhos, com a permissão para que eles o adaptem aos seus próprios negócios. Isso para ele não custa nada e economiza uma pequena fortuna para estudantes que, de outro modo, teriam de gastar muito com advogados.

Esses *workshops* não são eventos de grande frequência. O alto custo determinará que apenas uma pequena fração da sua comunidade se interesse por eles, o que significa que levará um tempo até que apareçam novos candidatos. Entretanto, considerando os altos preços cobrados, não será preciso que os cursos se repitam frequentemente. Com um ou dois por ano, sua receita será bastante incrementada.

Capítulo 8

Estudo de casos

Você não é a primeira pessoa a querer ganhar dinheiro on-line. Isso, aliás, é uma boa notícia, pois os pioneiros tiveram muito trabalho a fazer. Eles precisaram descobrir, por exemplo, quais ferramentas funcionariam melhor e como usá-las. Além disso, tiveram de definir o tipo de conteúdo que precisariam para atrair o público certo para monetizar seus sites. Precisaram decidir como construí-los e posicionar anúncios. Foi também necessário estabelecer a forma dos artigos que seriam publicados. Enfim, eles foram obrigados a criar a internet que hoje consideramos tão óbvia.

Esse foi um processo que levou tempo e se baseou em muitas tentativas e inúmeros erros. Às vezes, enquanto navegamos na web, deparamos com sites à moda antiga, que ostentam linhas horizontais lampejantes, animações ultrapassadas e trilhas de cursor. Quando isso ocorre, nos perguntamos como uma página daquelas conseguia atrair tráfego. A resposta é simples: não havia muita opção na rede naquele tempo. Agora, contudo, que existem tantas alternativas, esses sites já não ajudam a ganhar dinheiro. Precisamos, portanto, nos valer de fórmulas que funcionam.

Neste capítulo, descreverei uma série de sites que servem como ótimos modelos para empreendedores. Não posso garantir que todos eles estejam realmente ajudando seus proprietários a ganhar muito dinheiro, apenas especular que alguns estejam prosperando. Suspeito que existam vários que estejam acumulando pilhas gigantescas de dinheiro, enquanto alguns poderiam lucrar bem mais se realmente o quisessem. Contudo, talvez essa, afinal, não tenha sido a razão principal pela qual foram criados. O fato é que não importa realmente o quanto cada um dos sites aqui mencionados está faturando, mas quanto você poderá ganhar se seguir os modelos apresentados na sequência.

Sites de conteúdo

Como já discutido, um site precisa de bom conteúdo. Não importa se o objetivo do editor for somente atrair leitores e se divertir ou ganhar dinheiro. Nesta seção, analisaremos alguns sites que oferecem ótimo conteúdo e se utilizam de uma boa variedade de "canais de receita".

Travels with Sheila

Iniciarei o estudo de casos com um site que conheço muito bem. O TravelsWithSheila.com (www.travelswithsheila.com) pertence à minha mãe (Figura 8.1). Ele exemplifica perfeitamente como qualquer um – e realmente quero dizer qualquer um – é capaz de criar múltiplos fluxos de receita on-line com base no conhecimento que tiver acumulado apenas com suas paixões.

Minha mãe adora viajar. Ela já foi a todos os lugares do planeta e está sempre com as malas prontas. Acho que não existe um país que ela ainda não tenha visitado, uma companhia aérea com a qual não tenha voado, tampouco um único quarto de hotel em que tenha se hospedado que não tenha "herdado" algum objeto pessoal esquecido por ela. Durante essas viagens, ela acumulou uma gama enorme de conhecimentos e hoje

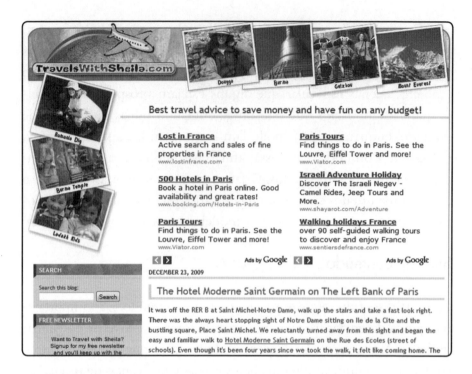

Figura 8.1 – Página inicial do site TravelsWithSheila.com. Veja que o primeiro item a ser visualizado é um anúncio do AdSense. Este é um posicionamento inteligente! Ela também disponibiliza acima da dobra uma caixa de pesquisa e um campo para acesso ao boletim informativo. O objetivo é capturar endereços de e-mail.

é capaz de dizer, por exemplo, onde encontrar escavações arqueológicas em Israel, fazer trekking na Caxemira e até mesmo encontrar os pinguins na Patagônia. Também consegue informar quais empresas de viagens oferecem as melhores promoções, como fazer as malas de maneira inteligente e por que o sistema de "conversão dinâmica de moeda" sempre lhe pareceu desvantajoso ao pagar a conta em um restaurante estrangeiro. Quando o assunto é viagem, minha mãe é uma verdadeira mina de ouro em termos de informações.

Em contrapartida, seus conhecimentos no campo da informática são bastante limitados. Eu levei um bom tempo para convencê-la de que o compartilhamento de sua "bagagem" e de suas experiências de viagens poderia gerar dinheiro para pagar por suas constantes voltas pelo mundo. Desde o lançamento do seu site TravelsWithSheila.com, ela começou a entender que todo aquele tempo que eu passava "brincando" no computador – quando deveria estar fazendo minha lição de casa – proporcionara-me uma ótima formação neste campo. Isso não tem preço.

Os primeiros itens a serem visualizados quando alguém acessa o site são dois anúncios do AdSense. Eles dominam a região acima da dobra, o que faz com que o visitante veja apenas o título e algumas linhas do primeiro artigo, logo abaixo das unidades de anúncios. As imagens dispostas acima e lateralmente no topo da página, que parecem fotos de

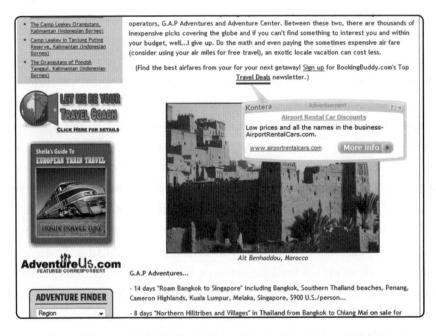

Figura 8.2 – Neste artigo, minha mãe discorre sobre promoções de viagens. Nele existe um link afiliado integrado no texto, um anúncio do Kontera, um link para seu programa de coaching telefônico, seu guia de viagens por trem e um widget buscador de aventuras que paga por afiliação. Trata-se de conteúdo de qualidade e recheado de sutis canais de renda.

Ca$h!

viagens, ajudam a dar vida aos anúncios e, portanto, integram de modo inteligente com a página. Contudo, são os anúncios que ocupam o espaço central. Afinal, este site é feito para se ganhar dinheiro (Figura 8.2).

Ao longo dos próprios artigos, será possível encontrar unidades do AdSense. Em cada página, você perceberá uma unidade de texto horizontal disposta imediatamente ao término da primeira amostra de cada artigo. Tal posicionamento faz com que os anúncios pareçam links de navegação e convidam o leitor a continuar obtendo informações. Outra unidade quadrada está embutida bem no começo do artigo completo, e geralmente existe uma terceira no final para atrair aqueles que finalizam a leitura, antes que deixem a página.

Porém, o AdSense não é o único meio que o site usa para monetizar os leitores. O texto também contém anúncios do Kontera e, na coluna à esquerda, há uma ferramenta interativa que permite aos leitores encontrar indicações para a sua próxima viagem de aventuras. Trata-se de um widget afiliado. Logo acima, há um link para um produto de informação – um guia de 17 páginas escrito por minha mãe sobre viagens de trem pela Europa. Os leitores podem baixá-lo por apenas 7 dólares. E, acima dele, há outro link que direciona os interessados ao serviço de *coaching* para viajantes. Por 47 dólares ela oferece meia hora de consultoria telefônica sobre o tema. (Os compradores também recebem o e-book e uma assinatura do boletim informativo semanal.)

Temos, portanto, a renda oriunda dos anúncios do AdSense, a proveniente do Kontera e outras que resultam dos links afiliados. Existe ainda um produto de informação serviços de *coaching* oferecidos de modo simples e ocasional. Tudo isso se baseia no conteúdo – nada mais que artigos curtos – e nas informações específicas que eles contêm. Isso é vital. Minha mãe adora contar suas interessantes histórias e possui amplo conhecimento para compartilhar com seus leitores. Estes, por sua vez, sentem-se, ao mesmo tempo, entretidos e bem-informados.

Os anúncios do AdSense e do Kontera, seu e-book e outras ferramentas posicionadas no site garantem à minha mãe variadas maneiras de lucrar com suas experiências e expertise. Tudo é muito simples. O site não representa nenhum desafio técnico, afinal minha mãe não entende nada sobre isso. Trata-se apenas de bom conteúdo monetizado pelas ferramentas comprovadas disponíveis na web. Você pode considerar esse site como um pequeno negócio familiar.

ReadWriteWeb

O TravelsWithSheila é um site mantido por uma única pessoa. Ele traz conteúdo de qualidade e ostenta uma variedade de ferramentas que ajudam a transformar as informações contidas ali em dinheiro. Todo o conhecimento ali disponibilizado foi obtido de um modo divertido. Minha mãe não recebe qualquer patrocínio para viajar. Pelo contrário, ela somente ganha alguma remuneração quando discorre sobre suas experiências on-line.

O modelo do ReadWriteWeb.com (www.readwriteweb.com) é bem diferente (Figura 8.3). Criado em 2003, o site é um blog tecnológico avaliado pelo Technorati (um mecanismo de pesquisa para blogs) como um dos 20 melhores da web. Ele foi criado por Richard MacManus, um neozelandês que anteriormente trabalhara como analista e pesquisador no Vale do Silício, e abriga todo o conhecimento que ele construiu prestando serviços para empresas de tecnologia.

Hoje ele já não é mais um site de uma pessoa só. Apesar de Richard continuar contribuindo regularmente, o site também dispõe de um editor de produção, de um gerente de marketing e experiência e de outros colaboradores que ocupam cargos de nomes interessantes. Existem ainda vários convidados que participam eventualmente. Não se trata apenas de um blog, mas de uma empresa com uma equipe trabalhando em tempo integral.

Não surpreende, portanto, que o ReadWriteWeb tenha implementado uma variedade de métodos para monetizar seu conteúdo e assegurar que todos os membros dessa equipe sejam pagos.

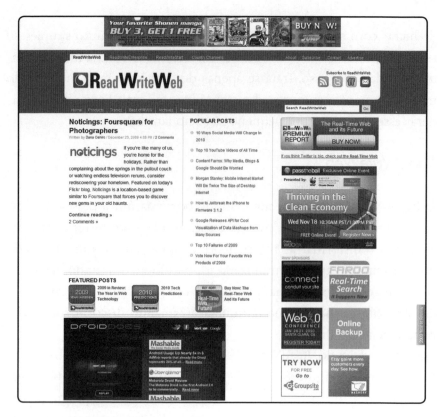

Figura 8.3 – O ReadWriteWeb funciona como uma gigantesca editora na forma de site. Ele conta com múltiplos colaboradores, oferece relatórios de alto nível e possui inúmeros patrocinadores.

Um dos canais de receita é denominado "distribuidor de conteúdo." A seção de tecnologia do *New York Times*, por exemplo, compra conteúdo desse site. Contudo, embora em termos de receita isso seja ótimo, não é sempre que acontece. Na verdade, a única coisa em que se pode confiar, desde que se tenha bom conteúdo, é em propaganda. O ReadWriteWeb usa vários métodos nesse sentido. Há uma unidade vertical do AdSense na coluna à direita que sempre se mostra útil para o visitante. Entretanto, parece que a maior parte do espaço dedicado a anúncios no site é vendido diretamente na forma de anúncios patrocinados. Eles aparecem como quadrados gráficos de 125 x 125 pixels e são publicados mensalmente na página lateral de cada página. As empresas anunciantes podem posicioná-los entrando em contato diretamente com o site. Também existem anúncios CPM, gerenciados pela Federated Media (www.federatedmedia.net – uma agência de publicidade para sites).

As taxas desse tipo de anúncios variam. Um anúncio de texto de 125 x 125 pixels custa 91 dólares por uma semana de veiculação; já um anúncio gráfico de 300 x 250 custa 1.560 dólares por 60 mil impressões, o menor número comercializado pela Federated Media.

Além disso, o site oferece alguns relatórios interessantes e infoprodutos cuidadosamente pesquisados, que incluem perfis, estatísticas e estudo de casos. Os preços, nesse caso, começam em 300 dólares.

E, como se tudo isso não bastasse, o ReadWriteWeb criou também um número de canais isolados que incluem o ReadWriteEnterprise para empresas e o ReadWriteStart para *startups* e novos empreendedores, patrocinado pelo Microsoft. Ambos são acessíveis através da página inicial do ReadWriteWeb e mostram como é possível expandir um site de sucesso a novas áreas e, ao mesmo tempo, continuar usufruindo de sua marca.

Embora o ReadWriteWeb tenha sido idealizado apenas como um mecanismo para o compartilhamento de informações e conhecimentos entre seu proprietário, um especialista em tecnologia e um público maior de interessados na área, ele cresceu e se tornou um editor de artigos confiáveis. Richard MacManus continua gerenciando a empresa a partir de sua casa na cidade neozelandesa de Lower Hutt.

Origami Blog

Até aqui vimos como é possível transformar uma paixão em um rentável empreendimento on-line. Vimos também o que pode acontecer quando você disponibiliza seu conhecimento profissional na web e usa as ferramentas disponíveis para monetizá-lo: você pode acabar gerenciando uma bem-sucedida editora especializada. Mas o que acontece quando a sua paixão é também a sua profissão?

Em primeiro lugar, é preciso considerar que você é bastante sortudo. Não existem muitas pessoas afortunadas o suficiente para ganhar a vida fazendo exatamente aquilo de que mais gostam. Se você é uma delas, está em um grupo bastante seleto – e a web certamente poderá ajudá-lo a extrair ainda mais renda do seu passatempo.

Cindy Ng é formada em administração de empresas, mas o que realmente a entusiasma é fazer dobraduras de papel. Ela cria kits de origami e manufatura joias inspiradas em origami. Estas são comercializadas em vários museus, como, por exemplo, o Museu de Arte Moderna de São Francisco, o Instituto de Arte de Chicago, o Smithsonian e o Museu Victoria Albert, de Londres. Cindy é também idealizadora do Girligami, site que apresenta uma série de modelos de origami concebidos especificamente para mulheres (Figura 8.4).

Figura 8.4 – O Origami Blog ajuda a designer Cindy Ng a promover seu livro e seus designs, transformando sua paixão em profissão.

Embora seja apenas um entre os vários sites de Cindy, o Origami Blog (www.origamiblog.com) é o principal mecanismo utilizado por ela para atrair pessoas interessadas no assunto e, então, direcioná-las às demais páginas, onde poderão comprar os produtos relacionados. Não há anúncios de terceiros no site, o que é uma oportunidade perdida. Desde que estejam integrados ao conteúdo, não há razão para temer que unidades do AdSense, por exemplo, afastem leitores ou pareçam fora do lugar. Em vez disso, entretanto, Cindy prefere posicionar no alto do blog links para a sua "loja", a Origami Bijou (www.origamibijou.com); seu livro, Girligami (www.girligami.com); e sua loja virtual na Etsy, um site de artesanato, na qual as pessoas podem comprar seus kits para origami. Ela também oferece links para suas páginas nas mídias sociais no Facebook e no Twitter, o que a ajuda a construir uma comunidade que compartilhe de seus interesses.

Em comparação aos exemplos anteriores, essa é uma maneira diferente de monetizar informações. O objetivo de Cindy não é gerar renda a partir do conteúdo que posta, mas se posicionar como especialista em origami e lucrar diretamente com a venda dos seus produtos. Este é um método que usa conteúdo especializado – e, neste caso, não apenas relacionado à sua profissão, mas à paixão – para atrair um público específico e direcioná-lo para lugares onde possam fazer suas compras.

Sites apoiados por afiliados

Os sites ricos em conteúdo que vislumbramos até aqui usam vários métodos para transformar informações em dinheiro. Muitas vezes eles incluem links afiliados como canais de renda. Por exemplo, quando minha mãe publicou no TravelsWithSheila.com um artigo sobre maneiras acessíveis de se viajar, ela cuidou para que fosse embutido no texto um link afiliado que recomendava uma agência de viagens específica. Porém, nem sempre links afiliados são apropriados para qualquer página. Esse tipo de venda geralmente depende

Ca$h!

de recomendações para determinados produtos; portanto, se o seu objetivo não é discutir um produto em particular, os resultados com um link afiliado serão limitados.

Em contrapartida, sites concentrados na divulgação de produtos poderão realmente funcionar bem com base em relacionamentos afiliados. Nesta seção, descreverei como alguns sites utilizam os produtos afiliados de duas maneiras bastante distintas.

Telescope Reviews

A Telescope Reviews (www.telescopereviews.org.uk) é exatamente o que se pode esperar de um site otimizado para se ganhar dinheiro com produtos afiliados. Sediado no Reino Unido, o site oferece "resenhas imparciais" sobre uma ampla gama de marcas de telescópios. Mas é preciso procurar essas resenhas. Acesse a página inicial e verá 3 abas de navegação que levam a três destinos: "página inicial", "telescópios baratos" e "binóculos baratos". Para encontrar os links que levam às resenhas sobre diferentes marcas ou modelos, o leitor necessariamente passa pelos anúncios. Esse é um site em que a venda de produtos é priorizada em relação à publicação de conteúdo. Sob as abas, encontra-se uma longa lista de links afiliados da Amazon. À direita, um widget garante ao site mais uma oportunidade de ganhar com o sistema de venda afiliada. Será preciso folhear meia dúzia de telas antes de se ter acesso à primeira resenha

Porém, o que o site chama de "imparcial" na realidade significa impessoal. Não há relatos do autor sobre sua utilização dos produtos, discutindo o que considera interessante a respeito do equipamento ou mesmo explicando por que determinado telescópio é um marco no desenvolvimento da astronomia doméstica ou na ciência de observar os vizinhos. Em vez disso, o leitor recebe uma longa e detalhada lista de características, seguida de uma caixa repleta de links afiliados.

Existem inúmeros sites como esse na web. Os editores sabem que os usuários gostam de pesquisar produtos mais caros na internet antes de desembolsar seu dinheiro, então criam sites de resenhas. Este, afinal, parece um caminho fácil para se ganhar comissões por essas vendas. Entretanto, embora seja possível ganhar algum dinheiro cercando palavras relacionadas com anúncios afiliados, para se obter lucro real – em quantidade que faça o esforço valer a pena – o conteúdo do site ainda precisa ser bom.

Esse é o problema do Telescope Reviews: o conteúdo não é bom. A impressão que se tem ao acessar o site é de que os artigos foram reunidos e publicados no site de modo descuidado e aleatório. É improvável que alguém que esteja realmente interessado em adquirir um telescópio fique no site por tempo suficiente para se decidir a comprar determinado equipamento. Além disso, dificilmente essa pessoa retornará. Não importa quanto o editor esteja economizando em custos de criação de conteúdo, pois todo esse montante terá de ser investido na otimização de mecanismos de busca para garantir tráfego para o site.

É bem mais fácil produzir conteúdo de boa qualidade sobre produtos relacionados a um tópico do seu interesse. Use esse conteúdo para criar uma comunidade, conquiste confiança e garanta o retorno dos leitores. Desse modo, a probabilidade de que cliquem em seus links afiliados e lhe gerem receita será bem maior.

DigsDigs

Enquanto o Telescope Reviews é um bom exemplo de como não se deve fazer um site de afiliados, o DigsDigs (http://www.digsdigs.com/) é um excelente modelo e demonstra a maneira certa de se aproveitar ao máximo as oportunidades com afiliados (Figura 8.5).

O site oferece informações sobre decoração de ambientes e design de interiores, um campo rico em oportunidades para vendas afiliadas. Entretanto, ele não depende somente dessas vendas nem exagera no uso de links afiliados em detrimento do próprio conteúdo do site. Em vez disso, ele oferece o tipo de informação que desperta o desejo do leitor e a satisfação pela compra.

Figura 8.5 – O DigsDigs discorre sobre vários produtos, mas oferece bem mais que resenhas, recomendações e links afiliados.

Isso também inclui extrair o melhor dos outros canais de receita. O Telescope Reviews posiciona anúncios do AdSense, do tamanho de meio banner, sobre cada artigo; porém, as unidades não são bem--otimizadas e, em geral, podem ser facilmente ignoradas. O DigsDigs opta por inserir um link horizontal diretamente abaixo da barra de navegação. Além disso, ele modifica a cor dos links para que estes se assemelhem àqueles dos links e títulos próprios do site: um atraente roxo (Figura 8.6). Isso é uma integração inteligente. Os anúncios agora parecem conteúdo. Há um anúncio com imagem à direita e mais unidades quadradas podem ser encontradas acima de cada artigo e, às vezes, entre as imagens contidas no artigo. Esse é um posicionamento quase impossível de ser ignorado.

O resultado de tal manipulação é um grande número de anúncios sobre uma gama de tópicos domésticos. Tais propagandas não são obstrutivas nem parecem estar sendo "empurrados" no leitor. Isso vale especialmente para os links afiliados. Eles não aparecem em todos os artigos, mesmo quando um produto está sendo avaliado. Isso leva a algumas escolhas inteligentes. DigsDigs fala sobre produtos tão diversos como banheiras de design diferenciado a máquinas de café refinadas. Muitos desses produtos se mostrarão interessantes, mas produzirão poucas vendas; outros são divertidos, práticos e baratos o bastante para gerar compras impulsivas. Se o produto for comercial o suficiente para estar na Amazon, há uma boa chance de que um leitor se interesse e compre. É aí que o DigsDigs lucra com links afiliados.

O site produz conteúdo interessante e atraente; seu design o torna agradável de ler e as imagens inseridas o deixam rápido e divertido de

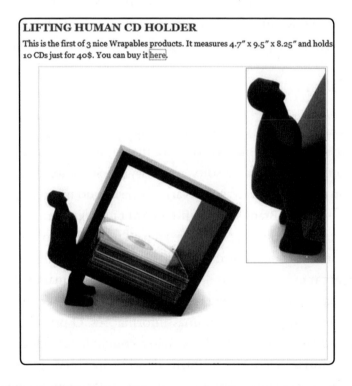

Figura 8.6 – O DigsDigs é um ótimo exemplo sobre o modo certo de criar um site de afiliados.

se navegar. Existe ainda uma timeline no Twitter que permite que toda a comunidade interessada siga os posts e gerem lucro para o editor. O DigsDigs é obviamente um site de produtos; contudo, quando discorre sobre as qualidades desses itens, produz tamanha confiança e interesse em seus leitores que a probabilidade de convertê-los em compradores é bastante alta.

Infoprodutos

Infoprodutos existem em uma grande variedade de formas; além disso, eles cumprem diversos papéis nos empreendimentos on-line. Para alguns editores, eles podem representar apenas uma pequena renda suplementar, ou seja, uma fonte adicional de receita em um site cujo lucro maior advém dos anúncios. Para outros, entretanto, são a fonte principal. Seu site o ajudará a promover esses produtos e a construir sua marca.

Brad Callen

Brad Callen pode estar pouco acima da faixa dos 30 anos de idade, mas há bem pouco que ele não saiba sobre marketing na internet. Ele possui sua própria empresa de software, a Bryxen Software, e já produziu uma série de infoprodutos sobre vários aspectos do marketing on-line. Se visitar seu site, BradCallen.com (www.bradcallen.com), verá que a primeira tela está tomada pela conexão para um de seus produtos e por notificações sobre dois outros que estão em produção (Figure 8.7). Escolha ignorar esses anúncios – o que não é fácil – e, quando chegar na parte de baixo da página, verá uma lista de testemunhos e, depois, um belo conteúdo de blog com ótimas informações. O primeiro item da barra de navegação leva a produtos, não a conteúdo. Brad foca em vender mercadorias, sejam elas na forma de softwares ou de infoprodutos.

As diferenças entre os produtos oferecidos também são interessantes. O *SEO mindset* [Mentalidade SEO] é um livro impresso que, quando

Figura 8.7 – No site do Brad Callen, os produtos de informação vêm em primeiro lugar.

solicitado, é entregue pelo correio. É grátis. Em vez de gerar lucro com o preço de venda, Brad utiliza o livro para guiar compradores ao seu site de membros sobre otimização de mecanismos de busca. Os visitantes ganham um mês de associação grátis, mas, depois disso, precisarão pagar 39 dólares por mês. A assinatura poderá ser cancelada quando desejado, mesmo que nenhum pagamento tenha sido feito; contudo, Brad acredita que os interessados permaneçam no site depois de testá-lo.

Seus infoprodutos tornam-se um incentivo para um canal de receita ainda mais lucrativo; porém, o mesmo não se aplica aos demais produtos. Seu e-book *Press release fire* é um item tradicional comercializado por 19,95 dólares. A obra é promovida por meio de uma carta comercial bastante incisiva, que pode ser visualizada em www.pressreleasefire.com.

O Elite Session oferece 90 minutos de entrevistas em áudio com 11 importantes marqueteiros, além das transcrições completas em PDF. Os CDs são vendidos a 147 dólares, mas, neste caso, não há texto escrito. Brad apenas dialoga com outros especialistas sobre um tema que todos eles conhecem e entendem bem. Não há modo mais fácil de se transformar conhecimento em lucro.

Os únicos anúncios no site do Brad se referem a seus próprios produtos. Não há unidades do AdSense nem links afiliados. Em vez disso, suas postagens de blog reforçam sua especialidade, o que lhe permite criar uma marca forte o suficiente para estimular as pessoas a pagar pelas informações fornecidas, especialmente depois de persuadidos por sua poderosa carta comercial.

Bloom Bike Shop

Brad Callen usa infoprodutos como um meio para gerar grande quantidade de receita passiva. Entretanto, existem, neste caso, outras excelentes oportunidades que vão além de simplesmente comercializá-los: com eles é possível, por exemplo, construir sua própria marca e criar listas de e-mails.

É exatamente isso o que faz o BloomBikeShop.com (www.bloombikeshop.com). O site oferece informações úteis sobre reparos e manutenção de bicicletas, incluindo tutoriais e artigos. Ele monetiza os artigos acrescentando unidades do AdSense acima e abaixo das postagens, dispondo anúncios CPM em banners, inserindo links afiliados em informativas resenhas sobre produtos e oferecendo links para sites de compras (Figura 8.8).

Além disso, o site oferece um e-book grátis a cada visitante que concordar em se registrar para receber seu boletim informativo por e-mail. Isso permite ao editor manter uma lista com o endereço eletrônico de cada um de seus visitantes e enviar-lhes ofertas mesmo se não retornarem ao site.

O e-book propriamente dito não é nada especial. Intitulado *Seven common bike repair mistakes that most riders make* [Sete erros comuns que a maioria dos ciclistas comete ao consertar sua bicicleta], ele enumera os mitos mais comuns entre os ciclistas que tentam consertar suas próprias bicicletas. O conteúdo de pouco mais de mil palavras poderia

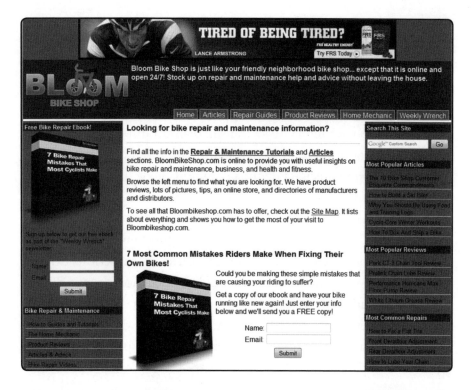

Figura 8.8 – O BloomBikeShop.com oferece uma grande quantidade de informações sobre manutenção de bicicletas e usa um produto de informação para capturar endereços de e-mail. O método não poderia ser mais simples!

facilmente ter sido publicado no site, como todos os demais artigos. Porém, o editor Levi Bloom decidiu transformá-lo em PDF e protegê-lo com a "barreira de registro". Se você informar seu e-mail, receberá uma mensagem de confirmação de dupla subscrição e, ao confirmá-la, lhe será enviado o link para uma página em que poderá ter acesso ao documento em PDF.

É muito fácil. Na verdade, a elaboração do processo não pode ter demorado mais que alguns minutos; entretanto, é bem provável que o efeito sobre a lista de e-mails tenha sido bastante positivo.

Ca$h!

Sites para membros

Esses sites costumam ser relativamente complexos. Não que eles sejam necessariamente difíceis de se construir. As ferramentas disponíveis atualmente exigem que você invista algum esforço, mas tornam desnecessário que você tenha de se transformar em um expert em informática ou gastar uma fortuna contratando um programador.

Você somente precisará de uma comunidade de indivíduos que tenham conhecimento suficiente na área. Eles deverão ser ativos no site e generosos com seus conselhos. Será preciso ainda que você esteja disposto a manter os diálogos em andamento e assegurar que o site continue agregando valor suficiente para justificar a taxa de subscrição exigida. Isso poderá envolver várias questões, desde a iniciação de novas discussões até a retirada de pessoas rudes que prejudiquem de algum modo a participação de outros contribuintes. A taxa cobrada deverá afastar elementos desagradáveis; contudo, é sempre bom zelar para que o espaço seja agradável para todos.

WebMasterWorld

O meu próprio site de membros é bastante complexo. Por conta de minha "mania" de oferecer mais que o prometido, eu o carreguei com uma enorme quantidade de recursos. Porém, um site de subscrições não precisa ser tão complicado. O WebMastersWorld (www.webmastersworld.com) é essencialmente um fórum de discussões que, durante um longo período, foi mantido gratuito (Figura 8.9). Quando chegou o momento de monetizar o site, surgiu um problema: um fórum é um lugar para discussões abertas que, frequentemente, envolvem críticas às empresas que anunciam no próprio site. Contudo, em vez de tentar instituir a censura, o WebMastersWorld optou por cobrar uma taxa de 89 dólares para a inscrição dos membros por um período de 6 meses, ou de 149 dólares por um ano. A esperança era de que a oferta de informações, por vezes de cunho técnico, mais que pagaria o custo da subscrição. Algumas das discussões mais antigas podem ser lidas de graça. Elas servem como fontes de informação, demonstram a qualidade do conhecimento oferecido e são usadas para atrair potenciais participantes. A partir daí, para iniciar uma nova discussão ou participar de uma em andamento, o usuário terá de se inscrever.

Existem alguns detalhes a serem notados aqui. O primeiro é a simplicidade do WebMastersWorld. Não há características espalhafatosas. Os assinantes pagam pela oportunidade de acessar o conhecimento dos participantes. Isso é tudo. O site simplesmente disponibiliza um meio para que isso aconteça.

O segundo ponto interessante é o fato de o WebMastersWorld depender de seus usuários não somente para pagar as taxas de assinatura, mas também para prover o conteúdo que faz jus às subscrições. O site foi gratuito por um bom tempo e construiu uma reputação sólida antes de o acesso passar a ser cobrado. Para um site de assinantes, esse

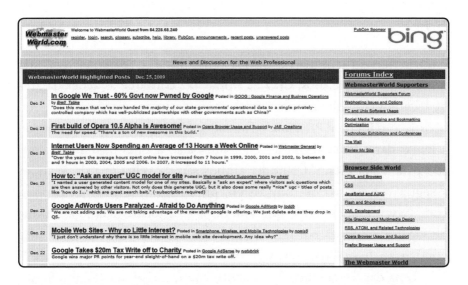

Figura 8.9 – O WebMastersWorld oferece algum conteúdo gratuito, mas o restante é pago.

Ca$h!

nível de confiança é vital. As pessoas precisam conhecê-lo e, também, o material que estiver ofertando, antes que você possa exigir que elas paguem uma taxa de inscrição.

Gestão de marcas

A construção de uma marca é mais uma arte que uma ciência. As de sucesso entenderam perfeitamente não apenas a mensagem que desejam comunicar, mas as ferramentas que querem utilizar para veicular tal mensagem. É um processo que leva tempo, mas que precisa culminar com o completo conhecimento e confiabilidade por parte do cliente em relação ao indivíduo que comercializa um produto e sua empresa.

Sempre existiram diversas maneiras de se criar uma marca forte – elas incluem desde o design até a propaganda. Agora, entretanto, contamos também com o marketing viral. Atualmente, a web permite que qualquer indivíduo crie sua própria marca individual e utilize-a para construir negócios.

Zappos

É óbvio que existem marcas pessoais mais fortes que outras: qualquer notícia sobre Steve Jobs, CEO da Apple, faz com que as ações da área de tecnologia oscilem consideravelmente no índice Nasdaq; o mesmo ocorre com Richard Branson, o fundador do Virgin Group, que chegou a tentar dar a volta ao mundo em um balão apenas para atrair atenção para a sua marca. Contudo, ambos são da velha guarda. Vejamos a seguir o exemplo de Tony Hsieh, presidente-executivo da Zappos. com (www.zappos.com), que ajudou a transformar sua loja on-line de sapatos e roupas em um negócio multimilionário, em parte pela construção de sua marca na web.

Uma das ferramentas que ele utilizou foi o Twitter (Figura 8.10). Suas postagens no Twitter se referem integralmente ao site; contudo,

$ 272

Joel Comm

Figura 8.10 – Tony Hsieh, da Zappos, usa o Twitter para criar uma marca pessoal e se conectar aos seus clientes.

sua timeline está repleta de citações inspiradoras e informações sobre a sua vida pessoal. Essa é apenas uma parte da gestão de marca da empresa, mas que ajudou a construir um relacionamento tão forte com seus clientes que, em novembro de 2009, a Amazon assumiu o controle da empresa com uma aquisição de ações de 847 milhões de dólares.

Coaching

O *coaching* geralmente envolve uma conexão pessoal entre vendedor e comprador. Isso significa que é preciso encontrar o canal que seja mais confortável para você. Consultoria por telefone é sempre muito simples, mas webinários também podem funcionar; formatos ao estilo "sala de aula" podem reunir muitas pessoas ao mesmo tempo enquanto *workshops* mais longos podem resultar no ganho de receita de um ano todo em um único final de semana. Enquanto você tiver informação

$273

Ca$h!

crucial e um público ávido por recebê-la, seu método de *coaching* será de sua própria escolha.

Jack, o coach do jardim

A maioria dos *coaches* vende informações que ajudarão seus clientes a ganhar dinheiro. Isso faz sentido. É sempre fácil demonstrar o valor do seu conhecimento quando o público consegue estimar o quanto poderá ganhar uma vez que o detenham. Entretanto, também é possível comercializar informações que prometem diversão. Jack McKinnon é um *coach* de jardinagem. Ele foi jardineiro profissional por 35 anos, escreve sobre jardinagem e oferece *coaching* a jardineiros na região da baía de São Francisco. Seu site, JacktheGardenCoach.com (www.jackthegardencoach.com), simplesmente explica quem ele é e o que ele faz, depois convida os visitantes a contratá-lo para uma consultoria de 2 horas oferecida no jardim do cliente (Figura 8.11).

No site existem notícias e links para seus artigos sobre jardinagem que o ajudam a conquistar a confiança de seus leitores. Jack está planejando oferecer downloads de seus conselhos sobre jardinagem, o que é uma maneira inteligente de usar infoprodutos para gerar audiência. Mas o *coaching* propriamente dito não poderia ser mais gratificante para Jack: ele visita clientes, anda pelos jardins por algumas horas e lhes diz o que podem fazer para melhorá-los. Simples.

Figura 8.11 – Jack McKinnon ensina jardinagem às pessoas, mas não o faz para ganhar dinheiro, apenas por diversão.

Conclusão

Quando James Ritty, o dono de um bar em Ohio, inventou a primeira caixa registradora em 1879, seu motivo era simples: ele queria impedir que seus funcionários o roubassem. Sua máquina, cujo conceito envolvia um mecanismo que contava o número de rotações de uma hélice parecida com a de um navio, vigiava as vendas em seu empreendimento. Versões posteriores passaram a incluir uma gaveta para o dinheiro e um sino acoplado, o que lhe tornava possível saber exatamente quando seus empregados manuseavam o dinheiro.

Desde então as caixas registradoras mudaram bastante. Elas agora são digitais, programáveis e conseguem até mesmo rastrear os padrões de consumo de clientes individuais, o que permite ao vendedor oferecer ofertas individualizadas. Outra diferença está no fato de elas receberem mais pagamentos em cartão de crédito que em dinheiro vivo. Aliás, agora que Jack Dorsey, o cérebro por trás do Twitter, inventou o Square, um pequeno leitor de cartões de crédito que pode ser conectado ao iPhone pela entrada do fone de ouvidos, já é possível até mesmo levar sua própria caixa registradora no bolso.

Entretanto, elas já não fazem o mesmo som que antigamente, o que, aliás, é uma pena, afinal, para empreendedores ele era maravilhoso. Cada tilintar era uma confirmação, um lembrete, de que todo o seu trabalho duro resultara em algo positivo. Aquele som significava que eles haviam tido uma boa ideia, a implementaram com sucesso e agora recebiam a recompensa por seu esforço.

Este livro ainda não lhe proporcionou lucro, mas certamente lhe forneceu os meios necessários para transformar seus negócios e ganhar dinheiro. Para alguém com mente empreendedora e determinação para ser seu próprio chefe, a internet representa um território aberto de ilimitadas oportunidades. Explorá-las requer grande esforço, mas, uma vez que tenha implementado seu próprio sistema de geração de receita passiva, poderá relaxar – um pouco. Contudo, estabelecer tal estrutura levará tempo. A boa notícia é que, atualmente, ela já vem pré-fabricada. Se no passado a construção de uma página na internet significava estudar códigos e rastrear erros no HTML, hoje os editores da web podem comprar templates prontos para serem utilizados. É como se o velho oeste ainda estivesse lá, mas, em vez de se lançar ao mundo selvagem com um prato de latão e um monte de sonhos, você pode escolher sua parcela e construir sua própria cidade, trazendo os negócios comprovados que queira dirigir.

Claro que ainda terá de trazer as pessoas para a sua cidade. Terá de oferecer serviços e produtos de qualidade que as pessoas queiram comprar. É preciso criar uma marca para que seus visitantes saibam o que receberão ao acessar seu site e, então, persuadi-los a permanecer lá mais tempo, simplesmente por gostarem do que irão encontrar. Isso é sem dúvida trabalhoso, mas é viável para qualquer um. A internet disponibiliza oportunidades para todos os gostos e está acessível por preços incrivelmente baixos. Com a possibilidade de se criar um site sustentado por anúncios em apenas alguns minutos e de maneira gratuita, não existe no planeta outra oportunidade que exija menos investimento inicial ou que ofereça maior potencial.

Neste livro, descrevi os principais modelos por mim utilizados na construção dos meus empreendimentos milionários on-line. Comecei apresentando as inúmeras oportunidades proporcionadas pela internet.

Ca$h!

O fato de já não ser preciso que o indivíduo seja obcecado por tecnologia, obtenha um diploma de programador profissional ou mesmo que possua quaisquer conhecimentos técnicos para se tornar um editor on--line faz com que as oportunidades da internet se tornem acessíveis para qualquer pessoa interessada. Isso é absolutamente incrível.

Em seguida, discorri sobre o que é preciso par se obter sucesso on-line: o indivíduo tem de ser ele mesmo. Cada ser humano possui um conhecimento único (seja ele de cunho profissional ou advindo de algum hobby que tenha adquirido ao longo de sua vida) e bastante valioso, e a internet nos permite aproveitá-lo ao máximo.

Geralmente, isso requer a criação de conteúdo; portanto, no Capítulo 3, apresentei 7 tipos de conteúdo e quase uma dúzia de diferentes métodos para monetizá-los com anúncios. Conteúdo web é gratuito, mas infoprodutos custam dinheiro – e, em geral, são bem caros. A fonte do conhecimento será a mesma, afinal, você ainda estará dizendo a seus leitores o que sabe sobre sua profissão ou o seu hobby. Contudo, poderá incluir mais detalhes do que lhe seria possível em um site e cobrar um preço bem mais próximo do real valor de seu domínio teórico ou prático. Já, a criação, a venda e a entrega desses produtos tornou-se mais simples, já que hoje é possível adquirir um "carrinho de compras" virtual e inseri-lo em seu site.

Ao comercializar infoprodutos dependerá do apoio de afiliados, ou seja, de vendedores independentes que ganham comissões por cada venda realizada. Essa é uma oportunidade que você também pode aproveitar. Entretanto, muito dependerá da conexão que conseguir estabelecer com o seu público-alvo. Sempre que estiver vendendo algo on-line, terá de guiar seus potenciais clientes ao longo de um processo de 4 etapas – isso envolve fazer com que eles o conheçam, gostem de você, confiem no que lhes diz e, finalmente, paguem o preço solicitado. Isso se aplica especialmente no caso de produtos afiliados, que funcionam melhor quando os links são posicionados dentro do texto como parte de uma recomendação pessoal.

Vendas afiliadas precisam ocorrer ininterruptamente. Assinaturas para sites de membros se renovam de modo automático, contanto que você seja capaz de fornecer serviços e produtos de qualidade boa o suficiente para atrair assinantes e mantê-los a bordo. No Capítulo 6, expliquei o que envolve e como construir um site de membros bem-sucedido.

Por fim, quando sua marca estiver forte o suficiente e você já contar com a profunda confiança de sua comunidade, será capaz de oferecer-lhe até mesmo *coaching* pessoal, uma maneira muito gratificante de se vender o próprio conhecimento e ajudar as pessoas a alcançar seus sonhos.

Ao longo dos anos, conforme o marketing na internet cresceu e amadureceu, foram desenvolvidos sistemas que podem ser utilizados por qualquer pessoa interessada. De fato, qualquer indivíduo será capaz de tirar vantagens desses módulos pré-fabricados. Temos diante de nós uma verdadeira "máquina de fazer dinheiro" e, o que é mais importante, ela é gratuita e está disponível a qualquer um que queira se tornar seu próprio mestre.

Pode ser que ela não faça mais aquele som, que antigamente se ouvia nas lojas de todo o mundo, mas é um negócio, e você pode operá-lo se quiser.

Este livro foi impresso
em papel *offset* 75g
pela Assahí Gráfica